明史研究论丛

Essays in Ming History

第十七辑
Issue Seventeen

中国社会科学院古代史研究所明史研究室　编

中国社会科学出版社

图书在版编目（CIP）数据

明史研究论丛．第十七辑／中国社会科学院古代史研究所
明史研究室编．—北京：中国社会科学出版社，2019.12
ISBN 978 - 7 - 5203 - 6153 - 8

Ⅰ．①明…　Ⅱ．①中…　Ⅲ．①中国历史—明代—文集
Ⅳ．①K248.07 - 53

中国版本图书馆 CIP 数据核字（2020）第 046478 号

出 版 人	赵剑英
责任编辑	宋燕鹏
责任校对	石建国
责任印制	李寡寡

出　　版	中国社会科学出版社
社　　址	北京鼓楼西大街甲 158 号
邮　　编	100720
网　　址	http://www.csspw.cn
发 行 部	010 - 84083685
门 市 部	010 - 84029450
经　　销	新华书店及其他书店

印　　刷	北京明恒达印务有限公司
装　　订	廊坊市广阳区广增装订厂
版　　次	2019 年 12 月第 1 版
印　　次	2019 年 12 月第 1 次印刷

开　　本	710 × 1000　1/16
印　　张	18.5
插　　页	2
字　　数	294 千字
定　　价	89.00 元

编　委　会
BIANWEIHUI

目录

史料·史考

书 评

附 录

政治・法律・制度

MINGSHIYANJIULUNCONG

（DI SHIQI JI）

朱元璋制"剥皮实草"诸刑与古代中外法律文化交流[*]

陈晓珊

　　明朝初年，朱元璋曾以"剥皮实草"刑惩治政敌和经济犯罪者，此刑罚以其残酷特点而广为后人所知。曾有研究质疑相关记载的真实性，认为朱元璋实际未曾施行此刑，也有研究认为此刑曾在明初短期施行，但不久又被朱元璋废除。例如发表在《历史研究》1997 年和 2001 年的两篇文章《朱元璋惩贪"剥皮实草"质疑》①和《也谈"剥皮实草"的真实性》②，就分别阐述了这两种完全不同的意见。此后，随着明初文献《纪事录》中的相关记载被重视③，又增加了关于这种刑罚的探讨④。研究者们在探寻相关记载是否可靠的过程中，考证了这种刑罚在明代的施行与影响、涉及的明初货币单位以及施刑地"皮场庙"的源流演变等问题，阐述了明初文献《纪事录》中相关记载的价值和意义，使明初历史呈现出更为清晰的面貌。

　　从以往研究来看，剥皮实草事件被质疑是否存在的重要原因之一，是

---

　　* 基金项目：中国科学院自然科学史研究所"丝绸之路上科技知识的传播"（项目编号：Y621011010）。

① 王世华：《朱元璋惩贪"剥皮实草"质疑》，《历史研究》1997 年第 2 期。
② 罗元信：《也谈"剥皮实草"的真实性》，《历史研究》2001 年第 4 期。
③ 陈学霖：《朱元璋惩贪"剥皮实草"酷刑重研——兼与王世华教授商榷》，《明初的人物、史事与传说》，北京大学出版社 2010 年版，第 36—57 页。
④ 柏桦：《剥皮囊草的传说》，《柏桦讲朱元璋御案》，天津人民出版社 2016 年版，第 235—243 页。

朱元璋以开国皇帝身份施行这样奇特的酷刑，方式超出常人想象。它究竟是朱元璋自己设计，还是另有渊源，并未见确切解释，不免使人怀疑其来源和记载是否可靠。但如果将其置于更广阔的世界历史视角之下，则会看到这种刑罚早已出现在公元前6世纪的波斯，并在此后的20多个世纪中，随着欧亚大陆的形势更迭，在历次战争冲突、政权交替和人口流动中，出现在南亚、欧洲以及中国。从文献中记载的朱元璋施刑事件来看，其动机和方法与这种刑罚在波斯、印度等地实施的细节高度相似，可见此刑很可能是在元明之际受到域外信息的影响而被引入中国，又因其不符传统伦理而终遭弃用。如果再观察明初和其他时代的一些重刑，会发现许多中国古代酷刑都带有域外特征，一些著名的奇特施刑手段很可能都是中外交流的结果。人口的流动、宗教故事的传播、国外游记的书写都是古代法律风俗传播的媒介，它们被应用到中国人的实际生活中，而使用刑罚的故事又在朝野口耳相传，形成了新的法律文化和伦理评价，这从一个特殊的角度体现了古代中外文明交流的情形。

一 古代中外文献中所见剥皮实草事例

关于明太祖制剥皮实草刑，一般为人熟知的是清代赵翼在《廿二史札记》中，引用元末明初叶子奇所作笔记《草木子》中的一段记录：

> 案《草木子》记，明祖严于吏治……赃至六十两以上者，枭首示众，仍剥皮实草。府、州、县、卫之左特立一庙，以祀土地，为剥皮之场，名曰皮场庙。官府公座旁，各悬一剥皮实草之袋，使之触目警心。①

这段记载在后世广泛流传，成为朱元璋惩治经济犯罪的著名典故。由于赵翼引用的《草木子》版本今已不存，所以在现存书中见不到这段内

---

① 赵翼著，王树民校证：《廿二史札记校证》卷三三《重惩贪吏》，中华书局1984年版，第764页。

容。① 然而在明初俞本所著《纪事录》中，有几条与此相关的记载。如洪武六年五月，中书省右丞杨希武被处决，剥下的皮用来装饰椅子，并让继任官员坐在上面：

> 中书省右丞杨希武奸党事露，锁置天界寺前，沿身刺"奸党杨希武"。剥皮作交床，置省、府、台堂，令后人坐之，以示警戒。②

又如洪武十年六月，都督毛骧获罪被处决，并以剥皮实草方式示众：

> （毛骧）掌选受贿坏法事露。上亲于中书堂谕曰："汝之恶，极矣。"遂以骧之胁、背刺"奸党毛骧"四字，剥皮贮草，置于都府堂上，以警后来，刳心肺示众。③

《纪事录》中的这两条记载可以看作赵翼所述事迹的注解，但柏桦考证杨希武和毛骧生平，认为他们的卒年和地点等细节与《纪事录》记载不符，从而质疑《纪事录》记载的可信性。④ 不过罗元信曾考证万历年间一事，即海瑞曾在上疏时援引朱元璋剥皮实草事例，结果遭到其他官员抨击，称海瑞意欲恢复明初酷刑，由此认为剥皮实草确是人所周知的太祖事迹。⑤

剥皮作为一种死刑方式，曾在世界许多地区出现，但在剥皮之后还填草展示，或铺在椅子上用以警戒他人的，则在细节上具有明显独特性。这种酷刑不见于此前中国的历史，但如果将它放在世界范围内观察，则会发现在古代波斯有不少先例。例如刻于公元前525年的伊朗《贝希斯敦铭文》，记载了波斯国王大流士一世的战绩，其中提到某次战役后大流士一世对俘虏的处置方式，即为"剥皮实草，悬挂示众"⑥。《贝希斯敦铭文》

---

① 关于《草木子》版本的考证，见罗元信《也谈"剥皮实草"的真实性》一文第158—160页。
② 俞本撰，李新峰笺证：《纪事录笺证》卷下，中华书局2015年版，第372页。
③ 同上书，第401页。
④ 柏桦：《剥皮囊草的传说》，第238—239页。
⑤ 罗元信：《也谈"剥皮实草"的真实性》，第163—166页。
⑥ ［古希腊］希罗多德著，徐松岩译注：《历史》附录《贝希斯敦铭文》，中信出版社2013年版，下册，第785页。

刻在高大的崖石上，旁边的浮雕图案中，大流士一世踩着被击败的政变者高墨达，据称后者杀死了前波斯国王冈比西斯。冈比西斯也曾经做过一次著名的剥皮刑裁决，希罗多德在《历史》中记载如下：

> 欧塔涅斯的父亲西撒姆涅斯曾是王室法官之一，但他由于受贿而审判不公，曾被冈比西斯杀死并被剥下全身的皮，然后冈比西斯把从他身上剥下来的皮切为皮带，用来蒙复在西撒姆涅斯曾坐下来进行审判的座位上面；这样做了以后，冈比西斯便任命了这个被杀死和剥皮的人的儿子来代替这个被杀死和剥皮的西撒姆涅斯，并告诫他要记住他是坐在怎样的椅子上进行审判的。①

这种将官员剥皮制作成皮带，并覆盖在座位上以警示后来者的细节，与《纪事录》中记载的让继任官员坐在杨希武的皮上从而起到示警作用的情节，几乎是一致的。唯一的区别是在古波斯的故事中，被处决的官员和继任者是父子关系，而在中国，继任官员与前任并没有血缘关系。

同样是惩治犯罪官员，同样是用剥皮刑罚，同样是将人皮覆盖在继任者的座位上，各种细节高度一致，就目标和手段而言，后者几乎是西方传统在东方的再现。无论文献中记载朱元璋的做法是否属实，这个故事都应当是对古代波斯典故的模仿。可见这种法律风俗确实影响到了明代的中国人，只是不能确定影响的究竟是朱元璋本人还是文献的书写者。但相隔近两千年时间，这种传统是怎样传到东方的？观察其间的历史，可以看到类似的刑罚故事早已从波斯广泛向外传播。如公元 260 年，罗马皇帝瓦勒良被波斯人俘虏，据说其结局是"后来他死于狱中，死后他的皮被剥了下来，晒黑后又被染成红色，塞满一些填充物之后被悬挂在波斯的教堂内达几个世纪之久"②。又如公元 272 年，摩尼教创始人摩尼在波斯被逮捕，"相传由祆教教士活剥其皮，实以干草，挂在都城门上示众"③。摩尼教后

---

① ［希腊］希罗多德著：《历史·希腊波斯战争史》，王以铸译，商务印书馆 2009 年版，下册，第417 页。
② ［法］菲迪南·罗特著，王春侠、曹明玉译：《古代世界的终结》，上海三联书店 2013 年版，第9 页。
③ 何炳松：《世界简史》，吉林人民出版社 2013 年版，上册，第115 页。

来传入中国，从唐代开始在中国民间多有影响，当其事迹在国内流传时，国人可能对这种刑罚已有所了解。虽然瓦勒良和摩尼的具体死亡方式带有一定传闻成分，但之所以会有这样的传言出现，也是因为当时波斯确实有剥皮实草刑，才会有这种情节的故事广泛流传。

14 世纪时，摩洛哥旅行者伊本·白图泰从非洲到亚洲，曾在印度多处地方看到将政敌剥皮实草以警示敌人的现象。现举两例如下：

> （素丹讨伐艾雅司丁·巴哈都儿·布莱获胜，将后者）杀死后，剥下人皮，塞进干草，将他的尸体在全国各地示众……
>
> （在印度的最南方马都拉城，艾雅司丁素丹）一刀结果了白拉勒迪沃的性命。然后剥下了他的皮，用干草槛起来悬挂在马都拉城楼之上示众。①

此时正当中国元代，印度距离中国较近，这种法律风俗可能会在各种交流中传入中国。如果再考虑到宋代之后被称为明教的摩尼教在元明之际的影响，人们很可能会从不同渠道了解到这种刑罚。法律在一定程度上是社会风俗的体现，而刑罚的方式也与当地人的生产生活特点密切相关。从技术角度来看，剥皮实草的原型应是畜牧业中制造和保存皮革制品的方法。它从西亚游牧地区产生，正是当地生产和生活特征的体现。

后来朱棣夺取皇位，明人记载其对建文朝臣景清、胡闰也施以此种酷刑。如高岱《鸿猷录》中记载了景清行刺未遂，被处以极刑的经过：

> 清知谋不遂，奋跃嫚骂。上大怒，命先抉其齿。且抉且骂，含血直前，喷及御衣。乃剥其皮，实以草，械系长安门，而磔其骨肉。上夜梦见被清伏剑逐逼，晨过系尸所，忽索自断，清尸前二三步，如欲犯驾状。乃藏之库中。②

---

① ［摩洛哥］伊本·白图泰口述，［摩洛哥］伊本·朱甾笔录：《异境奇观——伊本·白图泰游记》，李光斌译，海洋出版社 2008 年版，第 428、519 页。

② 高岱：《鸿猷录》卷八《入正大统》，上海古籍出版社 1992 年版，第 189 页。

值得注意的是结尾处细节，景清遗体最终被藏入库中。据称这种情况自洪武时期起就很普遍，《万历野获编》中记载，被处以此刑者"即于所治之地，留贮其皮，以示继至之官。闻今郡县库中尚有之"①。明朝末年，官员陶朗先曾在监狱中见到"有剥皮漆体者八人"②。"漆体"应当是为了保存，当胡闰被处刑时，也有先用石灰水处理的细节：

> 上怒，命力士以金瓜落其齿碎之，齿尽，声不绝。上大怒，命缢死，以石灰水浸脱皮，以干草实之，成人形，悬武功坊。③

这种剥皮实草后悬挂在公开场所示众的方式，与前文中提到波斯和印度的事例非常相似。从以上这些记载来看，明朝初年应当确实施行过剥皮实草刑，但这些奇特的刑罚经口耳相传之后，文献记载的事件细节很可能与事实有所出入。值得注意的是，用剥皮刑罚警示官员的做法不只出现在中国，也出现在相近时期的欧洲。15世纪荷兰画家 Gerard David 创作的巨幅画作《西萨姆涅斯被捕与剥皮》（"The Arrest of Sisamnes""The Flaying of Sisamnes"，现存比利时布鲁日格罗宁根博物馆），描述了前文提到的古代波斯典故，即法官被剥皮处决，其子目睹处刑过程并继任其职位的场景。这幅画作当时悬挂在比利时西北部的布鲁日市政厅，用来警醒官员，使他们公正执法。又如冰岛画家 Dirck Vellert 于1542年绘制在彩色玻璃上的《冈比西斯的裁决》（"The Judgement of Cambyses"，现存阿姆斯特丹荷兰国立博物馆），表现了法官之皮被悬挂在座椅上方的情形。这种美术作品的功能与文献中记载朱元璋的做法非常相似，可见在古代世界广泛交流的背景下，欧亚大陆东西两端都出现了在行政公署悬挂人皮实物或画像，以警示官员和世人的通行做法，朱元璋的施刑正是这种思路在东亚地区的体现。

事实上，朱元璋也常用绘图这种直观的方式宣传刑法。《野记》中称

---

① 沈德符：《万历野获编》卷一八《法外用刑》，中华书局1959年版，第457页。

② 盛枫：《嘉禾征献录》卷一三《都察院二·陶朗先》，《四库全书存目丛书》，齐鲁书社1996年版，史部第125册，第404页。

③ 屠叔方：《建文朝野汇编》卷一一《大理寺·少卿胡闰》，《北京图书馆古籍珍本丛刊》，书目文献出版社1989年版，第11册，第215页。

其将实施死刑的场景绘图，悬挂在锦衣卫外墙上，以起到威慑作用。① 《千顷堂书目》中提到当时还有《集犯谕》一卷，"录国初罪犯正典刑者，为图书其名姓罪状以训吏"②。朱元璋曾经是僧人，他使用酷刑并绘图宣传的习惯很可能与寺庙中地狱图像作品的普及有关。这种情况在唐代已有先例，武则天执政时期出现了许多新酷刑种类，主要原因之一就是当时佛教兴盛。寺庙中大量出现地狱题材美术作品，如宋代胡寅曾举阎立本绘制《地狱变相图》为例论述此事：

> 　　自古酷刑，未有甚于武后之时。其技与其具，皆非人理，盖出于佛氏所说地狱之事也。佛之意，本以怖愚人，使之信也。然其说自南北朝澜漫至唐，未有用以治狱者，何独言武后之时效之也？佛之言在册，知之者少，形于绘画，则人人得见，而惨刻之吏，智巧由是滋矣。阎立本图《地狱变相》，至今尚有之。况当时群僧得志，绘事偶像之盛，从可知矣。是故惟仁人之言，其利溥，佛本以善言之，谓治鬼罪于幽阴间耳，不虞其弊使人真受此苦也。吁！亦不仁之甚矣。③

当时一些酷吏也被人们加以地狱相关绰号，如周兴被称作"牛头阿婆"，李全交被称为"人头罗刹"，王旭被称为"鬼面夜叉"。④ 虽然今天已经看不到阎立本绘制的地狱图景，但从相关佛教文献中依然可以想象其惨酷情状。唐初《法苑珠林》引《增一阿含经》中列举人间与地狱的多种酷刑，⑤ 其中不少源自古印度《摩奴法典》中的条例。如经文中"使恶象而以蹈杀"，对应的是法典中"国王捕到盗窃该物品的人时，可使象践踏他们"；"截手足"可对应"举手或举棍打击出身高尚的人，应割断其手，

　　① 祝允明：《野记》卷一，邓士龙辑，许大龄、王天有主点校《国朝典故》，北京大学出版社 1993 年版，第 512 页。
　　② 黄虞稷撰，瞿凤起、潘景郑整理：《千顷堂书目》卷一〇《政刑类》，上海古籍出版社 2001 年版，第 262 页。
　　③ 胡寅：《致堂读史管见》卷一八《则天皇后上》，《续修四库全书》，上海古籍出版社 2002 年版，第 449 册，第 68 页。
　　④ 张鷟撰，赵守俨点校：《朝野金载》卷二，中华书局 1979 年版，第 32、36 页。
　　⑤ 释道世著，周叔迦、苏晋仁校注：《法苑珠林校注》卷七四《凡物部第六》，中华书局 2003 年版，第 5 册，第 2190 页。

如动怒而以脚踢者，应割断其脚"；"节节肢解其形"可对应"最坏的是犯欺骗罪的金银细工，国王可使人以剃刀寸断他"；"箭射"和"猛火烧身"对应着"如果杀人犯属于武士种姓，如果他故意杀害为人推崇的婆罗门，应当甘心情愿地做知道他要赎这种杀人罪的射手们的靶子，或者头向下跳在烈火内三次，或直至死亡"。即使是中国人常用来做比喻的"刀山剑树"，《摩奴法典》中也有关于堕入"阿息钵陀罗跋那（长以剑刃为树叶的森林）地狱"的惩罚。① 由此可见，作为佛教经典文献的诞生地，许多古代印度的法定刑罚成为地狱酷刑的原型，并随着佛教经典和美术作品的传播，影响了中国人的法律观念。后来唐代吴道子也在长安的寺院中绘制地狱题材画，据说"笔力劲怒，变状阴怪，睹之不觉毛戴"②。人们看到画中惨景后，自觉守法向善，甚至还给屠沽行业造成了负面影响。③

《增一阿含经》中还记录有"开其腹抽肠仵草"的酷刑，似乎是剥皮实草的一种简化方式。从元明时期的历史来看，这种技术不只用于刑罚，还用于标本制作和销售。《南村辍耕录》中称元朝至正年间，有平江（今江苏苏州）人出售一枚六寸余长的"人腊"，制作方法是将一种小型人类的遗体"剖开背后，剜去肠脏，实以他物，仍缝合烘干，故至今无恙"④。然而马可·波罗行经小爪哇岛时，称当地有一种骗局，即用猴子制成标本，"用樟脑及其他药物保藏起来，用这种方式制造以后，恰像一种小人的形态，装入木箱，卖给商人。这些商人将它运销到世界各处"⑤。直到明朝嘉靖年间，还有中国丐者持此种人状小猴行乞，⑥ 可见这种贸易在元明时期长期存在。

① ［法］迭朗善译，马香雪转译：《摩奴法典》，商务印书馆1996年版，第171、197、240、268、297页。

② 段成式撰，方南生点校：《酉阳杂俎》续集卷五《寺塔记上》，中华书局1981年版，第248页。

③ 黄休复：《益州名画录》卷上《左全》，文渊阁《四库全书》，台湾商务印书馆1986年版，第812册，第486页。

④ 陶宗仪：《南村辍耕录》卷一四《人腊》，中华书局1959年版，第176页。

⑤ ［意］马可·波罗口述，鲁思梯谦笔录：《马可波罗游记》，陈开俊等译，福建科学技术出版社1981年版，第208—209页。

⑥ 王同轨：《耳谈类增》卷一八《脞志身体篇·丐者盘捧小人》，《续修四库全书》，上海古籍出版社2002年版，第1268册，第119页。

在朱元璋和朱棣之后，没有明朝皇帝再施行剥皮实草刑的记录，但与此同时，这种酷刑依然出现在世界其他地区。如奥斯曼土耳其与威尼斯的战争中，塞浦路斯岛上的城市"法马古斯塔抵抗将近一年，当该地陷落后（1571 年 8 月 6 日），那英勇的护城者马坎东尼奥·布拉加迪诺被活剥，而他塞满稻草的皮被当作战利品送往君士坦丁堡"①，后来威尼斯人将遗骸夺回，存于威尼斯约翰和保罗大教堂。明清之际，中国西南地区再度出现此类刑罚，如孙可望杀南明官员李如月：

> （孙）可望大怒，遣人至王所，执如月至朝门外，抑使跪。如月向阙叩头，大呼太祖高皇帝，极口大骂。其人遂剥其皮，断手足及首，实草皮内纫之，悬于通衢。②

清代长沙的江湖艺人中也曾出现此类故事，被当时人视为摄魂妖术，③ 直到 19 世纪末，四川甘孜桑披寺中依然存在这种习俗。④ 从这些事例多出现在西南地区来看，明清时期的剥皮实草刑很可能是从印度一带传入中国的。鲁迅在《病后杂谈》中曾提及剥皮实草刑，称"大明一朝，以剥皮始，以剥皮终，可谓始终不变；至今在绍兴戏文里和乡下人的嘴上，还偶然可以听到'剥皮楦草'的话，那皇泽之长也就可想而知了"⑤。从本节中所举的各种事例来看，古代世界各地一直处于频繁交流状态，即使官方记录有限，民间风俗也会以各种方式传播。剥皮实草刑在明朝近三个世纪中的使用，正是这长期广泛交流的一种特殊表现。

---

① ［美］威尔·杜兰特：《世界文明史》第七卷《理性开始的时代》，台湾幼狮文化译，华夏出版社 2009 年版，第 552 页。

② 张廷玉等：《明史》卷二七九《李如月传》，中华书局 1974 年版，第 4790 页。

③ 袁枚编撰，申孟、甘林点校：《子不语》卷一〇《唱歌犬》，上海古籍出版社 1998 年版，第 691 页。

④ 吴光耀：《西藏改流本末纪》卷五，赵心愚等编《康区藏族社会珍稀资料辑要》上册，巴蜀书社 2006 年版，第 52 页。

⑤ 鲁迅：《病后杂谈》，《鲁迅全集》第六卷《且介亭杂文》，人民文学出版社 2005 年版，第 172 页。

二 《九朝野记》中洪武重刑的域外特征

在明代祝允明所作《九朝野记》中，也有一段关于洪武早期几种死刑的记载，因细节过于骇人听闻而在明清笔记中广泛流传。如沈文《圣君初政记》、李默《孤树裒谈》、吕毖《明朝小史》中均有转录，何乔远《名山藏》中也加以引用。其内容是：

> 国初重辟，凌迟处死外，有刷洗，裸置铁床，沃以沸汤，以铁帚刷去皮肉。有枭令，以钩钩脊悬之。有称竿，缚置竿杪，彼末悬石称之。有抽肠，亦挂架上，以钩入谷道钩肠出，却放彼端石，尸起肠出。有剥皮，剥赃酷吏皮置公座，令代者坐警。①

《九朝野记》又名《野记》《枝山野记》，记录了从洪武到嘉靖共九朝的诸多朝野事迹，在《四库全书总目提要》中被列入小说家类，认为它"多委巷之谈"②。虽然如此，但这段关于明初重刑的记载，却很可能有一些较为可靠的出处。因为《野记》在记述这段酷刑之前，还提到了几种洪武年间记录重刑的文献：

> 太祖平乱国用重典，当时政刑具有成书。及辑古事，劝惩诸王百官，往往今人少见之，如《彰善瘅恶录》、《逆臣录》、《清教录》、《永鉴录》、《志戒录》、《世臣总录》等甚多。③

除记述蓝玉党人供词的《逆臣录》之外，其余几种著作已不见于今日，如文中所说，它们在明朝中期就已经罕为人见。但一些文献中仍能看到关于这些书内容的介绍，如《明太祖实录》记载洪武十九年颁行《志戒录》，其内容是"采辑秦汉唐宋为臣悖逆者，凡百有余事，赐群臣及教官

---

① 祝允明：《野记》卷一，第 512 页。
② 永瑢等：《四库全书总目提要》卷一四三《小说家类存目一》，商务印书馆 1931 年版，第 104 页。
③ 祝允明：《野记》卷一，第 512 页。《清教录》原为《清戒录》，据《丛书集成初编》本第 28 页改。

诸生讲诵，使知所鉴戒"①。洪武二十六年的《永鉴录》和《世臣总录》，则分别是 "辑历代宗室诸王为恶悖逆者" 和 "辑历代为臣善恶，可为劝惩者"，用来颁赐诸王和颁示中外群臣。②《彰善瘅恶录》是 "诏吏科集录，为善受赏，为恶受刑者，列为条款，名曰彰善瘅恶录，以劝惩天下"③。《清教录》则是 "备列僧徒交结胡惟庸谋逆爰书，凡六十四人"④。从现存的《大诰》等文献来看，洪武早期确实有不少形式奇特的死刑，《野记》中记载的事迹很可能有其可靠来源。即使无法确认对应哪次具体事件，其执刑手段也值得考察，因为它们很可能像剥皮实草一样，体现出古代世界各地的法律风俗。如《野记》中称朱元璋曾将若干僧人埋入土中，仅露出头颅在外，然后统一斩首：

> 高祖恶顽民窜迹缁流，聚犯者数十人，掘地埋其躯，十五并列，特露其顶，用大斧削之，一削去数颗头，谓之 "铲头会"。时有神僧在列，因示神变，元既丧随复出，凡三五不止，乃释之，并罢斯会。⑤

神僧头颅斩而复生的情节固然不可信，这种刑罚也显得形式奇特，如同小说情节，后来在各种惩治僧人题材的民间传说中多次出现。⑥ 但无论这个故事是否真实存在，其处刑方式确有境外法律作为原型。如南宋范成大《桂海虞衡志》和周去非《岭外代答》关于中南半岛安南国法律的记载中，有这样的描述：

> 谋叛者埋身土中，露其头，旁植长竿，挽竹系其髻，使其颈伸，

---

① 《明太祖实录》卷一七九，洪武十九年十月，台北 "中研院" 历史语言研究所 1962 年版，第 2712 页。

② 《明太祖实录》卷二三〇，洪武二十六年十二月，第 3370 页。

③ 开封市地方史志办公室整理，孙富山、郭书学主校注：康熙《开封府志》卷二二《名宦下》，北京燕山出版社 2009 年版，第 445—446 页。此书三卷，还有《瘅恶续录》一卷，见张廷玉等《明史》卷九七《艺文二》，第 1599 页。

④ 黄虞稷撰、瞿凤起、潘景郑整理：《千顷堂书目》卷一〇《政刑类》，第 262 页。

⑤ 祝允明：《野记》卷一，第 512 页。

⑥ 如刘洪石搜集整理《卫哲治智耙和尚头》，《连云港民间传说》，江苏人民出版社 1981 年版，第 137—141 页；张俊福《景明寺》，王培义编著《寿光传说》，中国文联出版公司 1999 年版，第 353 页。

利锸一铲之，其头欻标竿杪。①

这里比《野记》多出一个环节，即利用竹子的弹性使斩后的首级自然弹起，用以悬挂示众。19 世纪柬埔寨著名长篇叙事诗《东姆与狄欧》（tum and teav）结尾有一情节："国王对此案重判，对涉案重犯及其家属佣人，统统给予极刑。命人在荒地里掘坑作为刑场，将所有相关牵连的人，包括下人，统统活埋地下，只露出脑袋，以牛拉犁的方式施以斩首。"②《东姆与狄欧》故事源自 15 世纪或 16 世纪的民间传说，这种集体处刑方式与《野记》中的记载非常相似。结合南宋时的两种文献来看，这应是一种在中南半岛长期流传的古老刑罚，很可能在宋元时期已经传入中国。

在《野记》中提到的几种明初死刑中，除凌迟和上一节提到的剥皮置座之外，还有铁帚刷洗、勾脊枭令、悬石称竿、抽肠挂架，都不是此前常见的刑罚种类，常被人疑为朱元璋创制。但从古代世界刑法发展的角度来看，这些酷刑也带有典型的域外法律特征，并曾多次在此前的中国历史中出现。如枭，在中国传统刑法中原本多用作枭首，即悬首示众，但《野记》中对枭令的解释却是"以钩钩脊悬之"。朱元璋御制《大诰》中多次提到枭令，例如将句容县的伪钞制造者们处决示众，"自京至于句容，其途九十里，所枭之尸相望"③，可见悬挂的确实是身体。《野记》中还附注一个细节，提及手足，可作为佐证：

上尝往行国学，见悬尸连比，尸手足动，以为尚活，语之曰："汝欲放？吾行放矣。"既还，无几晏驾。④

像朱元璋这样将枭首改为枭身，将许多人尸体悬挂在长达九十里的道

---

① 范成大撰，严沛校注：《桂海虞衡志校注》之《〈文献通考〉录存佚文·四蛮》，广西人民出版社 1986 年版，第 165 页。周去非的记载与此相似，可参考周去非著，杨武泉校注《岭外代答校注》卷二《外国门上·安南国》，中华书局 1999 年版，第 57—58 页。

② 韦柳宇：《柬埔寨桑托·木〈东姆与狄欧〉诗歌研究》，硕士学位论文，广西民族大学，2012 年。

③ 朱元璋：《御制大诰·伪钞第四十八》，杨一凡著《明大诰研究》，江苏人民出版社 1988 年版，第 232 页。

④ 祝允明：《野记》卷一，第 512—513 页。

路两旁用以示众的刑罚,不似中国传统法律习惯,却更像是西方早期的法律特征。古罗马帝国时期大规模处置基督徒,用铁钩拖悬人体,或将其钉在十字架上示众,古罗马教会史家优西比乌就曾记述了许多发生在埃及、巴勒斯坦、腓尼基、小亚细亚等地的此类情景。① 又如古罗马的德尔图良在《护教篇》中所说,"任你们用铁爪来抓,将我们悬在十字架上"②。这种刑罚很可能在宋代以前就已传入中国,如北宋真宗年间,大臣钱易在建议废除各种非法之刑时,其中一种就是"钩背"。③ 南宋文献《中兴御侮录》中,也提到要废除"钩脊"等深酷之刑。④ 其大规模实施应当是在元代,当时戏曲中屡见提及。如杂剧《生金阁》中称:

> 多不到半月时光,餐刀刃亲赴云阳。高杆首吊脊梁,木驴上碎分张,浑身的害么娘碗大血疔疮。⑤

文中提到的钩脊、凌迟场景实际是对元代社会生活的描述,可见当时悬挂脊背以示众的方式已属常见。朱元璋在明初沿用此刑,也是对元代法律风俗的继承。但与此同时,传统的枭首刑也在继续使用。如《金陵梵刹志》中记载,洪武二十四年《申明佛教榜册》就提到"必枭首以示众"⑥。又如《明宣宗实录》记载,宣德七年长陵卫军官秦英等人犯罪后,被"枭首以徇"⑦,依然是中国传统执刑方式。

刷洗刑在《野记》中被记述为"裸置铁床,沃以沸汤,以铁帚刷去皮肉"。在此前元明之际的战乱中,已经有军队用类似方式食人的记载。陶

---

① [古罗马] 优西比乌著,[美] 保罗·L. 梅尔英译、评注,瞿旭彤译:《教会史》,生活·读书·新知三联书店 2009 年版,相关内容主要集中在第八卷《大迫害:从戴克里先到加勒里乌斯》。

② [古罗马] 德尔图良著:《护教篇》,涂世华译,上海三联书店 2007 年版,第 58 页。

③ 钱易:《上真宗乞除非法之刑》,赵汝愚编,北京大学中国中古史研究中心校点整理《宋朝诸臣奏议》卷九九《刑赏门·恤刑》,上海古籍出版社 1999 年版,第 1061 页。

④ 佚名:《中兴御侮录》卷上,《四库全书存目丛书》,齐鲁书社 1996 年版,史部第 45 册,第 5—6 页。

⑤ 武汉臣:《包待制智赚生金阁杂剧》第二折,臧晋叔编《元曲选》,中华书局 1958 年版,第 1724 页。

⑥ 葛寅亮撰,何孝荣点校:《金陵梵刹志》卷二《钦录集》,天津人民出版社 2007 年版,第 60 页。

⑦ 《明宣宗实录》卷九五,宣德七年九月辛巳,第 2159 页。

宗仪在《南村辍耕录》中称："淮右之军嗜食人……或缚其手足，先用沸汤浇泼，却以竹帚刷去苦皮"①。此刑较为人知的事例是在靖难之役后，朱棣以此处决建文旧臣。如《革朝志》记载景清事迹，"乃命铁帚刷其肉，至尽乃死"②。刷洗是古代西方常见酷刑，即刮刑，它也是一种具有畜牧业生产特征的刑罚。如希罗多德在《历史》中记载，吕底亚国王克洛伊索斯"把那阴谋反抗他的那个人放到刷梳器上去给刮死"③。这种工具其实就是铁制羊毛梳（iron comb），为了使羊毛更顺畅而易于编制，用来刷去其中短纤维和植物结块的工具。如《齐民要术》中引《笔方》记载："先次以铁梳梳兔毫及羊青毛，去其秽毛，盖使不髯。茹讫，各别之。"④ 中国的刷洗之刑先前见于五代，如《新五代史》中称后梁刘守光"为铁笼、铁刷，人有过者，坐之笼中，外燎以火，或刷剔其皮肤以死"⑤。《辽史·刑法志》中称辽穆宗"或以奏对少不如意，或以饮食细故，或因犯者迁怒无辜，辄加炮烙铁梳之刑"⑥。契丹人以游牧为生，需生产羊毛织物，自然也需要梳篦一类工具，这种刑罚很可能就是自中亚经唐末五代时的北方草原传入中原地区的。

明朝初年出现刷洗刑，不能排除是早期基督教殉难故事带来的影响。这是一种在圣徒事迹中频繁出现的刑罚，古罗马的优西比乌在其著作中常提到基督徒因此殉难。如《巴勒斯坦殉道者史》中多次记载殉道者被施以刮刑，"受到铁梳的残酷刮削"，有的甚至"骨头和内脏都露了出来"⑦。

———————

① 陶宗仪：《南村辍耕录》卷九《想肉》，第 113 页。

② 许相卿：《革朝志》卷三《死难列传·景清传》，《四库全书存目丛书》，齐鲁书社 1996 年版，史部第 47 册，第 170 页。《名山藏》中记述此情节为"上益怒，剥其肤，刷之以铁"。何乔远：《名山藏》卷八二《臣林外记·景清传》，《续修四库全书》，上海古籍出版社 2002 年版，第 427 册，第 363 页。

③ ［希腊］希罗多德：《历史·希腊波斯战争史》，王以铸译，上册，第 57 页。

④ 贾思勰著，缪启愉校释：《齐民要术校释》卷九《笔墨》，农业出版社 1982 年版，第 554 页。

⑤ 欧阳修：《新五代史》卷三九《刘守光传》，中华书局 1974 年版，第 425 页。

⑥ 脱脱等：《辽史》卷六一《刑法志上》，中华书局 1974 年版，第 938 页。

⑦ ［美］麦克吉佛特著：《优西比乌：生平、作品及声誉》，林中泽、龚伟英译，上海三联书店 2015 年版，第 161、204 页。

有一些著名的殉道者因此刑遇难，如犹太教的拉比·阿齐瓦（Akiva），①
以及天主教著名的圣布莱斯（Saint Blaise）。② 由于人们认为殉难圣徒会成
为其所受痛苦的消除者，所以圣布莱斯被奉为皮肤病患者的保护神和羊毛
铁刷的守护者。马可·波罗在其游记中介绍土库曼斯坦的畜牧业和毛毯纺
织业时，就提及在这里殉难的圣布莱斯：

> 这里生产的各色地毯誉满全球，美丽非常；同时，还出产一种紫
> 红色的和其他各色品种的绸缎……圣布莱斯（Saint Blaise）就是在塞
> 瓦斯塔获得殉道者桂冠的荣誉。这些城市都归大汗——东方鞑靼人的
> 皇帝——派出的监督官管辖。③

在元代，除马可波罗这样的旅行者之外，孟高维诺、鄂多立克等传教
士从威尼斯来到中国，很可能也带来了殉难圣徒们的故事和图像。遭受
铁梳刑的圣徒故事是传教资料中的常见事迹，用以宣传圣徒们意志之坚
定，但它很可能也会影响执法者的施刑，使后者认为这种刑罚可以施于
政见或信仰不同者。虽然现存资料有限，无法看到元代传教士在中国留
下的文献，但从明清之际传教士的著作中，却能看到此类描述殉难者受
刑的图像与文字在传教资料中很普遍。明代高一志（Vagnone）在其
《天主圣教圣人行实》中多次记载铁刷之刑，如小亚细亚的庞大良（St.
Pantaleon）事迹："缚圣人至市，褫其衣，挂之巨木；次以铁耙刱
其肉。"④

《野记》中记载的另一种明初重刑"称竿"，是"缚置竿杪，彼末悬
石称之"。这是西方早期广泛使用的拉肢悬挂刑的一种，基督教殉难圣徒
故事中也经常见到这种题材。其做法是将人体悬挂，将石头等重物悬系在

---

① Galia Patt-Shamir 著：《辟对话之途——比较研究儒家的"道"和犹太教的"哈拉哈"思
想》，陈艳艳译，傅有德主编《犹太研究》第七辑，山东大学出版社 2009 年版，第 194 页。

② Jacobus de Voragine, translated by William Granger Ryan, *The Golden Legend*: *Readings on the
Saints*, Princeton University Press, 2012, pp. 151 – 153.

③ ［意］马可·波罗口述，鲁思梯谦笔录：《马可波罗游记》，陈开俊等译，第 4 页。

④ ［意］高一志：《天主圣教圣人行实》之《致命卷三·庞大良圣人行实第十一》，李奭学、
林熙强《晚明天主教翻译文学笺注》卷二，台北"中研院"中国文哲研究所 2014 年版，第 156 页。

脚上以增加受刑者痛苦，也可以是将人体倒悬，将石头系在头上。① 其法律背景是古罗马《十二铜表法》中惩治债务人的方式，即"给他们带上足枷或手铐，其重量不轻于十五磅，而且假如愿意，还可以加重"②。此前中国历史中的事例是武周时期酷吏索元礼曾施此刑：

> 周推事使索元礼，时人号为"索使"。讯囚作铁笼头，囗（原注：呼角反）其头，仍加楔焉，多至脑裂髓出。又为"凤晒翅"、"猕猴钻火"等。以椽关手足而转之，并斫骨至碎。又悬囚于梁下，以石缒头。其酷法如此。元礼故胡人，薛师之假父，后坐赃贿，流死岭南。③

索元礼曾创造许多此前不见于内地的刑罚，这很可能是因为他的胡人身份，能了解到一些域外酷刑，并将其引入中原。这里提到的几种酷刑中，除"悬囚于梁下，以石缒头"是明初的称竿刑之外，"以椽关手足而转之，并斫骨至碎"应源自古罗马时期使用的拉肢刑架。④《巴勒斯坦殉道者史》中多有记载，如"用木制刑架日夜不停地抽拉他的躯体"之类。⑤《天主圣教圣人行实》中也有记载，称"异常刑架，架形如床，首尾有轮可推动，以索缠缚手足，然后上下一齐转轮，伸其四体，强使骨骸脉络开裂，痛苦莫可当也"⑥。

《旧唐书》称索元礼制造了十种大枷，"复有铁笼头连其枷者，轮转于地，斯须闷绝矣"⑦，这很像古罗马时期的轮刑。⑧ 据说晋代有僧人神游地

---

① 在《基督教殉难者所受酷刑》第一章中，有许多关于悬石刑的考证。*Tortures and Torments of the Christian Martyrs*：*From the "De SS. Martyrum Cruciatibus" of the REV*, Father Gallonio. London and Paris, Limited edition, Printed for the subscribers, 1903. pp. 1 – 23。

② 世界著名法典汉译丛书编委会编：《十二铜表法》第三表《债务法》第三条，法律出版社2000年版，第10页。

③ 张鷟撰，赵守俨点校：《朝野佥载》卷二，第30页。

④ 可参考《基督教殉难者所受酷刑》第三章。*Tortures and Torments of the Christian Martyrs*：*From the "De SS. Martyrum Cruciatibus" of the REV*, Father Gallonio, pp. 38 – 70。

⑤ ［美］麦克吉佛特著：《优西比乌：生平、作品及声誉》，林中泽、龚伟英译，第161页。

⑥ ［意］高一志：《天主圣教圣人行实》之《致命卷三·老愣佐圣人行实第十一》，第129—130页。

⑦ 刘昫等：《旧唐书》卷一八六上《来俊臣传》，中华书局2000年版，第3289页。

⑧ 可参考《基督教殉难者所受酷刑》第二章。*Tortures and Torments of the Christian Martyrs*：*From the "De SS. Martyrum Cruciatibus" of the REV*, Father Gallonio, pp. 24 – 37。

府，"见有铁轮，轮上有铁爪，从西转来，无持引者，而转驶如风。有一吏呼罪人当轮立，轮转来轹之，翻还如此，数人碎烂"①。此即《天主圣教圣人行实》中所说的"造一轮，周以利刃，缚圣人于轮上，从高阪推下之，令百骸散落以死"②。这也是殉难故事中经常出现的刑罚，如米开朗基罗作于西斯廷教堂的著名巨幅壁画《最后的审判》中，就可以在画面右侧同时看到手持人皮的圣巴多罗买（Saint Bartholonew）、③ 手持铁刷的圣布莱斯（Saint Blaise）和手持车轮的圣凯瑟琳（Sainte Catherine）等诸殉难者形象。④

从一些明代文献可知，朱元璋处决张士诚政权重臣时，曾使用过《野记》中记述的称竿刑。此前张士诚任命三名文臣主管政事，名字分别是黄敬夫⑤、蔡彦文、叶德新，姓氏谐音被时人合称为"黄菜叶"。三人职业原本是"黄书生，蔡业医，叶星士"⑥，由于理政混乱，引起民众不满，在张士诚政权覆灭后，除已死的黄敬夫之外，蔡、叶二人被朱元璋下令处决。当时杨维桢作《蔡叶行》，记述二人"伏诛于台城，风干其尸于秤刑者一月"⑦。作为张士诚政权故地，此事在明代苏州籍作者的笔记中多有记载，称三人执政时曾有十七字诗流传，正与蔡、叶二人后来伏刑之状相符，给人以谶言之感。如《野记》中记述：

> 初，吴人有为十七字诗云："丞相做事业，专用黄蔡叶，一夜西风来，干鳖。"竟成其谶。⑧

---

① 释道世著，周叔迦、苏晋仁校注：《法苑珠林校注》卷七《六道篇第四》，第 1 册，第 258 页。

② ［意］高一志：《天主圣教圣人行实》之《致命卷三·庞大良圣人行实第十一》，第 157 页。

③ 圣巴多罗买事迹见 Jacobus de Voragine, translated by William Granger Ryan, The golden legend: readings on the saints, pp. 495 – 502。

④ 圣凯瑟琳事迹见 Jacobus de Voragine, translated by William Granger Ryan, The golden legend: readings on the saints, pp. 720 – 727。

⑤ 冯梦龙《古今谭概》中称王敬夫，大概是因南人黄、王二音不分所致。冯梦龙编著，栾保群点校：《古今谭概》之《口碑部第三十一·十七字谣》，中华书局 2007 年版，第 408 页。

⑥ 郎瑛：《七修类稿》卷一三《国事类·黄蔡叶》，《续修四库全书》，上海古籍出版社 2002 年版，第 1123 册，第 94 页。

⑦ 杨维桢著，邹志方点校：《铁崖逸编》卷二《蔡叶行》，《杨维桢诗集》，浙江古籍出版社 1994 年版，第 308—309 页。

⑧ 祝允明：《野记》卷一，第 513 页。

《七修类稿》记载：

> 至吴元年九月初八日癸未，是日西风，大将军徐达攻破姑苏，从西门进兵，擒士诚等，然后知其为谶也。①

关于蔡、叶二人被处刑的方式，除杨维桢所说"秤刑"之外，《野记》中记录"风干其尸于竿"，冯梦龙在《古今谭概》中记载基本相同，惟将"竿"记作"称竿"。"称竿"究竟是何物？明代苏州冶园家计成曾在著作中提到这个名词，它是起重工具上的一根横向杠杆，②将建筑工具组件转化为刑具，大概属于就地取材。汤显祖《牡丹亭》中提及地狱刑罚时，曾有"吊起称竿来。发称竿看业重身轻，衡石程书秦狱吏"之词，③可见称竿刑的隐喻意义是秤杆以石衡量罪业。关于蔡、叶二人伏刑细节，徐祯卿在《翦胜野闻》中有所补充：

> 刳其肠而悬之，至成枯腊。盖三人皆元戚机臣，其残奢积侈，倾国丧家，帝特恶之，故置于极典。④

这里所说的刳肠，不知是否为《野记》中记载的抽肠刑，即"挂架上，以钩入谷道，钩肠出，却放彼端石，尸起肠出"。清代郁永河《海上纪略》中记载了日本实行的一种酷刑，是利用竹子的弹性实施此种刑罚，⑤与本节开头所述安南国利用竹子悬挂首级的原理相同，它们可能与朱元璋实施的抽肠刑之间有一定联系。而从悬重物的细节来看，这种刑罚可能是由治疗肛瘘症的方法衍生而来。如明代新安医者程复斋采用"引线系肠，

---

① 郎瑛：《七修类稿》卷一三《国事类·黄蔡叶》，第94页。

② 也称吊杆或者拔杆。计成著，刘乾先注译：《园林说译注》（原名《园冶》）卷三《掇山》，吉林文史出版社1998年版，第203—204页。

③ 汤显祖：《牡丹亭》第二十三出《冥判》，汤显祖著，徐朔方笺校《汤显祖全集》，北京古籍出版社1999年版，第2144页。

④ 徐祯卿：《翦胜野闻》，邓士龙辑，许大龄、王天有主点校《国朝典故》，北京大学出版社1993年版，第59页。文中对十七字谣的记载略有不同，为"张王做事业，只凭黄蔡叶，一夜东风来，干鳖"。另见褚人获辑撰，李梦生校点《坚瓠集》乙集卷二《黄蔡叶》，上海古籍出版社2012年版，第114页。

⑤ 郁永河：《海上纪略》，王锡祺《小方壶斋舆地丛钞》第九帙，上海著易堂印行本，第164页。

外坠铅锤"方法，① 此类挂线技术早见于古希腊希波克拉底的著作中。②

《野记》中记载的这几种明初死刑在中国出现的原始年代各异，流传范围也有很大差别。但从《大诰》等明初文献中能看到，朱元璋实施的酷刑很多，远不止《野记》中记载的几种。但祝允明只取这几种介绍，且与天主教圣徒殉难故事重合度较高，则不能排除其与元明时期此类圣徒故事传播之间的关系。13 世纪，记述数百位天主教早期殉难圣徒故事的《黄金传说》（Golden Legend）一书在意大利编成，成为流传广泛的教会文献之一。又有与此内容相同的大量宗教美术作品，殉难者们被铁钩悬挂、首足悬石、铁刷剔肉、剖腹抽肠、剥皮轮碾的图像在教堂和书籍中反复出现，其刑罚方式被宗教裁判所沿用，可能也会随人口的流动引入中国。虽然现已无法看到元代的传教资料，但从前文所举的《天主圣教圣人行实》等书籍，及清初汤若望《进呈书像》中《耶稣方钉刑架像》《天主耶稣立架像》等行刑场景图画来看，③ 这种信息很可能在文化交流中长期存在。

元朝疆土广阔，中外交往密切。来自各个国家和地区，拥有不同文化背景的人们在同一政权下生活，其风俗习惯、法律传统因此广泛传播，导致许多域外酷刑传入中原并得到应用。这种情况在中外交流广泛的唐代也曾出现，如著名酷刑典故"请君入瓮"，很可能就是古希腊故事"西西里铜牛"的中国版本。这个故事发生在公元前 6 世纪，雅典著名工匠佩里劳斯（Perillos）为西西里的暴君法拉里斯（Phalaris）制作了一座空心铜牛作为刑具，行刑时将犯人关在铜牛腹中，外面用火焚烧，犯人在牛腹中痛苦挣扎，声音通过牛传出，犹如牛在吼叫。随后法拉里斯将制作者佩里劳斯首先关入牛腹中，用火烘烤铜牛，让他成为自己刑具的第一个受害者，后来法拉里斯也被造反者关入铜牛烤死。④

---

① 徐春甫编集，崔仲平、王耀廷主校：《古今医统大全》卷七四《痔漏门·复斋治论》，人民卫生出版社 1991 年版，下册，第 445 页。

② 马伯英等：《中外医学文化交流史——中外医学跨文化传通》，文汇出版社 1993 年版，第 255—256 页。

③ 杨光先撰，陈占山校注：《不得已》卷上《邪教三图说评》，黄山书社 2000 年版，第 31—33 页。

④ 美国不列颠百科全书公司编著：《不列颠百科全书·国际中文版》，中国大百科全书出版社 1999 年版，第 13 册，第 200 页。

虽然这个故事带有传说成分，但它作为一个典故却流传极广，不但被许多政治、法律、历史学者写入论著中加以评论，还被历代文学艺术作品引用，如古希腊作家卢西恩所作戏剧《法拉里斯》、中世纪但丁的《神曲》、近代雨果的史诗《天苍苍》等均有演绎。这个故事体现了古希腊法治理论中"报复模式与犯罪者行为相符"的思想，① 与唐代故事中火烤大瓮的原理一致，情节也都是以其人之道还治其人之身。今天能看到的请君入瓮典故最早来自唐代张鷟所作《朝野金载》中《周兴》一条，内容是：

> 唐秋官侍郎周兴与来俊臣对推事。俊臣别奉，进止鞠兴，兴不之知也。及同食，谓兴曰："囚多不肯承，若为作法？"兴曰："甚易也。取大瓮，以炭四面炙之，令囚人处之其中，何事不吐！"即索大瓮，以火围之，起谓兴曰："有内状勘老兄，请兄入此瓮。"兴惶恐叩头，咸即款伏。断死，放流岭南。所破人家流者甚多，为仇家所杀。传曰"多行无礼必自及"，信哉！②

后来这段记载完全被引入《太平广记》、欧阳修《新唐书·周兴传》和司马光《资治通鉴》中，更加广为流传。然而在《旧唐书》中，"请君入瓮"这个典故记载于《来俊臣传》中，称其审讯囚犯时，"或盛之瓮中，以火圜绕炙之"③，并没有提到这是审讯周兴时的情节，《旧唐书·周兴传》中也没有这段记载。可见《朝野金载》中周兴作酷刑而自受的故事只是一个孤证，《旧唐书》也未加以采信。更重要的是，《朝野金载》中还有一个关于索元礼的故事，情节与请君入瓮如出一辙：

> 唐索元礼为铁笼头以讯囚。后坐赃贿，不承，使人曰："取公铁笼头。"礼即承伏。④

在这个故事中，索元礼与周兴一样，都遇到了自己制造的酷刑，其情

---

① 胡骏：《古希腊刑事立法研究》，上海人民出版社2013年版，第35页。
② 张鷟撰，赵守俨点校：《朝野金载》补辑，第156页。
③ 刘昫等：《旧唐书》卷一八六上《来俊臣传》，第3289页。
④ 张鷟撰，赵守俨点校：《朝野金载》补辑，第157页。

节走向高度一致。《朝野佥载》作者张鹭在武后时任御史一职，留有唐朝判例集《龙筋凤髓判》，有可能保留下许多亲身经历的法律事件。然而他的另一个身份是著名小说家，有作品《游仙窟》等，所以《朝野佥载》一书并不能完全作为史料采信。如洪迈曾在《容斋续笔》中称，"《佥载》记事，皆琐尾摘裂，且多媒语"①。考虑到张鹭同时作为御史和小说家的身份，尚不能确定"请君入瓮"和索元礼的故事究竟是确有其事，还是张鹭听到古希腊铜牛故事后的虚构。在唐代作品中经常可见古希腊、罗马时期的典故，杨宪益《译余偶拾》中介绍大量唐代中外文化传播的例证：如引唐代《幻异志》中板桥三娘子用荞麦烧饼将人变成驴子，与古希腊《荷马史诗》中巫女 Kirke 用麦饼将人变成猪，以及古罗马《变形记》中巫女将人变成驴子的故事非常相似；又如《酉阳杂俎》中丧母少女叶限获神灵相助，以宴会上失落鞋子为契机，受国王寻访而最终结成姻缘的故事，与西方的灰姑娘传说大体相同，都可作为古代中国与近东、欧洲交流的侧面例证。② 由此来看，张鹭作品中"请君入瓮"的故事很可能也是这样衍生而来。

通过对这些史实的考证，可知文献中记载的朱元璋所施重刑都有其历史传统和法律渊源，即使一些细节有所演绎失实，从中也能看出域外法律文化对文献撰写者的影响。由于中国传统伦理中一贯提倡仁德之政，中国民众对这些酷刑的接受程度较为有限，相关记载中经常流露出不认同和不适感，这也在一定程度上影响了后人对朱元璋和朱棣的评价。

三 凌迟刑的演变与朱元璋的乱世重刑观念

在《野记》所载的朱元璋时代各种死刑中，凌迟是第一种被列出的刑罚，作为中国古代酷刑的典型代表，其惨烈程度广为人知。它最早出现在五代时期的北方边地，逐渐在辽、宋、金境内流传，至元代正式列入大一

---

① 洪迈：《容斋续笔》卷一二《龙筋凤髓判》，《容斋随笔》，上海古籍出版社 1978 年版，第 358 页。

② 杨宪益：《板桥三娘子》《中国的扫灰娘故事》，《译余偶拾》，山东画报出版社 2006 年版，第 59—63、64—66 页。

统王朝的法定死刑，在此后广泛使用并产生巨大影响。从执行工具与细节来看，凌迟刑很可能也受到了一些域外因素的影响。它的演变、形成和正式进入律法是一个漫长的过程，从中能看到中国传统法制伦理与外来刑罚、民间习俗间纠缠冲突的情形。

凌迟刑究竟起源于何时，此前的研究中长期存在争议，有辽代说、五代说、北宋说不等。但从元明时期人们普遍认识的凌迟刑来看，其施刑中有两个必备环节，即先钉上施刑工具，然后实施寸磔。唐代之前也曾出现"脔割"一类施刑记载，但没有记述是否有钉上施刑工具的环节，因此不能确定为后来的凌迟刑。直到五代时才确定出现了以钉、磔为固定程序的死刑，如后周时许迁"切于除盗，嫉恶过当，或钉磔贼人，令部下脔割"①。这种刑罚很可能是从北方边地传来，如后晋时左拾遗窦俨曾上疏论证中国自古只有斩、绞两种极刑，建议严格禁止新出现的法外酷刑：

> 盖缘外地，不守通规，肆率情性，或以长钉贯篆人手足，或以短刀脔割人肌肤，乃至累朝半生半死，俾冤声而上达，致和气以有伤。②

窦俨是蓟州渔阳（今天津蓟州区）人，一直在北方生活，他所说的不守通规的"外地"，很可能就是后晋与北方草原相邻之处。而钉磔之刑也并非只有一种处刑方式，在郭威杀赵思绾的故事中，出现了"立钉"一词：

> （赵）思绾问曰："何以用刑？"告者曰："立钉也。"思绾厉声曰："为吾告郭公，吾死未足塞责，然钉磔之丑，壮夫所耻，幸少假之。"从义许之，父子俱斩于市。③

与"立钉"相对的是"坐钉"，北宋真宗年间钱易认为它们是过于残酷的非法之刑，建议朝廷尽快将其废除。④ 这两种刑罚有什么区别？北宋

---

① 薛居正等：《旧五代史》卷一二九《许迁传》，中华书局 1976 年版，第 1703 页。
② 薛居正等：《旧五代史》卷一四七《刑法志》，第 1971 页。
③ 欧阳修撰，徐无党注：《新五代史》卷五三《赵思绾传》，第 397 页。
④ 钱易：《上真宗乞除非法之刑》，第 1061—1062 页。

真宗时期曾有"令造木驴并钉架各二,准备凌迟贼人"的记载,① 而后世人们比较熟悉的是木驴刑具,如元杂剧《赵氏孤儿》中最终复仇时的情形所述:

> 屠岸贾,你今日要早死,我偏要你慢死。令人,与我将这贼钉上木驴,细细的剐上三千刀,皮肉都尽,方才断首开膛,休着他死的早了。

> 将那厮钉木驴推上云阳,休便要断首开膛。直剐的他做一埚儿肉酱,也消不得俺满怀惆怅。②

明代说唱词话《花关索贬云南传》中的一幅配图却有所不同,其情节是关索杀仇人祭关羽。文中称"先把糜竺千刀剐,后剐糜芳一个人",但图中所绘的凌迟场景却并非木驴,而是将二人固定在十字架上,③ 有研究认为《花关索》中的配图可能翻刻自元代作品。④ 结合《宋会要辑稿》中制造木驴和钉架用以实施凌迟刑的记载,可以推测钉架就是十字架,它是用来执行"立钉"的工具,而木驴则是用来执行"坐钉"的工具。十字架是西方传统刑罚的象征,西方研究者认为腓尼基人、迦太基人和纽密提阿人都曾采用十字架的磔刑,很可能是由腓尼基人最先施用,后来被希腊人和罗马人继承。⑤ 清朝初年,杨光先见到传教士汤若望带来的耶稣受难图时,就称被钉在十字架上的耶稣是受钉架、立架之刑,并认为"俾天下人尽见耶稣之死于典刑,不但士大夫不肯为其作序,即小人亦不屑归其教矣"⑥。立钉和坐钉的区别在于受刑者是呈站立或是坐状,钉在十字架上的

---

① 徐松辑,刘琳、刁忠民、舒大刚等校点:《宋会要辑稿·兵一一》,上海古籍出版社2014年版,第14册,第8820页。

② 纪君祥:《赵氏孤儿大报仇杂剧》第五折,臧晋叔编《元曲选》,中华书局1958年版,第1724页。

③ 《明成化说唱词话·新编全相说唱足本花关索贬云南传》,《续修四库全书》,上海古籍出版社2002年版,第1745册,第254页。

④ 赵景深:《谈明成化刊本"说唱词话"》,《曲艺丛谈》,中国曲艺出版社1982年版,第5页。

⑤ [美]约翰·列维斯·齐林著:《犯罪学及刑罚学》,查良鉴译,中国政法大学出版社2003年版,第370页。

⑥ 杨光先撰,陈占山校注:《不得已》卷上《邪教三图说评》,第30页。

人属于前者，而木驴则是跨坐状受刑。如《建炎以来系年要录》中记载"（高）胜坐举人于木驴，碎之城下"①，《三朝北盟会编》中记载"众已撮（赵）野跨木驴，钉其手足矣。推出谯门，迟而杀之"②，即属此例。

有时木驴也记作木马，如《三朝北盟会编》中就有"以二人钉于木马"的记载。③ 古罗马有同名拉肢刑具，④ 类似上一节提到的索元礼所制刑具，将犯人的手足用滑轮固定在上面，加以拉伸，这体现了古罗马发达的机械制造技术。但与前一节提到的轮刑和拉肢刑一样，宋金时期的木驴或木马看起来只是一种简单的模仿，仅作为固定、脔割人体所用的操作台，而不作为拉肢刑具。中国南朝攻城器械中也有一种名为木驴的工具，但《通典》中记载其长一丈高七尺，体积过大，应当无法用作刑具。⑤ 北宋初年已经出现名为木驴的刑具，如陆游《南唐书》记载，北宋将领曹翰攻下江州后，准备处决守城的南唐将领胡则，"即舁置木驴上，将磔之；俄死。腰斩其尸以徇"⑥。可见木驴和十字架作为刑具的一部分，是在五代至北宋时期才成为这种刑罚的固定环节，但它一直没有进入北宋的法定死刑中，是一种经常受到大臣质疑的法外之刑。如宋真宗时大臣钱易描述其惨酷之状，要求尽快废除：

> 或时有非常之罪者，不从法司所断，皆支解脔割，断截手足。坐钉立钉，钩背烙筋，及诸杂受刑者，身见白骨而口眼之具犹动，四体分落而呻痛之声未息，置之阛阓，以示徒众。⑦

---

① 李心传编撰，胡坤点校：《建炎以来系年要录》卷九，建炎元年九月己酉，中华书局2013年版，第252页。

② 徐梦莘：《三朝北盟会编》卷一一四，建炎元年十一月二十四日，上海古籍出版社1987年版，第832页。

③ 徐梦莘：《三朝北盟会编》卷一二一，建炎三年二月六日，第886页。

④ 可参考《基督教殉难者所受酷刑》第三章。*Tortures and Torments of the Christian Martyrs：From the "De SS. Martyrum Cruciatibus" of the REV*, Father Gallonio, pp. 38 – 70。

⑤ 杜佑著，［日］长泽规矩也、尾崎康校订，韩昇译订：《日本宫内厅书陵部藏北宋版通典》卷一六〇《兵十三·攻城战具附》，上海人民出版社2008年版，第7册，第93页。中云："以木为脊，长一丈，径一尺五寸，下安六脚，下阔而上尖，高七尺，内可容六人，以湿牛皮蒙之，人蔽其下，舁直抵城下，木石铁火所不能败，用攻其城，谓之小头木驴。"

⑥ 陆游：《南唐书》卷五《胡则传》，《〈南唐书〉两种》，南京出版社2010年版，第276页。

⑦ 钱易：《上真宗乞除非法之刑》，第1061—1062页。

宋哲宗年间赵仁恕被指控"创造狱具木蒸饼、木驴、木挟、木架子、石匣、铁裹长枷，及暗添杖数决人，杀伤人命不少"①。在和平时期，朝廷还能禁止民间流传的法外酷刑，但到了战争时期，随着形势发展和仇恨情绪的蔓延，这种刑罚已呈不可控之势。如前文所举《三朝北盟汇编》与《建炎以来系年要录》中多见此刑，即可证明。而金代原本也使用这种刑罚，如海陵王完颜亮被萧玉触怒，称"朕欲断其舌，钉而磔之"②。《多桑蒙古史》中记述俺巴孩可汗被害过程时，称女真皇帝（即金熙宗）"钉俺巴孩于木驴上，此盖专惩游牧叛人之刑也"③。处刑时只有钉而无磔环节，可能与古罗马的木马拉肢刑架更为相近。

由凌迟刑的演变来看，它是在五代时从北方草原传入，并最终在中原普及。它必须依靠一定操作工具存在，无论是立钉使用的十字架，还是坐钉使用的木驴，都带有古希腊和罗马刑具的特征。古罗马帝国在处置基督徒时，常有殉难者被钉上十字架后，用铁梳、陶瓷等剔肉至死的记载，这应当就是凌迟刑的最初状态。④ 中国早期法律传统中多使用肢解刑，其细致程度与后来被称为"千刀万剐"的凌迟刑相去甚远。⑤ 之所以发生演变，很可能是受到了域外法律文化的影响，如本文第一节中所引印度《摩奴法典》规定的"节节支解其形"即是如此。类似刑罚的传入很可能不止一条途径，西北、西南的陆路和东南的海路都可能是传播途径。如北宋钱易称四方之外多有酷刑：

> 四方之外，长吏残暴，更加增造，取心活剥，所不忍言。十五年前，杭州妖僧造变，数岁前，蜀部两回作乱，事败之后，多用此刑。亦恐仁圣之朝不能除之，则永为讹法……且近广州僭称帝号，理广以

---

① 李焘撰，上海师范大学古籍整理研究所、华东师范大学古籍整理研究所点校：《续资治通鉴长编》卷四五九，元祐六年六月，中华书局 1993 年版，第 31 册，第 10979 页。

② 脱脱等：《金史》卷七六《萧玉传》，中华书局 2000 年版，第 1151 页。

③ ［瑞典］多桑著：《多桑蒙古史》，冯承钧译，中华书局 1962 年版，第 36 页。

④ 可参考《基督教殉难者所受酷刑》第五章。*Tortures and Torments of the Christian Martyrs: From the "De SS. Martyrum Cruciatibus" of the REV*, Father Gallonio, pp. 104 - 114；［古罗马］优西比乌著，［美］保罗·L. 梅尔英译、评注：《教会史》，瞿旭彤译，第 382 页。

⑤ 可参考彭文芳《古代刑名诠考》第一章《生命刑》，武汉大学出版社 2015 年版，第 14—98 页。

酷，死于毒刑，汤煎锯解，靡所不至。广民怨之，立于刀刃。①

这里提到的"广州僭称帝号"即五代时期的南汉国，之所以会施行各种奇特酷刑，应是因为其地理位置更容易首先接触到海外风俗。由此来看，钱易所说的四方之外增造酷刑，很可能就是各种中外法律文化传播的结果。在中国古代对外交流中，前往海外者常记述当地风土民情，与中土迥异的法律风俗也常被记载。如明初随同郑和下西洋的马欢所作《瀛涯胜览》中，就记载了占城国的一种法律风俗：

> 罪甚大者，以硬木削尖立于小船样木上，放水中，令罪人坐于尖木之上，木从口出而死，就留水上以示其众。②

这实际是源起于两河流域的刺刑，古希腊希罗多德在《历史》中记载北方草原的斯奇提亚人埋葬国王时，使用这种方式殉葬马匹和侍臣。③ 后来伊本·白图泰在其游记中介绍元代中国可汗去世时殉马的葬仪，与此较为相似：

> 待墓门砌好后，遂于陵上堆土成丘。然后牵来四匹骏马，使其绕陵飞奔，待其停下时，在墓前竖起木桩，将一木棍自马的臀部插入，从马口穿出然后高架在木桩上。④

在记录靖难之役的明朝早期作品《奉天靖难记》中，称辽东来的朝廷军队用这种方式残杀儿童。⑤ 由于此书对建文帝一方过于诋毁，其记载未必可信，⑥ 但从杀人细节和辽东军队的信息来看，可能明朝早期的北方依然有草原风俗影响，才据此演绎而成。

---

① 钱易：《上真宗乞除非法之刑》，第 1061—1062 页。
② 马欢著，冯承钧校注：《瀛涯胜览校注·占城国》，中华书局 1955 年版，第 4—5 页。
③ ［希腊］希罗多德：《历史·希腊波斯战争史》，王以铸译，上册，第 342—343 页。
④ ［摩洛哥］伊本·白图泰口述，［摩洛哥］伊本·朱甾笔录：《异境奇观——伊本·白图泰游记》，李光斌译，第 556 页。
⑤ 佚名：《奉天靖难记》卷上，《四库全书存目丛书》，齐鲁书社 1996 年版，史部第 45 册，第 469 页。
⑥ 吴德义：《〈奉天靖难记〉的编撰与历史书写》，《江西社会科学》2014 年第 3 期。

又如被后世认为是"五马分尸"的车裂刑，因传说商鞅遭此刑罚而广为人知。但中国早期的车裂其实是用刀斧等锐器分解身体，已有研究者加以详细考证。① 中国文献中直至明代中后期小说里才出现此类情节，如嘉靖、隆庆间余邵鱼所作小说《列国志传》中有"商鞅四马分尸死"情节，"令取四车，系其手足，每车以强马引之，须臾尸裂，手足异处"②。后来冯梦龙在其基础上作《新列国志》，第 89 回为"咸阳市五牛分商鞅"③。从其年代看，不能排除创作者受到西方同类题材艺术作品影响的可能。广泛流传的早期天主教殉难故事中，有圣希波吕托斯遭野马牵扯，撕裂身体之刑罚情节，常用作绘画题材。如 15 世纪比利时画家 Dieric Bouts 绘制的圣希波吕托斯殉难图（"Saint Hippolytus"，存比利时布鲁日圣救主主教座堂博物馆）中，人的四肢就是分别被系在四匹马上。④ 很可能正是这类故事传入中国，被小说家演绎并传播之后，才使人误以为是中国早期刑罚。

中国历代法律思想的主流，是希望减少酷刑的使用。除上文所举五代、北宋时期官员建议禁止凌迟刑之外，又如之前北魏高祖年间滥用酷刑，使用重枷，"复以缒石悬于囚颈，伤内至骨；更使壮卒迭搏之"，被皇帝制止。到北魏世宗时，更规定要"量人强弱，加之拷掠"，不允许非法施刑。⑤ 而朱元璋使用严刑峻法的时代背景，如其在《御制大诰序》中所说，是"昔者元处华夏，实非华夏之仪，所以九十三年之治，华风沦没，彝道倾颓"⑥。赵翼在《廿二史札记》中评价朱元璋以重刑惩戒贪吏时，也提到"法令森严，百职厘举，祖训所谓革前元姑息之政，治旧俗污染之

① 谭世保：《"车裂"考》，《学术论坛》1982 年第 4 期；彭文芳：《古代刑名诠考》，第 31—38 页。

② 余邵鱼著，张固也等点校：《周史演义（列国志传）》第九十九回《商鞅四马分尸死 苏秦合纵说六国》，吉林人民出版社 1998 年版，第 562 页。

③ 冯梦龙编，陆树仑、竺少华标点：《新列国志》第八十九回《马陵道万弩射庞涓 咸阳市五牛分商鞅》，上海古籍出版社 1987 年版，第 1099 页。

④ Jacobus de Voragine, translated by William Granger Ryan, *The golden legend*: *readings on the saints*, Princeton University Press, 2012, p. 461. Hippolytus be tied by the feet to the necks of untamed horses and dragged over thistles and thorns until he expired.

⑤ 魏收：《魏书》卷一一一《刑罚志》，中华书局 1974 年版，第 1923—1924 页。

⑥ 朱元璋：《御制大诰·御制大诰序》，第 197 页。

徒也"①。元朝确实存在政事混乱的问题，给当时的民众带来不满，以至于希望为害者受到极刑处置。如元杂剧《范张鸡黍》中谴责聚敛之臣，称：

> 都是些装肥羊法酒人皮囤，一个个智无四两，肉重千斤……这一伙魔军，又无甚功勋，却着他画戟朱门，列鼎重裀。赤金白银，翠袖红裙，花酒盈樽，羊马成群。有一日天打算衣绝禄尽，下场头少不的吊脊抽筋。②

陶宗仪《南村辍耕录》中记载元代散曲家钱霖所作一段曲词，更是极为细致地描述了贪财者遭受凌迟和勾脊刑的场景：

> 恼天公，降下灾，犯官刑，系在囚。它用钱时难参透，待买它，上木驴钉子轻轻钉，吊脊筋钩儿浅浅钩。便用杀，难宽宥。魂飞荡荡，魄散悠悠。
>
> 出落它平生聚敛的情，都写做临刑犯罪由。将它死骨头告示向通衢里甃，任它日炙风吹慢慢朽。③

这些文字实际是当时人们心态的体现，从中可以看出激化的群体矛盾和对立情绪。朱元璋出身底层，对此会有更多体验，这也是他后来施行剥皮实草、勾脊示众等极端酷刑的社会基础。但施刑效果未能如朱元璋所愿，例如在将伪钞制造者集体处以枭首令示众之后，威慑力持续了不到一年，当地村民又开始制造伪钞，朱元璋只能感慨无计可施：

> 自京至于句容，其途九十里，所枭之尸相望，其刑甚矣哉。朕想决无复犯者，岂期不逾年，本县村民亦伪造宝钞，甚焉邻里互知而密行，死而后已。呜呼！若此顽愚，将何治耶！④

朱元璋还曾将盗卖仓粮的仓官"墨面文身，挑筋去膝盖，仍留本仓守

---

① 赵翼著，王树民校证：《廿二史札记校证》卷三三《重惩贪吏》，第764页。
② 宫大用：《死生交范张鸡黍杂剧》第一折，臧晋叔编《元曲选》，中华书局1958年版，第954页。
③ 陶宗仪：《南村辍耕录》卷一七《哨遍》，第211页。
④ 朱元璋：《御制大诰·伪钞第四十八》，第232—233页。

支"。然而不到半年，被除去膝盖的仓官继续盗卖仓粮，朱元璋面对这种情形已近乎绝望：

> 呜呼！当是官是吏，受刑之时，朕谓斯刑酷矣，闻见者，将以为戒。岂意攒典康名远等肢残体坏，形非命存，恶犹不已，仍卖官粮。此等凶顽之徒，果将何法以治之乎？①

朱元璋施行严刑峻法，体现了他急于改造社会风气的心理。如《御制大诰序》中所说："弃市之尸未移，新犯大辟者即至……呜呼！果朕不才而致是欤？抑前代污染而有此欤？"② 虽然朱元璋声称要革除元代之俗，恢复华夏之风，但他自己用来整顿社会风俗的刑罚，却多数不是华夏传统，而是各种从境外传来的法律风俗。社会习惯一旦形成，要消除其影响便不是一朝一夕之事，酷刑一旦进入公众视野，也很难避免其再度施行。以凌迟刑为例，它在一定程度上适用于民众希望惩处极恶者的心态。如元杂剧《窦娥冤》结尾，陷害窦娥的张驴儿就被处以凌迟刑，"押赴市曹中，钉上木驴，剐一百二十刀处死"③。在此之前的历史中也可以看到，当凌迟刑刚在中国出现时，北宋一直希望废除这种法外之刑，但宋仁宗仍不免将杀人祭鬼者施以凌迟刑；④《元典章》中对死刑的规定是"绞斩之坐，刑之极也"，但依然规定将支解人祭鬼者凌迟处死。⑤《大明律》中对死刑的规定也是绞和斩两项，又有犯谋反和奴婢杀家长等罪者也处以凌迟刑，⑥ 而在《大诰》记载的洪武时期实际操作中，被执行凌迟刑者远超出法律规定的种类。当朱元璋施行许多酷刑后，在执政晚期又希望杜绝各种酷刑的使用，如《野记》所说，"迨作《祖训》，即严其禁。至哉！圣心之仁矣"⑦。

---

① 朱元璋：《御制大诰·刑余攒典盗粮第六十九》，第248—249页。
② 朱元璋：《御制大诰·御制大诰序》，第197页。
③ 关汉卿：《感天动地窦娥冤杂剧》第四折，臧晋叔编《元曲选》，中华书局1958年版，第1517页。
④ 李焘：《续资治通鉴长编》卷一一〇，天圣九年四月，第2558页。
⑤ ［日］岩村忍、田中谦二校定：《元典章·刑部》卷三《诸恶·采生祭鬼》，京都大学人文科学研究所元典章研究班1964年版，第1册，第2、60页。
⑥ 杨一凡等点校：《大明律直解所载明律》，《中国珍稀法律典籍集成》，科学出版社1994年版，乙编第1册，第415、548、573页。
⑦ 祝允明：《野记》卷一，第513页。

　　然而这些酷刑的影响并未消除，除朱棣用各种酷刑处决建文朝臣外，后来明武宗"磔流贼赵鐩等于市，剥为魁者六人皮。法司奏祖训有禁，不听。寻以皮制鞍镫，帝每骑乘之"①。同是在这段时期，阿拉伯人赛义德来到中国，看到死刑犯人"有的被斩首，有的被卸去四肢或大卸八块。某些被从脚上倒吊的人都被剥去了皮"②。《野记》中提到朱元璋曾使用一种名为"锡蛇游"的刑罚，③ 这是一种宋代已经出现的酷刑，即用锡制成的空心蛇形刑具套在人腰腹处，灌以沸水。④ 按照《野记》的记录，它也和诸多明初酷刑一样被朱元璋禁止，然而在嘉靖初年的"大礼议"风波中，官员范珠还是险遭锡蛇之刑。⑤ 1886 年，德国人恩斯诺来到中国时，看到类似的锡蛇刑，以及当时刑讯中的许多惨景，"可以和西班牙中世纪天主教审判异端的宗教法庭相比……用木枷夹其手指和脚趾，在赤裸的手臂和腿上缠上灌满烫水的铜蛇，还有一系列类似的无穷无尽的刑具"⑥。

　　世界各地现代化进程不一，当 19 世纪后期至 20 世纪初许多国家已逐渐废除酷刑时，中国仍在执行古代刑罚，被很多来华外国作者写入见闻录中，这在很大程度上影响了其他国家的人们对中国的看法。清末李经邦赴俄罗斯圣彼得堡考察，在蜡像馆中见到各种俄罗斯古代酷刑，意识到"种种惨毒，不忍逼视。由此而推，则英法等各国其前世要不能免此等酷刑，今则除苛解娆，不复如前此之惨酷矣"。他于是作《中外各国刑律轻重宽严异同得失考》，认为既然西方各国可以废除割肢体、分身首的各种酷刑，中国应该也可以走上同样的道路。⑦ 1905 年，沈家本参酌各国法律，认为

①　张廷玉等：《明史》卷九四《刑法二》，第 1554 页。
②　［阿拉伯］赛义德·阿里－阿克伯·契达伊：《中国志》，［法］阿里·玛扎海里著《丝绸之路：中国—波斯文化交流史》，耿昇译，中国藏学出版社 2014 年版，第 242 页。
③　祝允明：《野记》卷一，第 512 页。
④　谢肇淛：《文海披沙》卷六《刑狱冤滥》，《北京图书馆古籍珍本丛刊》，书目文献出版社 1998 年版，第 65 册，第 448 页。
⑤　黄廷桂等监修，张晋生等编纂：雍正《四川通志》卷八《人物·范珠》，《影印文渊阁四库全书》，台湾商务印书馆 1986 年版，第 559 册，第 371 页。
⑥　［德］恩斯诺，［美］熊健、李国庆译：《清末商业及国情考察记》，国家图书馆出版社 2014 年版，第 40 页。
⑦　李经邦：《中外各国刑律轻重宽严异同得失考》，陈忠倚辑《清经世文三编》卷六〇《刑政三》，上海书局 1902 年版，第 33 页。

"西国从前刑法，较中国尤为惨酷，近百数十年来，经律学家几经讨论，逐渐改而从轻"，提出废除凌迟、枭首、戮尸几种重刑，获得批准。① 正如古代各国酷刑传入中国并广泛应用一样，此时中国刑法再次受到世界法律潮流的影响，同样走上了废除酷刑的道路。

结　语

在古代世界各地的广泛交流中，流传的并非只有科技、贸易、工艺等促进生产发展的内容，同样也有剥皮实草、火烤巨瓮、五马分裂、钉架凌迟等惨毒的酷刑。法律风俗代表着世界各地人们不同的生活状态和文化传统，而在不同历史背景下对刑罚的使用，也会体现出当时典型的时代特征。明朝初年，朱元璋实施若干极端酷刑整顿社会风俗，体现了元明之际国家政事和社会心态中的诸多特点，而这些带有域外特征的重刑，也从一种特殊的角度体现了古代中外交流的情形。从这些酷刑的使用、发展、记录和评价中，能看到域外文化对国人潜移默化的影响，也能看到中国传统政治伦理、民众观念与域外法律之间的差异。

（作者单位：中国科学院自然科学史研究所、中国科学院大学）

---

① 沈家本：《寄簃文存》卷一《删除律例内重法折》，沈家本撰，邓经元、骈宇骞点校《历代刑法考·附寄簃文存》，中华书局 1985 年版，第 2023—2028 页。

《资世通训》所见朱元璋的政治思想与治政理念

常文相

《资世通训》是明太祖朱元璋为戒谕百官、教化民众而亲自撰写的一部训示之作，也是他为推进国家管理与社会治理而制定的系列纲领性文件之一，较集中地反映了其以皇权统治为核心的政治思想与治政理念。书成于洪武八年（1375）二月，《明太祖实录》载：

> 御制《资世通训》成，上谓侍臣曰："人君者为臣民之主，任治教之责。上古帝王，道与天同，今朕统一寰宇，昼夜弗遑，思以化民成俗，复古治道，乃著是书，以示训诫耳。"侍臣皆曰："此臣民万世之宝也。"书凡十四章，其一《君道章》，曰勤、俭、仁、敬之类十有八事，其次《臣道章》，曰忠、曰孝、曰勿欺勿蔽之类十有七事，又其次曰《民用》、《士用》、《工用》、《商用》等十二章，皆申戒士庶之意。诏刊行之。①

大致讲来，与朱元璋出身社会底层且又艰难创业的经历有关，书中所"申诫"之语多能设身处地从民众朴素的人伦情理出发，力图端正、规范社会各阶层成员的观念行为。由此朱元璋不仅着意展示了英明帝王开国肇基，主天下之政、任天下之师、垂天下表范、代天下立言的政治形象与文

① 《明太祖实录》卷九七，洪武八年二月丙午，台湾"中研院"历史语言研究所1962年校印本，第1664页。

化精神，更进一步构建了其政治统治的合法性基础。同时，也正是深受民间善恶祸福之因果报应说的感染，朱元璋一再借神鬼明鉴之辞发论，显露出他对"天命有常""天道无欺"等信条的尊崇敬畏及其"神道设教""化民成治"的理政倾向。

《资世通训》刊布后，应在当时社会中形成了一定影响，后人于论列明太祖著述或整理明代书目时常有提及。如弘治五年（1492）大学士丘濬疏请访求遗书并编校内阁藏书，讲到太祖高皇帝"御极三十年，多有制作，皆出自宸衷御札"，其中"今颁行天下者，惟《皇明祖训》、《大诰》三编、《大诰武臣》、《资世通训》，《御制诗文》虽已编辑，刻板藏在内府，天下臣民得见者尚罕"。① 也有士人引用该书文辞立论，甚至以之作为科举试策问对的内容。② 何乔远《名山藏·典谟记》则对全书除后序外，

---

① 《明孝宗实录》卷六三，弘治五年五月辛巳，第1213—1214页。此处书目如何断句，尚存疑。经查证，《明经世文编》所收丘濬奏疏原文，为"今班行天下者，惟《皇明祖训》《大诰》三编《大诰武臣》《资世通训》《御制诗文》虽已编辑，刻板藏在内府，天下民臣得见者尚罕"，与实录基本一致。（陈子龙等辑：《明经世文编》卷七六《丘文庄公奏疏·访求遗书疏》，中华书局1962年版，第650页）而在丘濬的《琼台诗文会稿》及其后人丘尔毅所编《重编琼台稿》中，奏疏原文则分别为"今颁天下者，惟《皇明祖训》《大诰》三编《大诰武臣》《资世通训》《御制诗文》虽已编辑，刻板藏在内府，天下臣民得见者尚罕也"（丘濬：《琼台诗文会稿》卷七《请访求遗书奏》，《丛书集成三编》，台湾新文丰出版公司1997年版，第39册，第135页），"今颁天下者，惟《皇明祖训》《大诰》三编《大诰武臣》《资世通训》《御制诗文》虽皆已辑刻，然藏在内府，天下臣民得见者尚罕也"（丘濬：《重编琼台稿》卷七《请访求遗书奏》，文渊阁《四库全书》，台湾商务印书馆1986年版，第1248册，第146页），后者多出的"皆"字，虽可能包括《资世通训》与《御制诗文》等书，但也可能是意指《御制诗文》里的"诗""文"两种门类，应为编者自加。再何乔远《名山藏·臣林记》亦载丘濬疏陈之言，书目所指却极为明确："今颁行天下者，惟《皇明祖训》、《大诰》三篇、《大诰武臣》、《资世通训》四书而已，《御制诗文》虽业编梓，天下臣民常稀得见。"（何乔远：《名山藏》卷六八《臣林记·丘濬》，《续修四库全书》，上海古籍出版社2002年版，第427册，第82页）另有黄道周《申明掌故疏》云："先臣丘濬尝称，我朝著作，圣祖极多，有《祖训》《大诰》《武臣》《资世通训》已颁行天下。"（黄道周：《黄石斋先生文集》卷一《申明掌故疏》，《续修四库全书》，第1384册，第34页）综上，似以《资世通训》曾经颁行并已被臣民所识见为确。

② 参见倪岳《青溪漫稿》卷二〇《乡问试策问三首》，文渊阁《四库全书》，第1251册，第270—271页；董玘《中峰集》卷一上《宏（弘）治乙丑廷试策》，《丛书集成三编》，第55册，第428页；程文德《程文恭公遗稿》卷一《廷试策》，《四库全书存目丛书》，齐鲁书社1997年版，集部第90册，第125页；归有光《震川先生集》别集卷二上《隆庆元年浙江程策四道》，周本淳校点，上海古籍出版社1981年版，第744页；缪昌期《从野堂存稿》卷二《第一问》，《续修四库全书》，第1373册，第396页（按，文中作《资治通训》）。

各篇均做有节录。①

是书书名或有误作《资治通训》者，《明史·艺文志》即载"太祖《资治通训》一卷"，其下注曰："凡十四章，首君道，次臣道，又次民用、士用、工用、商用，皆著劝导之意。"② 《四库全书总目》在清康熙皇帝《圣谕广训》书目下叙及此书，仍作《资治通训》。中云："历代以来，如《家训》、《世范》之类，率儒者私教于一家；《琴堂谕俗编》之类，亦守令自行于一邑；罕闻九重挥翰，为愚夫愚妇特撰一编。独明太祖所著《资治通训》诸书，具载《永乐大典》中，而义或不醇，词或不雅，世亦无述焉。"③ 就书名含义言，"世"泛指对象，"治"强调目的，后者似更贴近朱元璋原意，故后人有此误改。由是亦知，晚明以降，该书或许已渐不为人所习知。另《千顷堂书目》记此书"洪武八年三月成"④，李晋华《明代敕撰书考》记此书"洪武八年三月丙午书成，书凡十二章"⑤，均属失实。

本书卷末为曾参与纂修《元史》的时任翰林国史院编修赵壎所写的后序，序中盛赞朱元璋"克尽君师之道，政教兼备"，实属既"能善其政"，又"兼师道而善教"，直与古昔圣哲贤王相埒。在谈及该书的创作目的及内容大要时，序文复曰：

> 其于君道备矣，善政得矣。尚虑夫百官、庶民未能尽其职分之所当为，乃著书十有四篇，以示训戒。首以人君所当为者十有八事为言，则皆皇上平日躬行心得之效矣。然犹不自满足，有谦虚敬慎之意焉。次言人臣所不当为者十有七事。其三、其四，则为民用章，又以士、农、工、商，各为一篇，合僧道为一篇。念民之愚痴，欲民之教

① 参见何乔远《名山藏》卷三《典谟记·太祖高皇帝三》，《续修四库全书》，第425册，第472—475页。

② 张廷玉等：《明史》卷九八《艺文三》，中华书局1974年版，第2429页。

③ 永瑢等：《四库全书总目》卷九四《子部四·儒家类四》，中华书局1965年版，第795页。

④ 黄虞稷：《千顷堂书目》卷一一《子部·儒家类》，瞿凤起、潘景郑整理，上海古籍出版社1990年版，第311页。

⑤ 李晋华：《明代敕撰书考附引得》，燕京大学哈佛燕京学社《引得》编纂处1932年版，第10页。

子，戒其造言，示以祸福，又各为一篇，以劝惩之。辞意明切，诲谕谆至，无非欲其改过迁善，同享太平之乐，故名曰《资世通训》。①

抛开溢美之词不论，赵壎对朱元璋撰写此书意旨的理解和评价可谓恰当中肯。在书中，身兼君师生养教化之责的朱元璋，确实是以一种乾纲在握而为天下主的自信姿态给属下臣民做好了合于王道理想、符于皇权统治的规划与安排。居高临下视之，其言态行止虽不时流露出普天皆愚唯我独明的况味，但谆谆劝惩之情，亦称得上用心良苦。而称颂朱元璋治教俱备者也并非仅赵壎一人，君以兼师应是当时包括朱元璋自己在内的统治阶层对皇权拥有者的普遍期待。即如朱元璋尝召见富民勉励为善，侍臣王祎同样曰："自古帝王皆兼君师之任，三代而下为人主者，知为治而不知为教。今陛下训谕之，不啻严师之教弟子，恩至厚也，诚所谓兼治教之道矣。"②再顺便提到，朱元璋早在建国前，还曾命儒士编纂《公子书》及《务农技艺商贾书》，他说："公卿贵人子弟虽读书，多不能通晓奥义。不若集古之忠良奸恶事实，以恒辞直解之，使观者易晓，他日纵学无成，亦知古人行事可以劝戒。其民间商工农贾子弟，亦多不知读书，宜以其所当务者直辞解说……使之通知大义，可以化民成俗。"③《资世通训》与两书相类，其申诫士庶之意，实出一辙。

今常见《资世通训》古籍版本，分别收在《续修四库全书》第788册和935册。前者合编于明人张卤所辑《皇明制书》中，据明万历七年（1579）刻本影印；后者单独成书，据北京图书馆藏明刻本影印，卷末可辨识出"北京图书馆藏""蟫隐庐所得善本"两方印记，当曾为蟫隐庐主人罗振常收藏。④ 本文所引采用今人杨一凡《皇明制书》点校本，据其介绍，收录《资世通训》的《皇明制书》二十卷本馆藏地包括中国大连市图书馆、美国国会图书馆、日本东洋文库和尊经阁文库，该版本均为明万历

---

① 赵壎：《资世通训后序》，朱元璋《资世通训》，杨一凡点校《皇明制书》，社会科学文献出版社2013年版，第762页。

② 《明太祖实录》卷四九，洪武三年二月庚午，第966—967页。

③ 《明太祖实录》卷二一，丙午年十一月壬辰，第308页。

④ 参见张卤辑《皇明制书》卷一〇《资世通训》，《续修四库全书》，第788册，第362—371页；朱元璋《资世通训》，《续修四库全书》，第935册，第263—268页。

七年刻本。①

　　全书总为一卷，篇幅不长，文辞浅白而欠缺修饰，故颇显粗疏滞涩。可能正因"义或不醇，词或不雅"，故前人学者只是在探讨朱元璋的御制诏令文书或政治法律思想问题而涉及该书相关内容时，才对其要旨略做分析，专门的详细研究尚属单薄。② 近来，东北师范大学苏建文的硕士学位论文《朱元璋皇权思想研究——以〈资世通训〉为中心》基于该书较系统阐述了朱元璋的政治统治、社会管理观念及其对人性的认识，表示"《资世通训》的颁布，集中反映了朱元璋自觉站在皇帝立场，以国家管控社会，以其他社会成员为工具的社会管理思想和以对国家的利用价值来判断他人价值的国家主义价值观"③。该文以论证朱元璋的皇权思想为核心，突显了朱元璋个人及皇权政治的独断、暴力、利己、僵化等特征，虽不乏深刻见解，但大致取向是一方面视《资世通训》为朱元璋推行专制统治的施政总纲，另一方面又一定程度跳脱开文本，而把其当作自己批判专制权力时的一个注脚。本文则试图将《资世通训》所体现的内容、思想与朱元璋的个人独特经历、品行及其为重建社会秩序、实现治国安民理想而制定的各项制度措施有机联系起来，由此探析皇权加身的朱元璋的政治精神与文化理念。文章所论既观照到皇权政治的内在集权性征，又关注于落实皇权统治的外在前提及评价尺度，以期更全面合理地把握中国传统政治文化的脉络与特质。

---

① 参见杨一凡《〈皇明制书〉及所载法制文献的版本》，《皇明制书》，第 3 页。

② 前人研究涉及《资世通训》且与本文讨论主题较切近者，可参见 ［美］范德《朱元璋与中国文化的复兴——明朝皇权专制的意识形态基础》，姜永琳译，《第五届中国明史国际学术讨论会暨中国明史学会第三届年会论文集》，黄山书社 1993 年版；［美］范德《明代开国皇帝的社会整合——作为权威功能的正统观念》，万明译，《明史研究》第五辑，黄山书社 1997 年版；张显清《试论明太祖"以教化为本"的治国思想与实践》，《明史研究》第七辑，黄山书社 2001 年版；张显清《明太祖朱元璋社会理想、治国方略及治国实践论纲》，《明史研究》第十辑，黄山书社 2007 年版等。

③ 苏建文：《朱元璋皇权思想研究——以〈资世通训〉为中心》，硕士学位论文，东北师范大学，2017 年。

一 为君之道

《资世通训》卷首为朱元璋自序，撰于洪武八年正月，在明太祖的文集中也有收录。序中朱元璋没有隐讳身世经历，直言自己幼时"家贫亲老"，虽有志向学却"无资求师"，不得不"兄弟力于畎亩之间"，甚且"更入缁流"，以致"圣人、贤人之道一概无知，几丧其身"。遭逢乱世、朝不谋夕的朱元璋尽管"如履薄冰"，但仍能主动听信"善人之言"，并在群雄角逐中不仅"获众保身"，还于数年间"众广而大兴，以统天下"，从此越发"寻儒问道"，既知其理，则"日攻询访，博采志人，中积群言，加以比较是非"①。这里，朱元璋突出了自身学儒求道的自主和批判意识，他讲："彼虽不教我，我安得不听信之……其中所言当者，非斯人之自能，乃上古哲人之善行。因斯人有志听怀，今为我学而为我用，于斯人岂徒然哉！其有所言不当者，皆斯人惰其学，况平日解悟差矣。是致作事倒为，或又为非，以覆身灭姓者有之。"② 可见，朱元璋尽管能够肯定从师问学的必要性，但其同时表示，自己所习所用乃直通"上古哲人"，世间儒师所教，只起到居中传接作用，且亦非尽完尽善，故不可不加分辨全盘接受。他接下来指出，君主掌有天下本当"代天理物"，现今己身既已手执纲维权柄，遥承远古圣王治教，自然有资格"道与天同"，所谓"统寰宇之大，负教臣民之重"，虽"匪才薄德"，然职责在兹，义不容辞。此外，朱元璋一并提出"德将安在""弗敢自宁"的疑问，言下之意，是认可皇权统治确要接受"敬德保民"的天道评断，而对百姓普施生养教化与否即是衡量尺度之一。③ 序言最后，朱元璋有感于"世人性愚而见浅"，这样总结写作本书的用意："古有圣经贤传，立意深长。为先儒注以繁辞，评论不一，愈愚后学者。朕特以一己之见，总先贤之确论，托谒者评之，直述其意，

---

① 朱元璋：《资世通训·序》，《皇明制书》，第749页。
② 同上。
③ 同上。

以利今后人。"① 话语间，表露出他自觉以既君且师的双重身份，立处万民之上，当仁不让承担起培植教养之责。②

由此序言不仅可清楚解读出朱元璋作为开创之主而勇于任事、代天理政的壮志情怀，且亦能体察到其着意宣示皇帝权威，含有申明明政权建立之正当合法性的企图。序中坦白自身学以晚成的事实，又径言现欲凭一己之见化繁为简直解先贤确论，反映出他对于经国育民的君师之道的自得与自负。而用同谒者问答唱和的方式行文，除了说理表意方便外，似从侧面也体现了崛起于社会底层的朱元璋心系民间、关切下情的一贯作风。

《资世通训》首倡君道，在《君道章》中，朱元璋强调自己起兵意在戡乱救民，故能剪灭群雄，立国主政。他着重提出为君者应当严格奉行的十八件事，分别是"俭、素、勤、敬、祀、戎、亲、内、外、孝、慈、信、仁、智、勇、严、爱、以时"，并具体解释道：

> 俭，勿过用物。素，不华其所居。勤，所以昼夜不忘于事，不息于当为也。敬，不遑暇食以措安。祀，谨百神之祭，不敢怠。戎，乃张皇六师以御侮。亲，亲九族以化民。内，内官分定而不紊。外，外之政内不干。孝，孝于父母以格天。慈，慈于父以生孝子。信，信于始终不变，使人从。仁，仁于善良不罪。智，智于无道可诛。勇，勇于当为者为。严，严于威仪，以正百官。爱，爱民如赤子。以时者，使民不夺其时。③

朱元璋从实际经验出发，按照自己理解总结为君之道，且在处理政务

---

① 朱元璋：《资世通训·序》，《皇明制书》，第749页。在撰成此序前不久，朱元璋还曾自注《道德经》，并为之作序。序中亦先坦言自己出身寒微，"值群雄之并起，不得自安于乡里，遂从军而保命，几丧其身而免"，随后谈及"自即位以来，罔知前代哲王之道，宵昼遑遑……于是问道诸人，人皆我见，未达先贤"，然"朕虽菲才，惟知斯经乃万物之至根，王者之上师，臣民之极宝"，故乃悉丹衷，尽智虑，"意利后人，是特注耳"。朱元璋：《明太祖集》卷一五《道德经序》，胡士尊点校，黄山书社1991年版，第296—297页。两序笔调辞意相近，可互相参看。

② 高寿仙即一语点明："在儒家的理论模式中，理想的统治者是'君'与'师'两种角色的有机融合体……从总体上看，朱元璋的治国理想浸透了儒家精神……兼任起有富民之责的'君'与有教民之责的'师'的双重职能。"高寿仙：《洪武时期的社会教育与移风易俗》，《明史研究》第六辑，黄山书社1999年版，第83页。

③ 朱元璋：《资世通训·君道章》，《皇明制书》，第750页。

过程中力求使上述每一件事都能落到实处。正如一些研究者所称，朱元璋对"君道"的阐释来自平时行政实践，与其说是他观览载于史册的尧舜之道的结果，不如说更像其自身行为与心态的直接写照。

君主教化万民首应修正自心，以身作则，所谓"身者，教化之本也，人君身修而人化之"①。就笃持勤政爱民、惜财节用之行而观，朱元璋实可为天下表率，他尝言"自古王者之兴，未有不由于勤俭"②，"吾节俭是宝，民力其毋殚乎"③，又曾告诫群臣："凡事勤则成，怠则废，思则通，昏则窒……思日孜孜，禹所以成大功；不遑暇食，文王所以开王业。"④ 其居常敦崇朴素，弗尚奢华，即如"有司奏乘舆服御，应以金饰，诏用铜"，且曰："朕富有四海，岂吝乎此。第俭约非身先无以率下。"⑤ 以故，朱元璋一向主张摒却四方珍奇玩好之供，并顾念百姓，取用有节，不作无益之工，不兴劳民之役。

其次，"国之大事，在祀与戎"，礼制与军政关乎社稷存亡，历来为君主所重。朱元璋在建政之初，即先创宗庙郊社，命中书省臣议拟祀典，并确立卫所官军之制及将帅将兵之法，恳切教诲太子、廷臣居安思危，毋忘武备。⑥《明史》也称，"明太祖初定天下，他务未遑，首开礼、乐二局，广征耆儒，分曹究讨"，又编定《存心录》《大明集礼》等礼书，"制度名数，纤悉毕具"⑦。他还曾御白虎殿阅《汉书》，与儒臣宋濂、孔克仁讲论汉初礼乐之政，云："高祖创业，未遑礼乐。孝文时当制作复三代之旧，乃逡巡未遑，使汉家终于如是。三代有其时而能为之，汉文有其时而不为耳，周世宗则无其时而为之者也。"⑧ 话外之意，乃当下适逢其时，正应制礼作乐，以成一代规制。而周世宗"无其时而为之"，在朱元璋看来此与当为不为一样，亦属不该。

---

① 《明太祖实录》卷二○三，洪武二十三年七月壬辰，第 3035 页。
② 《明太祖实录》卷一五五，洪武十六年六月庚戌，第 2416—2417 页。
③ 谷应泰：《明史纪事本末》卷一四《开国规模》，中华书局 1977 年版，第 190 页。
④ 《明太祖实录》卷六四，洪武四年四月壬辰，第 1215—1216 页。
⑤ 张廷玉等：《明史》卷六五《舆服一》，第 1599 页。
⑥ 参见谷应泰《明史纪事本末》卷一四《开国规模》，第 190、196、194 页。
⑦ 张廷玉等：《明史》卷四七《礼一》，第 1223—1224 页。
⑧ 谷应泰：《明史纪事本末》卷一四《开国规模》，第 189 页。

至于尊卑有体，亲疏有别，朱元璋更是自有安排。其大封诸子为王，授金册金宝、置王府官署和护卫以荣之，又赐予他们庄田，供给优厚，甚至出于国防需要，诏诸王近塞者，每岁秋勒兵巡边，边卫将校悉听节制。① 宫闱之中，为防患未然，他严禁后妃、宦官私通外臣，干预政事，并且不许内臣典兵与有司文移往来。② 在国家机构设置上，朱元璋有意营造成君主集权于上、众臣分使于下的政治态势，极大便利了中央控制地方，皇帝驾驭群僚。这确像他在与侍臣谈起前代诸如女宠、寺人、外戚、权臣、藩镇及至四裔之祸时所议：

> 木必蠹而后风入之，体必虚而后病乘之。国家之事，亦由是矣。汉亡于外戚、阉寺，唐亡于藩镇、戎狄。然制之有道，贵贱有体，恩不掩义，女宠之祸何自而生！不牵私爱，苟犯政典，裁以至公，外戚之祸何由而作！阉寺职在使令，不假兵柄，则无寺人之祸。上下相维，大小相制，防壅蔽，谨威福，则无权臣之患。藩镇之设，本以卫民。财归有司，兵待符调，岂有跋扈之忧！至于御四裔，则修武备，谨边防，来则御之，去不穷追，岂有侵暴之虞！凡此数事，当欲著书，使后世子孙以时观省，亦社稷无穷之利也。③

朱元璋此番布置，里里外外称得上思虑周密，防范紧严，无怪乎言辞之中其对自己的权谋见识，颇含几分得意之色。

附带言之，朱元璋曾就汉代"七国之变"发论，一反"曲在七国"成见，表示"景帝为太子时，常投博局杀吴王世子"，及其即位，"又听晁错之说，黜削诸侯"，叛乱自是而生。基于这一认识，他向教授太子、诸王经史的儒臣提出："若为诸子讲此，则当言藩王必上尊天子，下抚百姓，为国家藩辅，以无挠天下公法。如此，则为太子者知敦睦九族，隆亲亲之

---

① 参见张廷玉等《明史》卷一一六《诸王》、卷七七《食货一》、卷九一《兵三》、卷三《太祖三》，第 3557、1886、2236、51 页。

② 参见谷应泰《明史纪事本末》卷一四《开国规模》，第 197—198、205 页；张廷玉等《明史》卷七四《职官三》，第 1826 页。

③ 谷应泰：《明史纪事本末》卷一四《开国规模》，第 214 页。

恩，为诸子者知夹辅王室，尽君臣之义。"① 朱元璋此语除为其大兴分封、众建藩屏的举措张本外，亦表明他对现实政治关系的思考有相当一部分是以家庭尊亲孝悌观念作为原始出发点的，而出自同样的伦理价值判断，其将天地比作父母，在郊祀问题上以为"分祭天地，情有未安……人君事天地犹父母，不宜异处"，为合孝道，"遂定每岁合祀于孟春，为永制"②。

朱元璋治国理政的另一方针策略，乃是大体执行严于治官而宽于治民的原则。《明史》评述其"惩元政废弛，治尚严峻"③，他自己也说"建国之初，先正纲纪，纲纪先礼"④，"吾治乱世，刑不得不重"⑤。朱元璋鉴于元季贪冒泛滥，遂重惩赃吏，虽时或过求深刻，招致臣下批评，然"太祖用重典以惩一时，而酌中制以垂后世，故猛烈之治，宽仁之诏，相辅而行，未尝偏废也"⑥。故此，他素来都把"钦恤"和"简当"看成用刑立法的本要，并云："不施实惠，而概言宽仁，亦无益耳。以朕观之，宽民必当阜民之财，息民之力。不节用则民财竭，不省役则民力困，不明教化则民不知礼义，不禁贪暴则无以遂其生。"⑦ 而针对"元有天下，宽以得之，亦宽以失之"的议论，朱元璋也加以辨正，讲明元政实属"失在纵弛"，是谓"圣王之道，宽而有制，不以废弃为宽；简而有节，不以慢易为简；施之适中，则无弊矣"⑧。且正是缘于予民实惠的考虑，其从建国伊始就不断蠲免各地田赋，尽量减轻百姓负担，勉力做到以仁心行仁政。朱元璋最后还提及"爱民如赤子"和"使民不夺其时"，联系到他曾讲过"吾每于宫中无事，辄取孔子之言观之，如'节用而爱人，使民以时'，真治国良规"⑨，可知其实行爱惜民力、休养民生的政策也是有源可溯、有本可寻的。

---

① 谷应泰：《明史纪事本末》卷一四《开国规模》，第 200 页。
② 张廷玉等：《明史》卷四八《礼二》，第 1247 页。
③ 张廷玉等：《明史》卷三《太祖三》，第 56 页。
④ 谷应泰：《明史纪事本末》卷一四《开国规模》，第 189 页。
⑤ 张廷玉等：《明史》卷九三《刑法一》，第 2283 页。
⑥ 张廷玉等：《明史》卷九四《刑法二》，第 2320 页。
⑦ 谷应泰：《明史纪事本末》卷一四《开国规模》，第 191—192、195—196 页。
⑧ 同上书，第 201 页。
⑨ 同上书，第 190 页。

朱元璋重视学以致用，参照自身实政经验重新阐扬了圣人之道，然而知易行难，他大方表示："朕虽欲仿之，却被妄想私欲以相搏，苦其志以战之，犹未得退。"[①] 这就需要为君者除加强身心修养外，尚赖帝王之师的诲勉规谏。此处朱元璋尽管对儒士习知"王者之政"是否涉嫌"僭分"保持了相当警惕，但他却不得不承认，集权体制下君主个人的素质操行绝非至善尽美，因此时有"帝师"之臣的辅弼启沃确乎必要。本章末尾，谒者感怀：

> 臣年七十有五，时已过矣，恨壮不逢英明之君，老已乎！空怀王者之政，惜无可教，自以为终世而无可陈。忽上帝垂民福，陛下值元更，得君天下为生民主，臣虽衰朽，敢不俯伏天阍，对越陛下，以陈平生之所学，为陛下思之。噫！臣更为陛下深思之：五荒不可作，微行可绝游，诚能备行臣之所陈，则生民多福，彼苍祐之。[②]

朱元璋宵衣旰食、朝乾夕惕原不待言，但此处借谒者之口，寓劝诫于称颂之中，其对自己更造华夏、抚定兆民之丰功伟绩的自诩之情再度跃然纸上。

二　臣民之用

朱元璋首先由强化集权统治并为天下苍生尽职负责的角度，论述了身

---

① 朱元璋：《资世通训·君道章》，《皇明制书》，第750页。
② 朱元璋：《资世通训·君道章》，《皇明制书》，第750—751页。关于不作"五荒"等兢业安民、克己律身之道，朱元璋于洪武二十三年（1390）曾有一段"真情实意"的自我剖白，可与上文参证："朕自居江东三十六载，未尝见日而临百官。自年初至于年终，每披星戴月而出，四鼓衣衣饭食，待旦临事。此非饰己之言，皆真情实意之词。呜呼！朕观古今凡人得时之后，有始无终者多。朕外无禽荒，内虽有妇女，不敢久留宫中，色荒之事可知。生不饮酒，壮而少用，未尝以酒废事。无眤音乐峻宇，得罪者凤阳宫殿也，然非好离宫别殿而为之。当是时见浅识薄，意在道理适均，便于民供耳。且人之得时，孰不欲安逸盘游，纵意所好？真圣贤不假修饰，天然不远此事，降圣贤之人，亲于此事者多矣。凡居若干玩好盘游者，朕每欲为之，见其不敢，何也？盖古人有此者，兴亡叠叠，因此恐惧不已。愤恨枉良纵恶，由是察文吏若见渊鱼，以此臣民皆曰'刑甚'。朕今老矣，前许多年每令一出，皆为安民。"陶尚德、庞嵩等：《南京刑部志》卷三《揭榜示以昭大法·礼部为申明教化事》，《金陵全书乙编·史料类》，南京出版社2015年版，第342—343页。据此，罗冬阳称其"乃以不假修饰的真圣贤自居"。罗冬阳：《明太祖礼法之治研究》，高等教育出版社1998年版，第50页。

居君位者当切实履行的十八条准则，在接下来的《臣用章》《民用前章》和《民用后章》中，其则自皇权政治下一切臣民皆须竭心勉力承应供使的义务方面对他们提出严格要求。确需指出的是，《明太祖实录》等文献俱载本书第二章名曰"臣道章"，但原文实为"臣用章"，这一差误的造成无论有意还是无意，从中都不难察觉到皇帝政治与士大夫政治间在权力运行主体及统治精神上存在的一定区别。也就是说，在朱元璋眼里，皇权笼罩人世众生，高居臣民之上，大概只有君之所思所为才可称作"道"，而臣民的行事对于君主治教来讲，仅体现"用"与"无用"之分。故此，他曾于《大诰三编》中严正声明："古者士君子，其学既成，必君之用，将老乡无举者，以为耻焉……'率土之滨，莫非王臣'，成说其来远矣。寰中士夫不为君用，是外其教者，诛其身而没其家，不为之过。"①

就"臣用""民用"诸章看，朱元璋确实表现出自觉站在皇帝立场从而把相对于"君"的各色臣民视为皇权统治工具的倾向。《臣用章》开头，朱元璋便带有威胁性地提出，历代臣僚为何"多始而无终者"。谒者答："非仁人者不终，非忠者不终，非知三报、一祀者不终，假公营私者不终，代报者不终，非孝者不终，非亲亲者不终，又侮瞒欺诳者不终，虐诈而自高者不终。于斯十七事有一者，不得其死，而况于备之者乎？"②据谒者进一步阐释，可知仁就应"仁爱于善人及万物"，忠即当"竭己以奉君，勿欺勿瞒勿侮"，仁民忠君，实为臣子立身受命之本，履职处事所必先。所谓"三报一祀"，指的是"报君""报父母""报民"和"祀神鬼"。其中，为人臣"蒙君恩而当思补报，格君之非，美君之政，助君以仁"；为人子"奉父母笃以温清甘旨，勤敬而不怠，谏父母之非，恳切至于没身，不陷父母"。至于"报民"之意，书中乃借此生发，一同表达了对君民、君臣、官民三方之间关系的看法：

> 天地生民极众，无主者必乱，故天生君以主之，君设百官以助理之。民恐有众暴寡、强凌弱，所以乐供税于朝，欲父母妻子无忧，君

---

① 朱元璋：《御制大诰三编·苏州人材第十三》，《续修四库全书》，第862册，第332页。
② 朱元璋：《资世通训·臣用章》，《皇明制书》，第751页。谒者这里所言似不足十七事，而若将"三报一祀""侮瞒欺诳"及"虐诈而自高"诸事拆分开或正够其数，姑存疑。

得税而分给百官，使不耕而食，不蚕而衣，特高其位而禄其家，使公正于朝堂，使民乐其乐。若果受斯职，行斯道，证民以是非，问民以疾苦，则福寿无穷矣。①

自是可见，朱元璋始终以处理解决好君民关系作为实现理想皇权统治的核心。在他的政治观念里，君主应天明命，执掌天下生计秩序，理当恤养万姓，惠泽黎庶，而天意又同民心相应，安民致治显然成了其得正位、行大道的根本前提及重要标尺。具体来说，君民之间表现为一种近似责任与义务的关系，即君奉天意使民安居乐业，遂有责任除暴护良，民映天心依君以获生存命，故有义务供税于朝。君臣关系则受制、从属于君民关系，臣既自君那里接受职位，领取俸禄，当然要奉照君主化民成治之意，竭忠尽智助君理事，听君任使，成君美德，向君负责。再从臣和民共同附属君主角度看，皇权的高不可攀却意味着其对治下社会而言含带普遍均平的性质，由此君、臣、民三方间某种程度体现出的是以君主为中心的单边关系。这样，朱元璋眼中的官吏不仅不具备超越于民的优势，且还因民乃衣食之源，他们既为朕用，就更该公正无私，讲求治效，替百姓解难，代君上分忧。若臣不遵此安乐民生之道，或如谒者所列，有"公挟私仇，因公为己，代人抱怨，不孝于祖，不睦于亲，欺诳侮瞒于君上者，虐民而诈取其所有者，自以为尊能而眇视群友者"，必皆"不得其死"，难以善终。②

朱元璋这一番"自古立君，在乎安民"的论析，③ 在高扬皇权、突显君主"代天"治民方为理政之本的同时，也消解并打压了传统士大夫类如"为天地立心、为生民立命"的政治主体意识。无独有偶，《明太祖实录》里记有一段朱元璋谕示府县官的话，正可与此呼应：

自古生民之众，必立之君长以统治之，不然则强者愈强，弱者愈弱，纷纭吞噬，乱无宁日矣。然天下之大，人君不能独治，必设置百

---

① 朱元璋：《资世通训·臣用章》，《皇明制书》，第751页。
② 同上。
③ 《明太祖实录》卷九二，洪武七年八月甲午，第1605页。

官有司以分理之。锄强扶弱，奖善去奸，使民得遂其所安。然后可以尽力田亩，足其衣食，输租赋以资国用。予今命汝等为牧民之官，以民所出租赋，为尔等俸禄。尔当勤于政事，尽心于民，民有词讼，当为办理曲直，毋或尸位素餐，贪冒坏法，自触宪网。①

这即是说，朱元璋已然认识到只有百姓富足才能国用充裕，而民生得获爱养的关键则在临民之官的廉洁自律。故此他循循诫勉来朝地方官："天下初定，百姓财力俱困，譬犹初飞之鸟，不可拔其羽，新植之木，不可摇其根，要在安养生息之而已。惟廉者能约己而利人，贪者必朘人而厚己。有才敏者或尼于私，善柔者或昧于欲，此皆不廉致之也。尔等当深戒之！"②

与此同时，对待君臣关系朱元璋仍期许主明臣直的理想图式。他为广纳善言，不仅在书面上主张臣属要"格君之非，美君之政，助君以仁"，且复明谕群臣："吾观史传所载历代君臣，或君上乐闻忠谠，而臣下循默不言，或臣下抗言直谏，而君上饰非拒谏。比来朕每发言，百官唯讷而已，其间岂无是非得失可以直言者。自今宜尽忠谠，以匡朕不逮。"③ 至若朱元璋提到过的"君之驭臣以礼，臣之驭吏以法"，则表明其针对不同职用人员的礼法之择，实际还是着眼于严惩奸贪以为民除害，足谓"吏诈则政蠹，政蠹则民病……惟仁人能恶人也"④。

同样基于为民谋治的想法，朱元璋在《臣用章》里又强调了地方官受君托付而亟应"政令兴、鬼神祀"的迫切性。⑤ 对于鬼神谴责的畏惧心理当然是朱元璋奉祭惟谨的动机之一，不过其并非一味务虚，而是将敬天事神与亲民惠众连为一体，"神道设教"的真正用意依然落在现实中的政治稳固、社会安定上。他尝道："所谓敬天者，不独严而有礼，当有其实。天以子民之任付于君，为君者欲求事天，必先恤民。恤民者，事天之实也。即如国家命人任守令之事，若不能福民，则是弃君之命，不敬孰大

① 《明太祖实录》卷二四，吴元年七月丁丑，第349页。
② 谷应泰：《明史纪事本末》卷一四《开国规模》，第195页。
③ 同上书，第193页。
④ 同上书，第211页。
⑤ 朱元璋：《资世通训·臣用章》，《皇明制书》，第752页。

焉。"① 可知朱元璋所至为挂怀的，仍旧是实际民生问题。教民祀神也是他面对"丧乱之后，法度纵弛，当在更张"的社会形势，极力推行"明礼义，正人心，厚风俗"之安民善政的必要一环。②

说到百姓之用，朱元璋以足食为立国之本，其中固然包含取民资国的考虑。不过在他看来，"民贫则国不能独富，民富则国不至独贫"③，富国与富民二者相辅相成，并不存在本质冲突。再如其所言："军国之费，所资不少，皆出于民，若使之不得尽力田亩，则国家资用何所赖焉……若年谷丰登，衣食给足，则国富而民安。"④ 然而当出现民众只图个人私利而不从教化、不顾大局的现象时，就需要君主代表国家晓谕情理，明示法度，及时纠正谬误，化解矛盾。正如此，《民用前章》抛出了"民人父母生其身，国王育其命"的观点，而立论依据经过书中一番源自日常生活经验的演绎，竟也能显得合情合理，令人无从反驳。是云：

> 王纲振而强暴息，使父母妻子各得性命，所有家资皆能保守，虽有强梁者不敢擅取。此畏王法也。岂不见强盗欲人之财，异其面，别其声，持火夜入人家，被劫者家财一空，不能抵敌，为强所取者何？力不及也。为此方知有君，明日赴官诉其情。官乃捕其盗，诛其人，追赃以给其主。以此观之，君岂不为生民之性命者欤？保民之家资者欤……此民被盗，民之小祸耳。又有甚焉，若无君以主之，则一家皆被尽杀之者有之。是谓非君民不可得而活。⑤

朱元璋这里反复论证的，仍然是君主立纲陈纪，惩暴扶弱，主持维系社会公义秩序，而民众的生命财产安全既受君主保护，则其即须向君主输赋服役，双方角色定位天经地义，不容变更。诚如他严正以教："为吾民者，当知其分，田赋力役出以供上者，乃其分也。能安其分，则保父母妻

---

① 张廷玉等：《明史》卷三《太祖三》，第44页。
② 《明太祖实录》卷一九，丙午年三月甲辰，第273页。
③ 《明太祖实录》卷二五三，洪武三十年五月丙寅，第3649页。
④ 《明太祖实录》卷一九，丙午年正月辛卯，第259—260页。
⑤ 朱元璋：《资世通训·民用前章》，《皇明制书》，第752页。

子，家昌身裕，斯为仁义忠孝之民，刑罚何由而及哉？"① 况且君主"为民立命"，百姓"食土之利"，自该报答君恩，"为君之民，君一有令，其趋事赴功，一应差税，无不应当"，如此才会获福避祸。② 若小民逆天悖理，愚昧无知，"其有诽谤者，官有所差，亦不亲赴者"，必将"多贫而不富，多罪而不宁"③。

《民用前章》最后表示，尽管世间之民尚不免"富而顽，贫而良"，然报应不爽，只是迟速有别，"阴法迟而不漏，阳宪速而有逃"，此辈"非身即子"，终贫罪交加，难逃天谴。④ 事实上，对付愚不知报者不等鬼神降罚，朱元璋就已率先采取行动。《大诰三编》载，广信府贵溪县儒士夏伯启叔侄各截去左手大指，示不与新朝合作，旋被拿赴京师。朱元璋亲自审问，重申"保命在君"之意："尔所以不忧凌暴，家财不患人将，所以有所怙恃者，君也。今去指不为朕用，是异其教，而非朕所化之民。尔宜枭令，籍没其家，以绝狂夫愚夫仿效之风。"⑤ 以其观之，臣民既因君而获保周全，却不知感恩图报，竟至外教非用，实罪有应得。

如果说《民用前章》无可置疑地辨明了民为君用的理由，那么《民用后章》则可谓转向以导民从礼、劝民向善的语气教诲百姓孝亲睦邻的人伦道义与现实益处。内曰：

> 为孝于父母者，朝出必告父母知，言今日往东，若要归来，抵日暮方还。所告者为何？恐至晚不归，使父母无方可望，其忧甚也。故游必有方，孝之至也。归必告吉凶，使父母乐而无疑。其能亲亲邻邻者，人若坚守亲亲邻邻之义，则终世而不贫。何也？六亲九族邻里之中，必有富者，人能富不嫌穷亲邻，则他日子孙或穷，诸亲邻则必养之者，是为不贫。若见邻人有饥寒下贱者，能不欺侮，又给衣食者，其将必大昌。见邻人有财，其人颇愚，若诈而取，若瞒而盗窃者，鬼

---

① 《明太祖实录》卷一五〇，洪武十五年十一月丁卯，第2362页。
② 朱元璋：《御制大诰·民不知报第三十一》，《续修四库全书》，第862册，第251—252页。
③ 朱元璋：《资世通训·民用前章》，《皇明制书》，第752页。
④ 同上书，第753页。
⑤ 朱元璋：《御制大诰三编·秀才剁指第十》，《续修四库全书》，第862册，第329页。

神鉴见祸焉，其必不昌。①

朱元璋的这一段议论实与他一直以来所特别重视的乡村治理密切关联，而为达到国阜民昌的治理成效，就亟须君主一方面以伦理纲常化育人心，另一方面也应及时确立起适当的法制规范，俾民遵守奉行。有见于是，朱元璋于《民用后章》继续道：

> 若生子而教不为非，有女则训以善事夫，谏夫为善，不助夫之为恶，良哉……若为人子见父不道，谏之以正；为人夫，教妻以柔；为人妻，谏夫以良，遂得白发相守。为人弟兄，所言者是，从之；所言不是，则谏之，善终而无祸矣！处朋友，见善者，习之；见恶者，去之，此岂不志人者钦！②

同时，他又曾宣令："四民务在各守本业，医卜者土著不得远游。凡出入作息，乡邻必互知之。其有不事生业而游惰者，及舍匿他境游民者，皆迁之远方。"③

总的来看朱元璋的社会治理理想，他虽然"惩元末豪强侮贫弱，立法多右贫抑富"④，但大体上仍能注意兼用教刑来治养民众，并尽力管控协调好贫富强弱关系，使百姓各得其所。如其在《御制大诰》中讲：

> 君之养民，五教五刑焉……五教育民之安，曰"父子有亲，君臣有义，夫妇有别，长幼有序，朋友有信"。五教既兴，无有不安者也。民有不循斯教者……强必凌弱，众必暴寡，鳏寡孤独，笃废残疾，何有之有焉？既不能有其有，命何存焉？凡有此者，五刑以加焉。五刑既示，奸顽敛迹，鳏寡孤独，笃废残疾，力弱富豪，安其安，有其有，无有敢犯者，养民之道斯矣。⑤

---

① 朱元璋：《资世通训·民用后章》，《皇明制书》，第 753 页。
② 同上。
③ 《明太祖实录》卷一七七，洪武十九年四月壬寅，第 2687—2688 页。
④ 张廷玉等：《明史》卷七七《食货一》，第 1880 页。
⑤ 朱元璋：《御制大诰·民不知报第三十一》，《续修四库全书》，第 862 册，第 252 页。

再如洪武初，朱元璋尝召集富民进京，勉谕他们行善为良："今朕为尔主，立法定制，使富者得以保其富，贫者得以全其生。尔等当循分守法，能守法则能保身矣。毋凌弱，毋吞贫，毋虐小，毋欺老，孝敬父兄，和睦亲族，周给贫乏，逊顺乡里，如此则为良民。"① 朱元璋至其晚岁，依旧敦风化俗不倦。他于洪武末年发布《教民榜文》，中有：

> 乡里人民，住居相近，田土相邻，父祖以来，非亲即识……朝夕相见，与亲一般。年幼子弟，皆须敬让，敢有轻薄不循教诲者，许里甲老人量情责罚。若年长者不以礼导后生，倚恃年老生事罗织者，亦治以罪。务要邻里和睦，长幼相爱，如此，则日久自无争讼。岂不优游田里，安享太平？②

又《明太祖实录》云：

> 上命户部下令天下民，每乡里各置木铎一，内选年老或瞽者，每月六次持铎徇于道路曰："孝顺父母，尊敬长上，和睦乡里，教训子孙，各安生理，毋作非为。"又令民每村置一鼓，凡遇农种时月，清晨鸣鼓集众，鼓鸣皆会田所，及时力田。其怠惰者，里老人督责之，里老纵其怠惰不劝督者，有罚。又令民凡遇婚姻、死葬吉凶等事，一里之内，互相赒给，不限贫富，随其力以资助之，庶使人相亲爱，风俗厚矣。③

朱元璋关注民生，留意教化，可算极尽苦心，"民本"思想从他以上的言谈举措里，也得到了较充分体现。但同时不能忽视的是，其所致力推动的乡村治理看似为天下苍生谋求福祉，实则于无形间更加强化了君对民的政治控制及民对君的人身依附。而在此社会治理具体实施的过程中，朱元璋无论是宣扬善恶报应、人伦礼教还是主张立法定制，都与他始终践行皇权统治是分不开的。

---

① 《明太祖实录》卷四九，洪武三年二月庚午，第 966 页。
② 张卤辑：《皇明制书》卷九《教民榜文》，《续修四库全书》，第 788 册，第 360 页。
③ 《明太祖实录》卷二五五，洪武三十年九月辛亥，第 3677—3678 页。此谕令中所命之数事亦载于《教民榜文》，参见张卤辑《皇明制书》卷九《教民榜文》，《续修四库全书》，第 788 册，第 355、357 页。

三　六民之职

朱元璋在总体论述臣民应为君所用的道理后，接着又按照传统社会阶层、职业的划分方式，依次撰成"士用""农用""工用""商用"及"僧道"诸章，以期通过更明晰地界定各类成员的价值功能与行为准则，来具体指导他们的生活实践。其主要目的，仍在于着眼国家政治稳固和社会秩序安定，规训、教正民众各安其分，各尽其用，戒妄戒奢，务本务实，由此倡明治道，消弭隐患。

朱元璋在国初的求贤诏书中称："天下之治，天下之贤共理之……天下甫定，朕愿与诸儒讲明治道。"① 话虽这样，但由《士用章》所见，朱元璋似乎自一开始就对一般儒士多抱怀疑，少存好感，他认为此间沽名钓誉、华而不实之辈居多，其人只"高谈阔论以为能，于事无益"，故常"不得其位"。是曰："古今称能士者，名而已。非识时务者，人神安与位焉！且名士者，坐视市村，自矜其能，听世俗之谀誉，徒知纸上之文，诸事何曾亲历而目睹，著书立言，徒咬文嚼字以妨后学者。询及行事，茫然哉！"② 朱元璋完全从裨益时政的实用角度出发，痛斥俗儒虚妄浮夸，扭捏作态，不通世务，得过且过，他们不仅"高枕日红，蓬头垢面，酣醉昼昏"，甚至"忘其所操，弃其所虑，是古非今，迂愚终日"，如此浪费财养，终为民害。而所谓不事虚文、有益世用的贤能之士，则如古来伊尹、傅说、姜尚、宁戚、百里奚、诸葛亮等，皆"当未遇君之时，有志于为造，故趋艰难而求日用，别是非以蓄其衷"，两相对比，高下立判。③

在其他场合，朱元璋也屡屡表达了对当今儒生好高骛远，普遍缺乏真才实学的不满。其尝敕问文学之士："朕观上古圣贤之言，册而成书，智者习而行之，则身修而家齐，为万世之用不竭，斯良之至也。今之儒不然。穷经皓首，理性茫然。至于行云流水，架空妄论，自以善者矣。及其

---

① 张廷玉等：《明史》卷二《太祖二》，第21页。
② 朱元璋：《资世通训·士用章》，《皇明制书》，第754页。
③ 同上。

临事也，文信不敷，才惫果断，致事因循，将何论乎？"① 他又曾作《严光论》，严厉批判汉代隐士严光和周党，指出"当国家中兴之初，民生凋敝，人才寡少，为君者虑恐德薄才疏，致生民之受患，礼贤之心甚切"，然他们却"栖岩滨水以为自乐"，实属"不正忘恩，终无补报"。相反，"耿弇、邓禹之贤，生禀天地之正气，孝于家而尊于师，忠于君而理于务"，且能"助光武立纲陈纪，盘石国家，天地位而鬼神祀"，二人"济人利物"，足可"名世于古今"②。

其实，就朱元璋的皇权政治价值观来看，儒士学以致用进而为国效力，二者既符合天道纲常的至理，又是不可拆分的一个关联整体。因此之故，他并不否认君主求贤弥政、任贤图治等传统政治伦理的正当性，只是在此基础上，更加突出了天下之士才为君使、能尽世用的现实意义。即如自登基伊始，朱元璋便接连访求隐逸，征辟贤才，他说："贤才，国之宝也。古圣王劳于求贤……盖贤才不备，不足以为治。鸿鹄之能远举者，为其有羽翼也。蛟龙之能腾跃者，为其有鳞鬣也。人君之能致治者，为其有贤人而为之辅也。"③ 与此同时，朱元璋既以天下为己任，务求造福世间，布恩黎民，于是也一道要求士人知学达用，"格物之至精，虑人事之过熟，讲书以人事而言，随时而致宜久之志"，否则"口体腥秽，面色痿黄，袖手终朝，气不舒而筋不畅，不能措诸事务"，与废物无异。④

这样一来，本于临民历事摒虚务实的态度，朱元璋提倡为文当载道明理，通时达用，反对工于藻饰，言不及义。其尝与儒臣讲论："古人为文章，以明道德，通事务。典谟之言，皆明白易知。至如诸葛孔明《出师表》，亦何尝雕刻为文，而诚意溢出，至今诵之，使人忠义感激。近世文士，立辞虽艰深，而意实浅近，即使相如、扬雄，何裨实用。自今翰林为文，但取通道理，明世务者，无事浮藻。"⑤ 朱元璋也对不重民生、漠视民

---

① 朱元璋：《明太祖集》卷一〇《敕问文学之士》，第 203 页。
② 朱元璋：《明太祖集》卷一〇《严光论》，第 209—210 页。
③ 张廷玉等：《明史》卷七一《选举三》，第 1712 页。
④ 朱元璋：《资世通训·士用章》，《皇明制书》，第 754 页。
⑤ 谷应泰：《明史纪事本末》卷一四《开国规模》，第 202 页。

情的学官做出严肃处理，如"岢岚州学正吴从权、山阴教谕张恒给由至京师"，问以民间疾苦，皆称"不知也，而非职事"，他由是训曰："宋儒胡瑗为苏、湖教授，其教诸生皆兼时务。圣贤之道，所以济世也。民情不知，则所教何事？其窜之极边。"并"榜谕天下学校"，命使周知。① 可见，朱元璋真正赏识需要的，乃是德优才茂且能经世致用的干济之士。他因此主张大力兴建学校，培植人才，且惩前元选官多有奔竞贪缘之弊，特开设科举，"取怀材抱德之士，务在明经行修，博古通今，文质得中，名实相称"②。同时规定，应试生员除科以经义、论、策外，"复以骑、射、书、算、律五事试之"，后又一度鉴于"所取多后生少年，能以所学措诸行事者寡，乃但令有司察举贤才，而罢科举不用"③。

值得一提的是，清初学者李塨曾称引本书《士用章》辞意而对朱元璋置立的科举之法有所批评，其《阅史郄视》中有论云："太祖御制《资世通训》曰：'士不识时务者，听世俗之谀誉，咬文嚼字，以妨后学，询及行事，茫然矣。徒高谈而阔论，若是则君安用之？'夫太祖之论士是矣，乃卒以贴括取士，非咬文嚼字而何？何乃自背其言也。"④ 他把后来逐渐流于卑陋俗套的八股取士看成明朝的弊政之一，并认定朱元璋就是始作俑者。话虽如此，不过也应注意到，这种日益空洞的科考形式其实同样大有悖于朱元璋期以士学切合时用的初意。另外还须说明，不学无术而又好搬弄是非的虚浮之徒固然为人鄙恨不齿，但朱元璋凭借强势皇权，以能否"为君所用"为标准对待儒士，此一过于功利性和工具化的苛求自不免违背了许多读书人的理想，迫使他们不愿出仕做官，效命新朝。如上文所述，"贵溪儒士夏伯启叔侄断指不仕，苏州人才姚润、王谟被征不至"，皆被律以"寰中士夫不为君用"科条，"诛而籍其家"⑤。矫枉过正，朱元璋又实难辞其咎。

中国历代统治者向来都重视农业生产，朱元璋自然也不例外。他将此

---

① 谷应泰：《明史纪事本末》卷一四《开国规模》，第220页。
② 彭孙贻：《明史纪事本末补编》卷二《科举开设》，谷应泰《明史纪事本末》，第1523页。
③ 张廷玉等：《明史》卷七○《选举二》，第1694、1696页。
④ 李塨：《阅史郄视》续卷一，中华书局1985年版，第55页。
⑤ 张廷玉等：《明史》卷九四《刑法二》，第2318页。

视作"为治之先务，立国之根本"，政权建立之初，即"令有司劝民农事，勿夺其时，一岁之中，观其收获多寡，立为劝惩"①。朱元璋又尝谕臣下："君天下者不可一日无民，养民者不可一日无食，食之所恃在农，农之所望在岁。"② 同理，在《农用章》中，其反复劝励农民力事耕稼，不畏劳苦，若"日出而作，日入而归，因地利而耕，以时而种，勤除粮（稂）莠，以时而收"，同时还要"身绝奢侈，厚奉父母，诚信以睦亲邻，闻王令而不违"③。显然，以朱元璋之意，农人只有孝亲忠君，勤俭毋懈，尽到这些该尽的本分，才能感动天地鬼神，遂致年丰岁登，诸事顺昌。不然天怒降罪，己身不得足食，自难获生全。

朱元璋还指出，农民不足食或由于怠惰，工匠未昌家则源于识浅。此正如其在《工用章》中所评，"虽伎艺之精，不过小人而已，又非高见远识，以正己之伎艺者"。而为他认可称道的"高见远识"，乃是"贵者工其贵，贱者工其贱，依国令以施巧，不使无知者犯分"。至若君臣之别，更不许僭越，"今之伎艺者，不审国之所禁，富贵贫贱者，合得将图彩仙灵，雕镂飞走，概用于臣民"，实乖理乱法，居心不良，故"亡其身家者有之"④。由是可知，朱元璋对于百工及至众民的要求，总以"正己"一语蔽之。正己即是安分循礼，安分循礼方能尊卑有序，贵贱有等。他尝宣谕廷臣："古昔帝王之治天下，必定礼制以辨贵贱，明等威……近世风俗相承，流于僭侈。闾里之民，服食居处与公卿无异，而奴仆贱隶，往往肆侈于乡曲。贵贱无等，僭礼败度，此元之失政也。中书其以房舍、服色、等第明立禁条，颁布中外，俾各有所守。"⑤《大诰续编》亦明言社会等级之序不准冒乱："民有不安分者，僭用居处器皿、服色首饰之类，以致祸生远近，有不可逃者……天尊地卑，理势之必然，富贵贫贱，神明之鉴焉……宰在天地鬼神，驭在驭世之君，所以官有等差，民有富贫而至贱者

---

① 张廷玉等：《明太祖实录》卷一九，丙午年正月辛卯，第259—260页。
② 《明太祖实录》卷五三，洪武三年六月戊子，第1033页。
③ 朱元璋：《资世通训·农用章》，《皇明制书》，第755页。
④ 朱元璋：《资世通训·工用章》，《皇明制书》，第755—756页。
⑤ 《明太祖实录》卷五五，洪武三年八月庚申，第1076页。

也，岂得易为而用之乎？"① 前后对照，论调如出一辙。

商业之用，在于互通有无，调剂余缺，是维系一个中央集权且包容广泛的统一帝制国家体系有效运作所不可或缺的基本经济成分和内在结构要素。然而明初国家甫经战乱，百废待兴，商业本身蕴含的巨大潜力与价值尚未充分显露，以是朱元璋着眼于农业生产恢复及社会秩序重建，在一般场合依然表达了基于传统话语体系的"崇本抑末"的观点。如其曾与臣下刘基等讨论如何能既满足军国资用又缓解百姓负担，提出"今日之计，当定赋以节用，则民力可以不困，崇本而祛末，则国计可以恒舒"②。他还尝谕户部官员道：

> 农桑衣食之本，然弃本逐末，鲜有救其弊者。先王之世，野无不耕之民，室无不蚕之女，水旱无虞，饥寒不至。自什一之涂开，奇巧之技作，而后农桑之业废。一农执耒而百家待食，一女事织而百夫待衣，欲人无贫得乎？朕思足食在于禁末作，足衣在于禁华靡。尔宜申明，天下四民，各守其业，不许游食，庶民之家，不许衣锦绣，庶几可以绝其弊也。③

当时为倡导重视农本，甚至对庶人冠服做出规定："（洪武）十四年令农衣绸、纱、绢、布，商贾止衣绢、布。农家有一人为商贾者，亦不得衣绸、纱。二十二年令农夫戴斗笠、蒲笠，出入市井不禁，不亲农业者不许。"④ 朱元璋意在表明，舍本逐末之人不事劳作，游荡无着，既徒费衣食，又易逃管束，且使社会浸染奢靡虚华之风，自属严防厉禁之列。而商人不直接创造财富，仅以周转贸迁为事，同样有碍于财税增加和社会稳定，况其贫富无常，恒业难守，内中利欲熏心、贪婪诡诈者尤多，故对之稍施贬损，亦无可厚非。《商用章》即写到："商贾之心利重，贪而无厌，其中诈取者甚多，两平者间有。此等行藏，鬼神鉴见，所以或贫加于诈，或富加于两平者，或又贫者富，富者贫，盖彼各更心之不同耳。所以贫者

① 朱元璋：《御制大诰续编·居处僭分第七十》，《续修四库全书》，第 862 册，第 297 页。
② 《明太祖实录》卷二〇，丙午年四月己未，第 277 页。
③ 《明太祖实录》卷一七五，洪武十八年九月戊子，第 2663 页。
④ 张廷玉等：《明史》卷六七《舆服三》，第 1649 页。

获富，以其革诈心而用诚实，以此而致富。或又富者贫之，因弃两平之心而尚诈，获不足而贫生焉。"①

事实上，朱元璋批判商人，主要是针对他们汲汲谋财竞利而为民害的弊端来说的。他重点打击惩处的实乃不务生理、不劳而获的机巧游惰之徒，正当的商业经营原为其许可并受国家法令的保护与规范。此间良善者将本求利，"但不盗诈而用两平，则利本俱长，且无横祸焉"②。朱元璋还曾就汉代皇帝过度挫辱商人的做法表示不解，因而问于侍从："昔汉制：商贾、技艺毋得衣锦绣、乘马。朕审之久矣，未识汉君之本意如何？《中庸》曰：'来百工也。'又，古者日中而市。是皆不可无也。况商贾之士，皆人民也，而乃贱之。汉君之制意，朕所不知也。"③ 换言之，通常情况下，朱元璋仍视商人为只是分工有别的社会组成中之必要一员，于法权地位上倾向将他们同其他庶民一样平等看待。诚如其所宣诏：

> 古先哲王之时，其民有四，曰士农工商，皆专其业。所以国无游民，人安物阜，而致治雍雍也。朕有天下，务俾农尽力畎亩，士笃于仁义，商贾以通有无，工技专于艺业。所以然者，盖欲各安其生也。然农或怠于耕作，士或隳于修行，工贾或流于游惰……则民食何由而足，教化何由而兴也？④

进一步讲，朱元璋对待商业、商人的态度举措，始终与他推行裕国保民、足食兴教的治政理念若合符节。由此理念出发，其主张民力在养，而耻与争利，不仅命令"军民嫁娶丧祭之物，舟车丝布之类，皆勿税"，且屡番规训僚属毋事聚敛，直斥"言利之臣，皆戕民之贼"。至有官吏秩满得评"能恢办商税"，他也予以纠责："税有定额，若以恢办为能，是剥削下民，失吏职也。州考非是。"⑤ 与此同时，为实现皇权政治的稳定统治，

---

① 朱元璋：《资世通训·商用章》，《皇明制书》，第 756 页。
② 同上。
③ 朱元璋：《明太祖集》卷一〇《敕问文学之士》，第 206 页。
④ 《明太祖实录》卷一七七，洪武十九年四月壬寅，第 2687 页。
⑤ 张廷玉等：《明史》卷八一《食货五》，第 1975、1970 页。

朱元璋力图构建一个等级严格、秩序井然的社会运行体系，故而要求四民各司其职，各安所业。他再三强调，"民有常产，则有常心，士农工商，各居一业，则自不为非"①，"先王之教，其业有四，曰士农工商，昔民从教，专守四业，人民大安"②。这样一来，巩固集权国家对包括商人在内的社会各阶层的有效控制和强力支配，便成了题中应有之义。即如朱元璋着力清核天下户口田土，编制赋役黄册及鱼鳞图册；他又在乡间基层实施里甲制度，以确保国家税入并维护社会治安；匠户则被分为住坐、轮班二等，按期赴工，永为充役。③ 此外朱元璋还规定："一切臣民，朝出暮入，务必从容验丁。市村人民舍客之际，辨人生理，验人引目。"④ 而商人行踪无定，程期弗明，故对他们限制尤细：

> 商本有巨微，货有重轻，所趋远迩水陆，明于引间，归期难限，其业邻里务必周知。若或经年无信，二载不归，邻里当觉之，询故本户。⑤
> 凡城市乡村，诸色牙行，及船埠头，并选有抵业人户充应。官给印信文簿，附写客商船户，住贯姓名，路引字号，物货数目，每月赴官查照。⑥

综合以上可知，当我们讨论朱元璋与商业、商人相关的政策措施时，应与他的社会治理总体规划联系起来一同考量。而从另一角度说，明初社会环境的安稳有序其实很大程度也能够为此后商业活动的展开及商品经济的发展奠定基础性制度保障和持续性延伸空间。

至于对僧人、道士的认识和管理，朱元璋虽视其与士农工商一样，同为一种社会职业人群，但他在认可僧道之职乃民业之一的同时，又对二者可能带来的弊害始终保持着较强的警戒防控心理。且看《僧道章》所记朱元璋同谒者的对话：

---

① 申时行等：《明会典》卷九《关给须知》，中华书局 1989 年版，第 55 页。
② 朱元璋：《御制大诰续编·互知丁业第三》，《续修四库全书》，第 862 册，第 269 页。
③ 张廷玉等：《明史》卷七七《食货一》、卷七八《食货二》，第 1878、1881、1906 页。
④ 朱元璋：《御制大诰续编·辨验丁引第四》，《续修四库全书》，第 862 册，第 270 页。
⑤ 朱元璋：《御制大诰续编·互知丁业第三》，《续修四库全书》，第 862 册，第 270 页。
⑥ 《大明律》卷一〇《私充牙行埠头》，怀效锋点校，法律出版社 1999 年版，第 84 页。

（朕谓谒者）曰："僧道终身之后，果仙佛欤？罪愆欤？"曰："皆有之。"曰："何为而达佛与仙？何为而受罪与愆？"曰："去贪嗔而不妄想，闭真阳而审（密）灵神，其为僧也佛，道也仙。如务贪嗔妄想，放真阳、张灵神，虽为僧道，其惰（堕）弥深，永劫未离苦趣，有稽古（不）谬。"曰："彼僧道纵不入佛仙之境，但能穷居独处，岂有罪深者耶？"曰："知本性之不悟，久处其中，甚有污于俗者。不成其家，罪之一也。家贫亲老，终无人养而不归养，罪之二也。道不成而绝后嗣者，罪之三也。身为僧道，酒色是从，有伤二教，罪之四也。"曰："如此者，纵使达斯道，僧道之学不过独善其身，游食于民，使无之可乎？"曰："不可。"曰："何故？"曰："大（天）道使然耳。"曰："其理果何？"曰："益王纲而利良善，凶顽是化，世所不知其功，以其理道之幽微。王臣无憎爱，其教或憎或爱，皆非王臣之所为。若烝民乐从者，世道昌王仁矣！"①

这段文字传达的含义是，朱元璋尽管大力宣扬并愿意接受鬼神报应之说以教诫民众，但他本人却不认为凡所谓佛仙修行皆可得圆满。相反，从传统儒家家庭伦理观及国家政治观角度审视，僧道二流原非正途，若不通解真意执迷于此，因而纵放心神，堕失性灵，则罪孽之重更甚俗民。与此同时，朱元璋也并未将僧道游食之徒完全看成社会赘疣，而是以其理道幽微，承认二教于潜移默转间助裨王纲，有利导良善、驯化凶顽的确切功效。不过佛道之教倡仁劝义且有余，尊王振纪实不足，百姓乐从姑予听之，人臣好此或致违逆君意，终究理法难容。

朱元璋出于政治实用目的，试图把当时社会流行的民间信仰、宗教思想等改造成适应皇权统治的得力工具，这一点从他的其他论作中同样可以得到佐证。② 如朱元璋在阐明鬼神有无灵验时讲到，世人"有不得其死者，

---

① 朱元璋：《资世通训·僧道章》，《皇明制书》，第757页。原文点校似有误，疑改之字已据该书的两种《续修四库全书》版本标出。

② 关于明太祖的宗教管理思想，赵轶峰指出："明太祖宗教思想全以国家政治为着眼点，即从世俗的立场看待宗教问题，以政治的手段驾驭宗教，其思想基础仍以儒家国家政治理论为主……为有明一代国家宗教政策奠定了以儒为本，以佛教、道教为用，为制度化的宗教留出一定空间而加以控制，对可能成为社会控制威胁的民间的其他有组织的宗教性活动加以限制的基本方略……其国家专制社会的倾向明显，但并非绝对化的专制，而是具有一定的弹性。"赵轶峰：《明太祖的国家宗教管理思想》，《暨南史学》第二辑，暨南大学出版社2003年版，第230页。

有得其死者"，前者"人事而未尽，故显"，后者"人事而尽矣，故寂"，既如此，则"鬼神之事未尝无，甚显而甚寂，所以古之哲王，立祀典者，以其有之而如是"。他还进一步指出，上古之时"野无鏖战，世无游魂，祀则当其祭，官则当其人"，然秦汉以降兵连祸结，生死无依，"生无所依者，惟仰君而已；死无所依者，惟冤是恨"，况不信鬼神，"将无畏于天地，不血食于祖宗"，参衡人伦，实尚有缺。① 朱元璋于此强调，君主之责，务在使人生有所依，死有所归，而崇敬祀事亦是君主借以张扬皇权、收拾人心的有效方式之一。若将此意简而化之以教民，即是："鬼神之道，阴阳表里，人虽无见，冥冥之中，鬼神鉴察，作善作恶，皆有报应……民间岁时依法祭祀，使福善祸淫，民知戒惧，不敢为恶。如此则善良日增，顽恶日消，岂不有补于世道？"②

朱元璋还写有《宦释论》，讨究三教与治道的关系。他认为圣贤之道乃古今常经，不过"自中古以下，愚顽者出，不循教者广"，因是有佛生于西方，"备神道而博变化，谈虚无之道，动以果报因缘"，此后"渐入中国，阴翊王度"，确乎"非异圣人之道而同焉"。也即是说，"天下无二道，圣人无两心"，佛、道二教与圣贤之道阴阳相合，虚实相辅，"若守之于始，行之以终，则利济万物，理亦然也"③。由是朱元璋聚焦于现实为治之理，提出期望："今之时，若有大至智者，入博修之道，律身保命，受君恩而食禄，居民上而官称。若辅君政，使冤者离狱，罪者入囚，农乐于陇亩，商交于市廛，致天下之雍熙，岂不善哉！"④ 在《释道论》《三教论》诸篇中，他一样主张：三教"惟儒者凡有国家不可无"，但其"除儒官叩仰，愚民未知所从"，而释迦、老子"初显化时，所求必应"，遂使"山薮之愚民，未知国法，先知虑生死之罪，以至于善者多而恶者少，暗理王纲，于国有补无亏"⑤。三教之道"虽持身荣俭之不同，其所济给之理一"，虽崇佛尚仙易令"世人皆虚无，非时王之治"，然若绝弃不用，"则

① 朱元璋：《明太祖集》卷一〇《鬼神有无论》，第223—224页。
② 张卤辑：《皇明制书》卷九《教民榜文》，《续修四库全书》，第788册，第358页。
③ 朱元璋：《明太祖集》卷一〇《宦释论》，第227—228页。
④ 同上书，第229页。
⑤ 朱元璋：《明太祖集》卷一〇《释道论》，第213页。

世无鬼神，人无畏天"，故"佛仙之幽灵，暗助王纲，益世无穷"，导化之功，未为可缺。① 可知朱元璋对待僧道的态度，最后还是落实到为君所用上来。

除助君资用外，僧道既属六民之内，自当受到国家权力的监管。朱元璋因此设僧录司、道录司掌天下僧道，禁止滥发度牒，并严格限制寺观的人员规模。《明史》载："（洪武）二十四年清理释、道二教，限僧三年一度给牒。凡各府州县寺观，但存宽大者一所，并居之。凡僧道，府不得过四十人，州三十人，县二十人。民年非四十以上，女年非五十以上者，不得出家。二十八年令天下僧道赴京考试给牒，不通经典者黜之。"② 且在朱元璋看来，方今僧道多好逸恶劳，不修本业，甚有混污世俗、为非作歹者，故以《大诰》榜示："僧尼、道士、女冠敢有不务祖风，混同世俗，交结官吏，为人受寄生放，有乖释道训愚之理，若非本面家风，犯者弃市。"③ 如是所揭，其人废教积愆，确深可为戒。

四　祸福之机

《僧道章》之后，分别为"愚痴""教子""造言""民祸""民福"几章，内容编排虽不如前些章条理明晰，但大体总以教民知理从善、去祸得福为主。其中"愚痴""教子"两章讲到家庭和社会教育的重要性，内言"世人愚多而贤少"，或因"父母蠢而愚其子"，或因"子幼而不师人以教之"，教不及时，终致成愚。且愚状有七，"一曰不知理，二曰因不知理则生不孝，三曰不知耻，四曰非理伤人，五曰为贼，六曰为妖，七曰为痴"，而愚痴之别，在于愚者"未必生成之痴"，初不过"不知圣人古人之理，故诸事妄为"，然陷愚既久，痴自此生，视其行举，乃"当为而不为是为痴，不可为而为之是为痴"④。至于父母资质平庸又无专师可学者，朱元璋以为其若内行醇谨，兼具博采众长，仍可明于理道，精于人事。诚可

---

① 朱元璋：《明太祖集》卷一〇《三教论》，第215—216页。
② 张廷玉等：《明史》卷七四《职官三》，第1818页。
③ 朱元璋：《御制大诰·僧道不务祖风第三十》，《续修四库全书》，第862册，第251页。
④ 朱元璋：《资世通训·愚痴章》，《皇明制书》，第757—758页。

谓："父母虽不贤不愚，淳心之人也，虽不外张，内必有理。其子不见师家，必父母为之以自训，所以博精于人事，以其家训少通，其子能询于众，虽无一定之师，听众人所长，积之于心，甚于一师之学，又过常人者也。"① 依朱元璋的界定，愚痴之人不见得愚在智低，却一定痴在行悖，其主要有非理、妄为两种表征，且妄为者违乱纲常，堪比贼妖，对统治秩序的危害尤深。同时朱元璋又提出，百姓尽管愚痴难免，然仍有后天接受教育改乖张失当之举为仁孝和睦之行的可能。此间父母言传身教的影响固然要紧，但自身能听纳于众亦为关键。事实上，不泥成见，广征博取，正是朱元璋在本书序言中就谈及的自己学以致用的成功之道。只不过这里更为其所看重的，仍是臣民遵从训示，循规蹈矩，安分守业，若背理逆行，咎乃自取。

基于以上认识，朱元璋一方面推崇秉持三纲五常的圣贤"通天下、居民上"，是"善守一定不易之道，而又能身行而化天下愚顽者也"②；另一方面强调"治国以教化为先，教化以学校为本"，他不仅于京师设太学，且"令郡县皆立学校，延师儒，授生徒，讲论圣道，使人日渐月化，以复先王之旧"③。此中着意之处依然在于现实政治，正如其言："今天下初定，所急者衣食，所重者教化，衣食给而民生遂，教化行而习俗美。足衣食者在于劝农桑，明教化者在于兴学校，学校兴则君子务德，农桑举则小人务本。如是为治，则不劳而政举矣。"④

朱元璋既主张世人非理妄为而成愚痴，则在其眼中，小民造言兴乱，实乃愚痴之甚。在《造言章》里，他除了训导百姓弃奸顽之心、做顺良之民外，更用较大篇幅着重阐释了自身政权建立的合法性及正统性依据。如文中所记，朱元璋问于谒者：

> 昔者天下安和，人民乐业，且是太平。何故小民抛家弃业，擅执兵器，奋然而起，于乡里不相容，甚至六亲亦被杀害，被威逼者，挈

---

① 朱元璋：《资世通训·教子章》，《皇明制书》，第 758 页。
② 朱元璋：《明太祖集》卷一〇《宦释论》，第 227 页。
③ 张廷玉等：《明史》卷六九《选举一》，第 1686 页。
④ 《明太祖实录》卷二六，吴元年十月癸丑，第 387—388 页。

家从之。其为首者，擅称皇帝名号以拒天朝，初雄猛不可当，有不数月、数年、或旬日，其势如冰之见日，雪之迎汤，其身家父母妻子，一概化为泥土。初则未必不雄，终不能成于事者何？

谒者回答此等愚昧之徒自古有之，复杀复生，"盖生不学道理，日与无状小人相处，积奸顽于心"，至死不悟，然而这种情况，"为无道之君祸，为新兴之君福"。他接下来反问："天下未乱之先，陛下身居草野，侣影朝暮。当时听陛下所驱者谁……今日所驱者，兵非百万而止，亿兆仰瞻。人各立命，此皆亲亲为之乎？人皆以乡里从之乎？"就此而观，则有明得国实自天授，故能应天承命，万众归心。由是朱元璋便顺理成章，抛出"天不与先乱者"这一关乎政治伦理大义的命题。《造言章》以谒者之口继续解说：

> 前首乱者，不能为而败；陛下晚举而统寰宇，此天与之，人归之。首乱者不得而又代陛下为驱除大势耳。及陛下出，彼先亡，天也。天不与先乱者，以其先乱者不分亲亲、乡里及无罪良人，一概杀之。上帝厌其恶，祸及其身。上古及今之贤者，皆称国王座子及天下世界称为神器，何也？盖谓国家大事皆神天管着。故天不与不敢取，取则必败，为此也。①

确如一些研究者指出，明朝建国伊始，在合法性问题上即面临着革命与纲常之间的矛盾困境，朱元璋为消弭可能被强加的对于前朝违背君臣之义的评判与指责，极力宣扬"君权神授"的天命论，并有意修改元明易代历史，表示元亡于盗贼，自己取天下于群雄，不仅与红巾军划清界限，且更以天命论为基础，颇具见识地提出"天不与首乱者"的观念，突显自身得位之正，较圆满化解了"吊民伐罪"与"犯上作乱"二者在传统政治伦理层面的冲突。②

其实在写作《造言章》之前，在更为正式的场合，朱元璋就已明确表

---

① 朱元璋：《资世通训·造言章》，《皇明制书》，第758—759页。
② 参见杨永康《朱元璋的元明易代观及其天命论》，《南开学报》2015年第5期。

达过上述思想。洪武三年（1370），他遣使赍书元主，与论天命去留："君者天下之义主，顾天命人心何如耳。盖天命之去留，由民心之向背……今日之事，非予所欲，实以四方兵争，所在纷扰。予当其时，不能自宁于乡里，岂有意于天下乎？及群雄无所成，而予之兵力日以强盛，势不容已，故有今日。此诚天命，非人力也。"① 同年，其颁布《平定沙漠诏》，中又曰：

> 朕本农家，乐生于有元之世。庚申之君，荒淫昏弱，纪纲大败，由是豪杰并起，海内瓜分，虽元兵四出，无救于乱，此天意也。然倡乱之徒，首祸天下，谋夺土疆，欲为王伯。观其所行，不合于礼，故皆灭亡，亦天意也。朕当是时，年二十有四，盘桓避难，终不宁居。遂托身行伍，驱驰三年，睹群雄无成，徒扰生民，乃率众渡江，训将练兵，奉天征讨……当天下纷乱，朕非有意，不过欲救患全生。今定四海，休息吾民于田里，非朕所能，亦天运致然也。②

颁诏同日，朱元璋还同百官讲议元亡明兴之道，他再度申明："当元之季……国用不经，征敛日促，水旱灾荒，频年不绝，天怒人怨，盗贼蜂起，群雄角逐，窃据州郡。朕不得已，起兵欲图自全，及兵力日盛，乃东征西讨，削除渠魁，开拓疆宇。当是时，天下已非元氏有矣……朕取天下于群雄之手，不在元氏之手。"同时其派出使臣诏谕前元宗室部民：

> 自古天生圣人，主宰天下，立法创制，以安生民……若宋创业之君，能行善政，其民乐生，故天祐之。厥后子孙微弱，疆土日削，故天命尔元世祖代之。至妥欢帖木儿为君，荒淫昏懦，不思政理，不恤民艰，故奸凶并起，天下大乱，生民无主。朕时不忍荼毒，于是起兵救民，豪杰之慕义者，相率来归。剪暴除残，平定四海……③

朱元璋究心于传统儒家积极倡导的"以德配天""敬德保民"及"民

---

① 《明太祖实录》卷五一，洪武三年四月己巳，第1005页。
② 《明太祖实录》卷五三，洪武三年六月丁丑，第1044—1045页。
③ 同上书，第1046—1047页。

惟邦本，本固邦宁"等价值理念，反复申说元末君臣离德背道，其失政丧权实乃天命人心所弃，而自己起兵旨在全生救民，本无意殃祸天下，故能收纳义士，制服残暴，讨灭首乱，削平群雄。如今四海再复一统，黎庶重归于安，是知天命在我，时势致然。

为了巩固新生政权的合法性基础，朱元璋又特意尊显了元代在中国历代王朝统绪中的正当地位。吴元年（1367）朱元璋遣将北伐中原，其檄曰：

> 自古帝王临御天下，中国居内以制夷狄，夷狄居外以奉中国，未闻以夷狄居中国、治天下者也。自宋祚倾移，元以北狄入主中国，四海内外，罔不臣服，此岂人力，实乃天授。彼时君明臣良，足以纲维天下，然达人志士，尚有冠屦倒置之叹……及其后嗣沉荒，失君臣之道……于是人心离叛，天下兵起，使我中国之民，死者肝脑涂地，生者骨肉不相保。虽因人事所致，实天厌其德而弃之之时也。①

这里朱元璋既要借强调华夷之辨以号召革命推翻元政，又欲笼络人心而不能断然否定前朝入主中国的正统地位，因是利用"天命授弃""气运终始"的说辞，为自己的鼎革行动找出较充分的合理依据。洪武元年（1368）朱元璋即位，诏中再言："自宋运既终，天命真人起于沙漠，入中国为天下主，传及子孙百有余年，今运亦终。"②此后天下次第平定，越两年获元主之孙，中书省臣榜传捷音，朱元璋责以言辞侈大，并免行献俘之礼。其曰：

> 元虽夷狄，然君主中国且将百年，朕与卿等父母皆赖其生养。元之兴亡，自是气运，于朕何预，而以此张之四方。有识之士口虽不言，其心未必以为是也……元虽夷狄，入主中国，百年之内，生齿浩繁，家给人足，朕之祖父亦预享其太平。虽古有献俘之礼，不忍加之。③

---

① 《明太祖实录》卷二六，吴元年十月丙寅，第401—402页。
② 《明太祖实录》卷二九，洪武元年正月丙子，第482页。
③ 《明太祖实录》卷五三，洪武三年六月癸酉，第1041页。

又洪武七年（1374）朱元璋躬祀历代帝王，元世祖神位自然在列。祝文云：

> 惟神昔自朔土，来主中国，治安之盛，生养之繁，功被人民者矣。夫何传及后世，不遵前训，怠政致乱，天下云扰，莫能拯救。元璋本元之农民，遭时多艰，悯烝黎于涂炭，建义聚兵，图以保全生灵。初无黄屋左纛之意，岂期天佑人助，来归者众，事不能已，取天下于群雄之手。六师北征，遂定于一，乃不揆菲德，继承正统。此天命人心所致，非智力所能。且自古立君，在乎安民，所以唐虞择人禅授，汤武用兵征伐，因时制宜，其理昭然。①

这样，朱元璋通过认同元祚的正统地位，不仅避免了自身代起所应承当的道义负担，且又水到渠成般明确了新朝皇统的承接序列，加之其对"天亡首乱"及"立君安民"等观念的积极宣传，愈发消解了易代之际"禅授"与"征伐"间的对立不容。经此一番理论建构，一个具有完全合法性与正义性的崭新王朝便鲜明而庄严展示在世人面前。

需要说明的是，朱元璋尽管一再宣扬大明政权的建立乃受命于天，然他念兹在兹的"天命"临身并非是无条件的。以其所见，无论政权缔造的过程方式如何，在更高层面上内含的救世济人的理道则一。归根结底，天命即是民意，获得上天垂眷的前提实为保民生，安民业，符民望，得民心，是谓替天行道，而天道在民。此意朱元璋在不同场合已多有申述，《造言章》又言："朕谓谒者曰：'尔言胡杀无罪之人有罪。他初起之时，若不如此，人何有怕？'曰：'然初起，但不杀人，人不怕，又恐邻里亲戚拿了，不得不杀，才杀人。上天又怒了，事将成而首乱者死……'"② 就此而论，按照谒者的说法，后起的明政权与先前乱世群雄割据势力相比最明显、最本质的区别，即是孟子所称的"不嗜杀人"，由是才能使天下定于一统。这里朱元璋虽然仍旧依托神天明鉴为辞，但清晰表达了自身政权获得天命神授的合法性还须建筑在传统儒家以民为本现实基础上的政治

---

① 《明太祖实录》卷九二，洪武七年八月甲午，第1605页。
② 朱元璋：《资世通训·造言章》，《皇明制书》，第759页。

主张。

另一方面，既然新兴的明政权已经取得源自上天授予的统治权力，那么百姓要做的只是归顺服从，此后民间一切威胁政治稳定的邪言妄行即被认为是叛逆正道，罪不容诛。如朱元璋尝与儒臣谈论学术："邪说之害道，犹美味之悦口，美色之眩目。战国之时，纵横捭阖之徒，肆其邪说。诸侯急于利者多从之，往往事未就而国随以亡，此诚何益。夫邪说不去，则正道不兴，天下焉得而治！"① 其复严禁淫祠，不准小民僭分渎礼，擅祭天地，且令"僧道建斋设醮，不许章奏上表，投拜青词，亦不许塑画天神地祇"，至"白莲社、明尊教、白云宗"及"巫觋扶鸾祷圣、书符咒水诸术"，一概取缔杜绝。②《造言章》又列举历代叛亡事例曰：

> 天命真人，故所谓神器也。昔秦末陈胜、吴广，以妖术惑众，各称王号，后皆为人所杀，而成大业者乃汉高祖得之。后汉时黄巾张角，亦以妖术自称天公将军，后为皇甫嵩所灭。隋时宋子贤诈称弥勒佛出世，聚乡亲，后亦为人戮死。而唐太宗成其大事。唐玄宗时，王怀古捏造妖言，诳惑百姓，后乃为唐所杀。宋时王则以妖术僭号东平王，言弥勒佛治世，后为文彦博所擒。古今明验，可不戒欤？③

《大明律》同样载有"禁止师巫邪术"条，中称："凡师巫假降邪神，书符咒水，扶鸾祷圣，自号端公、太保、师婆，及妄称弥勒佛、白莲社、明尊教、白云宗等会，一应左道乱正之术，或隐藏图像，烧香集众，夜聚晓散，佯修善事，扇惑人民，为首者，绞；为从者，各杖一百，流三千里。"④ 更有甚者，在《大诰三编》里，朱元璋除了以晓谕祸福的口气再次声明"天不与首乱者，殃归首乱，福在殿兴"，训诫民人切勿蹈非从逆外，竟然堂而皇之提出，百姓居平承差服役，安分守己，即便"窘于衣食而死"，也要好过"弃撇田园宅舍，失玩桑枣榆槐，挈家就军"或"被兵

---

① 谷应泰：《明史纪事本末》卷一四《开国规模》，第 195 页。
② 《明太祖实录》卷五三，洪武三年六月甲子，第 1037—1038 页。
③ 朱元璋：《资世通训·造言章》，《皇明制书》，第 759 页。
④ 《大明律》卷一一《禁止师巫邪术》，第 89 页。

所逼，仓惶投崖、趋火赴渊而殁"①。可见，尽管朱元璋早年曾置身并发迹于反元队伍间，然至此他却完全站在维护既有统治的立场，竭力诋斥那些利用宗教思想召聚民众起义的首领为煽诱人心、谋倾社稷的造言倡乱之徒，甚至对人民宣讲宁可饿死也不能从逆造反的说教，在彻底斩断自己与红巾军历史瓜葛的同时，其以当今唯一能够承继前朝的正统合法身份而君临天下的心态亦表露无遗。

到朱元璋晚年，他回顾一生经历，做出如下总结：

> 昔有元治世，民庶乂安，何其至正之君，失于勤民，慢于事神，由是假手群雄，倡乱华夏。兵兴之时，朕潜草野，不得已而从戎。当时倡乱称尊者几人，恣为吞并，自相磨灭，如此者十有七年。朕西定荆楚，东平吴越，北抚华夏，为众所推戴，定鼎金陵，国号大明，改元洪武，三十年于兹，朕寿亦七十矣。静而思之，非皇天眷命，安得居天位若是之久哉？古语云"天不与首乱"，岂非朕无心于天下而以救民为心，故天特命之乎？②

此一段陈述也可视为朱元璋对自我深深浸透着皇权主义思想的政治理性所做的最后一次集中宣示，言语间既重申自己戡定祸乱，承续正统，代元君为民主，确系人心所向，天命所归，又阐明实现这一切的根本原因乃是自己无意夺占天下，有意保救民生，故能荣膺上苍垂爱。其中"天不与首乱"可能并非古语而只是朱元璋的自语，无论怎样，该说与"天命""德运"等概念的完美搭配，又深刻影响了后世清朝对自身政权合法性的认同理解。

全书末尾两章，与禁民乱、安民生相关，在此朱元璋以百姓日常生活经验为喻，从反正两个方面又一次表达了自己的乡村基层治理建设方略，这也可谓是对其内心理想社会秩序景象的一个概括。何为"民祸""民福"，两章释云，"且如一村有百家，一城有万家，或千家，其间若有一个，或男子，或妇人，或造妖言，或作泼皮，或为强盗，或为小贼，此为

---

① 朱元璋：《御制大诰三编·造言好乱第十二》，《续修四库全书》，第 862 册，第 331 页。
② 《明太祖实录》卷二五五，洪武三十年十二月癸未，第 3689—3690 页。

民祸也"。具体来说,"古至如今,法于四邻虽不坐罪,亦问恶人之所以",乡有奸顽盗贼,四邻之民"或为恶人诬指,或被贪官污吏挟诈,轻则靡费资财,甚则丧及身家焉"!① 而与此相对,"且如一村一城,或千万家,为邻中有一男子、一妇人,彼父母有教,本身有德,家道又昌,百事顺",同时"邻里若有愚顽几坏事及将欲作恶者,彼先知之,随教而改",因是"其一村、一城之人,皆被其教,其市村终无横祸,互相连及得飧(享)太平之世,此民之福也"②。这里所揭橥的朱元璋的政治用意,不仅较明显表现出其欲借助实施里甲制度来强化基层监督控制,进而稳定秩序并巩固统治,且似乎也暗含着他希望有效发挥乡间殷实富民引导示范的榜样作用,依靠他们的财力与威信以赈济匮乏、感化愚顽的设想。

参诸文献可知,除了前文提到的朱元璋尝教乡民互知丁业、互予帮扶及召富民至京,面谕之毋欺凌弱小、须周恤贫困外,他复数以民有恒产方有恒心为由,主张选取富民充当吏员办事。其曰:

> 古人立贤无方,孟子曰"有恒产者,有恒心"。今郡县富民,多有素行端洁、通达时务者,其令有司审择之,以名进。③
>
> 人有恒产,斯有恒心。今天下富民生长田里之间,周知民事,其间岂无才能可用者?其稽诸户籍,列名以闻,朕将选用焉。④

其他能够说明朱元璋利用富民治理基层社会的事例,则如他既推行里甲制度,使每里"推丁粮多者十户为长",轮年董理一里之事;又置粮长,"令田多者为之,督其乡赋税",若其人运粮诣京"以时至,得召见,语合,辄蒙擢用"⑤。朱元璋还倡立预备仓,"遣耆民于各郡县籴粮,置仓于民间储之",且"委富民守视,以备荒歉"⑥。此外,他尚于乡间设"老人"一职,"选年高为众所服者,导民善,平乡里争讼",并有见小民多越

---

① 朱元璋:《资世通训·民祸章》,《皇明制书》,第 760 页。
② 朱元璋:《资世通训·民福章》,《皇明制书》,第 760—761 页。
③ 《明太祖实录》卷一〇一,洪武八年十月丁亥,第 1708—1709 页。
④ 《明太祖实录》卷二五二,洪武三十年四月癸巳,第 3643 页。
⑤ 张廷玉等:《明史》卷七七《食货一》、卷七八《食货二》,第 1878、1899 页。
⑥ 《明太祖实录》卷二三一,洪武二十七年正月辛酉,第 3375 页。

诉不实，乃命以"理一乡词讼，会里胥决之，事重者始白于官"①。这些措施，完善了基层组织建构，改善了民间生活状况，同时无疑也在更大规模及更广范围加强了中央对地方乡村的管控力度。

最后，正像谒者所劝勉的"愿陛下修明政刑，则上帝福之"② 那样，由"民祸""民福"两章议论也可见朱元璋为政力主宽严相维，德刑相辅。所谓天生人君以育斯民，"非愚顽不足显人君之治"，故"必赏善以罚恶，则恶消而善长"，民方得泰安，"若获奸顽暴乱而姑息之，使良善含冤而抑郁，则恶者日生，善者日减，何育斯民者哉"！③ 不过，朱元璋虽疾恶如仇，除恶务尽，但立意并不在专任刑罚，而是本于爱物仁民之心，"仿古为治，明礼以导民，定律以绳顽"④，修明政刑往往能以化民良善为先。如他自言："仁义者，养民之膏粱也。刑罚者，惩恶之药石也。舍仁义而专用刑罚，是以药石养人，岂得谓善治乎?"⑤ 其又云："民之为恶，如衣之积垢，加以浣濯，则可以复洁。污染之民，以善导之，则可以复新。夫威以刑戮而使不敢犯，其术浅矣。"⑥ 这实际上亦再度表明，"治民"与"民治"，始终都是皇权加身的朱元璋施政考量的重中之重。

结　语

综上所述，《资世通训》作为朱元璋亲自撰写的劝惩、诫勉臣属子民的谕教之书，总体反映了他的以皇权专制统治为核心思想的政治价值观和国家治理观。朱元璋按照自己的理解，在书中分门别类，依次阐发了为君之道、为臣之用以及士、农、工、商、僧、道等各身份职业人群的职分所在，不仅清楚明确了君主与臣民间的责任义务关系，同时也较集中全面地伸张并宣示了明政权建立的合法正义性乃至其心目中的理想社会秩序图

① 张廷玉等：《明史》卷七七《食货一》、卷九四《刑法二》，第1878、2313页。朱元璋的乡村治理思想尤其是他对"老人"制度的社会职能的设计与规定，集中体现在《教民榜文》中。
② 朱元璋：《资世通训·民祸章》，《皇明制书》，第760页。
③ 朱元璋：《明太祖集》卷一〇《天生斯民论》，第231页。
④ 张廷玉等：《明史》卷九三《刑法一》，第2284页。
⑤ 张廷玉等：《明史》卷九四《刑法二》，第2319页。
⑥ 谷应泰：《明史纪事本末》卷一四《开国规模》，第191页。

景。因而就全书内容讲，大致可将其视作朱元璋为推行治国理政、安民化俗等各项方略措施而先后颁布的系列纲领性文件之一。不过，囿于文体形式、行文风格及发布对象的限制，该书所呈现出的朱元璋的执政构想毕竟有失简略，故需要和其他记载其政治言论、实践的文献相互参照结合，才能更清晰把握这一问题。

朱元璋提倡与奉行的"为君之道"，虽从政治语境言乃承自上古尧舜禹文等圣帝贤王，但实际却渗透进秦以来中央集权的专制帝制体系长期运作而滋长生成的浓厚的皇权意志，也即是说，"皇权"统治精神就是他政治思想的本质特征与首要内容。明晰于此，才可能进一步体察到朱元璋虽然认同传统儒家积极推崇的"爱人""民本"等仁政主张，但他看待自身政权确立的出发点及其主政的立场观念，则与深受"孔孟之道"熏染的士大夫政治文化尚具有一定差别。因是之故，朱元璋自觉站在了最高统治者角度，张扬君威，申明师职，以英武帝王开国肇基、代天理物的自信兼自负姿态凌驾于臣民万姓之上。与此同时，为保证皇权统治的稳固有效，他有意打压、削弱了士大夫的政治主体意识与能动作用，尽管其时会提到清明政治仍需臣僚抗言直谏以助辅弼之功，但大体还是把他们当作实现统治目的的工具对待。

在朱元璋眼里，"皇权"政治的核心问题是如何处理好君民关系，这提示出皇权虽然包举万端，至高无上，但并非一种绝对价值存在，民心向背无疑成为合理拥有并使用皇权的前提条件。换言之，百姓既是皇权的统治对象，同时民生安定亦是皇权赖以正常运作的社会基础及评价尺度。这样再联系朱元璋的个人品质及身世经历来看待他的政治思想，其一方面力求规范、限定社会各阶层成员的观念行为与身份等级，使之悉数切合于皇权统治既定轨道，固然带有极强的君主专制色彩，另一方面又始终把育民乐生、化民成治放在施政考量的关键位置，内中确乎包含着诸如爱养民力、足民衣食、体顺民情、救民困敝等民本关怀，体现"重农""济世"意涵的崇本务实心态在国家政治体制上也留下深刻烙印。由是可知，着眼于战乱后社会经济恢复与乡里秩序重建，强化基层控制与重视保全民生，确属朱元璋治政理念的一体两面，二者桴鼓相应，并行不悖，共同维护、巩固着新生政权的稳步成长，进而也为此后的社会变迁提供了基本制度环境。

朱元璋十分看重大明政权的合法性来源，与其说他自诩推翻暴元、再造华夏的丰功伟绩，不如说其更强调自己是以真命天子的形象平乱伐罪，济世安民。朱元璋不仅承认元朝在中国历代王朝统绪中的正当地位，且较具创造性地提出"天不与首乱""取天下于群雄"等概念，既宣示了新朝接续前元法统而得国之正，又为自身的代元鼎革之举开脱道义两难。此间关节，乃在朱元璋于秉承利用传统"天命"论为新建政权找寻合法依据的同时，一并重申并发展了其中蕴含的"德运"转移观念。他将"天道"同"民心"对接，尤加肯定了获得"天命"的前提实为保全生民的政治伦理主张。

与"君权神授"思想密切相关，朱元璋又不遗余力反复以鬼神明鉴、天降祸福之辞立论，这事实上与他严禁妨害社会管控的有组织的巫术类民间信仰并将佛、道等制度化宗教改造为适用于皇权统治的处置方式一致，或多或少均表达了其欲借虚无幽秘事物以收警戒人心、助裨王纲之实效的功利心态。也就是说，朱元璋无论是号召"敬德保民"，还是宣扬"神道设教"，背后用意最终都指向现实皇权政治的稳定有序运行上。整体而言，本书讲论多据日常经验，少有形上发挥，尽管杂糅了大量因果报应观念，但仍可觉察出朱元璋终究还是本于传统儒家国家政治理论而做出规划安排，其中忠君孝亲的宗法伦理道德亦起到了重要作用。

总之，从《资世通训》中所见朱元璋的政治思想与治政理念，能够看到他继承了秦以来的皇帝政治传统，确立了皇权更为集中的帝制体系基本统治管理架构。在此基础上，其亦为明以降的国家运行框定了一个既有政治体制规限又孕育着社会、经济变迁可能的秩序空间。

（作者单位：中国社会科学院历史理论研究所）

锦衣卫"外事"职能略论

张金奎

明初，大批周边少数民族部众主动内附，为"怀柔远夷"，① 明廷把这些内附人口大多安置到各地的卫所中，成为所谓的达官、达军，其中一部分人口也被安置在锦衣卫中。政局稳定后，更是"四夷降附老弱者，皆于锦衣卫带俸"②。除了征战时会用到部分达军外，因为存在语言障碍等因素，达官、达军没有什么具体事可做。大量达官带俸、达军在闲，对于并不宽裕的明朝财政来说，是不小的负担，且过于闲散，也会滋生一些不良现象，因此明廷开始着手给他们安排一些适宜的任务。就锦衣卫内的达官而言，执行"外事"任务是他们的主要职责之一。本文试就这一职能略作讨论，以就教于方家。

需要说明的是，明朝时并没有严格的国家概念，虽然对外国和周边联系相对松散、不实行直接统治也未设土司、土官的少数民族部落有一定区分，③ 但在联系方式上一概采用朝贡的形式，只是在朝贡的时间、贡品等方面的具体要求有所不同。为表述方便，本文将这类夹杂商贸活动的政务往来一概称为"外事"。

---

① 《明太宗实录》卷八七，永乐七年正月辛亥，台北"中研院"历史语言研究所1962年版，以下同。第1152页。

② 《明英宗实录》卷二一，正统元年八月辛卯条，第418页。

③ 如正统六年派遣使者赴朝鲜，调解女真建州部与朝鲜的人口纠纷时，敕旨中称："朕惟王为国**东藩**，凡察、满住，**皆受朝命**，于边居住，俱宜保全，俾之安靖。"见朝鲜《李朝世宗实录》卷九四，辛酉二十三年十二月戊午，日本学习院东洋文化研究所昭和三十一年（1956）影印本，第213页。

一

　　锦衣卫作为皇帝心腹，很早就开始执行外交任务。据朝鲜史籍记载，太宗二年（明建文四年）十一月，"上率百官饯使臣于迎宾馆。上召力士二人于坐前而赐温酒"①。由于对李成桂通过政变方式夺权不满，朱元璋始终没有对其册封，直到建文年间，朝鲜国王才获得明朝政府的完全承认。上述记载显示锦衣卫在中朝关系正常化后承担了出使职责，这也是目前笔者见到的锦衣卫出使外国的最早记录。此后尚有多次锦衣卫军官出使朝鲜的记载，如正统六年，朝鲜节日使通事金辛在归国途中报告"天使锦衣卫指挥佥事吴良、辽东百户王钦等，本月晦时，自辽东离发"②，等等。

　　嘉靖十五年，安南国发生内乱，不再朝贡，明廷就是否出兵问罪产生争议。礼部、兵部于十一月联合上奏："乞先差锦衣卫官有胆略材识、通达事机者一二人，令广西镇巡官选委官卫有司官员深晓夷情、熟知道路者三五人，同往彼国勘问背叛情由。"③ 当月，嘉靖帝命"锦衣卫千户陶凤仪、百户王桐于广西，千户郑玺、百户纳朝恩于云南诘勘安南国篡夺罪人及武严威等犯边事情"④。此次前往两国边境虽然不是奉诏出使，但也在外事范围内。次月，反对出兵安南的户部左侍郎唐胄上书反对派锦衣卫前往勘查，但他的理由是"锦衣武人，阔于大体，万一徇私枉实，衅或随之"⑤，而不是锦衣卫没有外事职权。

　　其实，锦衣卫执行"外事"任务，在洪武年间即有先例。如洪武二十一年十月，"故元国公老撒、知院捏怯来、丞相失烈门于耦儿千地遣右丞火儿灰、副枢以剌哈、尚书答不歹等率其部三千人至京进马乞降。命锦衣卫指挥答儿麻失里赍白金彩往赐之"⑥。只是这是与北元部众的交往，严格

---

　　① 朝鲜《李朝太宗实录》卷四，壬午二年十一月己丑，日本学习院东洋文化研究所昭和二十九年（1954）影印本，第245页。
　　② 朝鲜《李朝世宗实录》卷九四，辛酉二十三年闰十一月庚寅，第206页。
　　③ 《明世宗实录》卷一九三，嘉靖十五年十一月乙丑，第4080页。
　　④ 《明世宗实录》卷一九三，嘉靖十五年十一月甲戌，第4083页。
　　⑤ 《明世宗实录》卷一九五，嘉靖十五年闰十二月壬子，第4117页。
　　⑥ 《明太祖实录》卷一九四，洪武二十一年十月丙午，第2909—2910页。

来说属于国内事务，并不是外交活动，但确属于本文讨论的"外事"范围。从"答儿麻失里"这个名字推断，应该是达官。这是《实录》中较早提到锦衣卫达官执行"外事"任务。

此后，类似记载不断出现。如永乐六年九月，"锦衣卫千户朶儿只等使泰宁、朵颜、福余等卫还。赐朶儿只钞五十锭，百户三保钞四十锭，舍人、旗军答兰等各钞三十锭"①。永乐九年，"升锦衣卫百户马贵为本卫指挥同知，录其使西洋古里等处劳绩也"②。永乐十四年，锦衣卫千户丁金、嘉剌丁因出使撒剌亦有功，晋升指挥佥事。③ 宣德二年九月，"赐奉使哈烈等处锦衣等卫官军指挥同知也忽等一千四百二十二人钞、绢、彩币表里有差"④。同月，"赐奉使亦昔阔等处官军、锦衣等卫指挥佥事喜剌丁等六百六十一人钞、绢、彩币表里有差"⑤，等等。不仅锦衣卫达官大量奉命出使，执行外事任务的汉族官兵也不少，如山东黄县人柳政，"洪武二十七年以人材举充锦衣卫力士、将军，二十八年升小旗。永乐八年阿鲁台功升总旗，十六年西洋公干，升实授所镇抚"⑥，柳政不仅曾到过西北，还曾下西洋。

大批达官能承担出使任务，特别是出使西北地区，一方面是因为不存在语言、风俗习惯上的障碍，另一方面则是因为很多出使目的地就是他们的"家乡"，有大批故旧可以招引。如洪武年间归附的撒马儿罕人亦剌思，"永乐间，往亦里吉思，导其王子暖答石等来朝"⑦。因功劳较大，宣德元年，"例不应袭"的亦剌思之子马哈麻被破例允许承袭乃父的指挥使职务。

除了立籍锦衣卫的达官外，还有很多人因承担外事任务而从外卫或其他衙门调入锦衣卫。如宣德二年五月，"升行在鸿胪寺（右）丞何敏为行在锦衣卫指挥佥事。敏习番语，始由通事进。至是，命与都指挥佥事蒋贵

① 《明太宗实录》卷八三，永乐六年九月辛亥，第1111页。
② 《明太宗实录》卷一一二，永乐九年正月辛未，第1431页。
③ 《明太宗实录》卷一七八，永乐十四年七月癸巳，第1937页。
④ 《明宣宗实录》卷三一，宣德二年九月戊申，第812页。
⑤ 《明宣宗实录》卷三一，宣德二年九月壬子，第813页。
⑥ 《天津右卫选簿》，《中国明朝档案总汇》第68册，广西师范大学出版社2001年版，第69页。
⑦ 《明宣宗实录》卷一六，宣德元年四月壬申，第427页。

往，同松潘卫指挥吴玮招抚番寇"①。同年十月，"升行在鸿胪寺序班王息为指挥佥事，锦衣卫支俸不任事，以使外夷功也"②（王息原本是朝鲜人，因"抚安兀良哈等处夷人功"，③ 获得这次越级晋升）。回鹘人、羽林前卫正千户昌英，"累使迤北和宁王阿鲁台、忠勇王也先土干及亦力把里、哈密诸处，历升都指挥同知。宣德十年随太监王贵等甘肃备边，冒三岔河功，升都指挥使，为兵部侍郎柴车奏革之。正统三年，又以鱼海子等处擒贼功，仍升都指挥使。六年还京，调锦衣卫带俸"④。

二

之所以不断有承担外事职责的其他部门人员调入锦衣卫，很大程度上是由于明朝的制度设计造成的。明代负责外事的机构主要是鸿胪寺。鸿胪寺机构定型于洪武三十年，其前身是吴元年设置的侍仪司及洪武九年改设的殿庭仪礼司。鸿胪寺"掌朝会、宾客、吉凶仪礼之事"，其中包括"外吏朝觐，诸蕃入贡，与夫百官、使臣之复命、谢恩，若见若辞者，并鸿胪引奏"，"又设外夷通事隶焉"⑤。鸿胪寺各级官员共 62 名，级别最高的鸿胪寺卿为正四品，最低的序班只有从九品。

涉外事务需要翻译做中介，明代专门设立了"通事"一职。正德三年十二月，"女直大通事王玘坐累罢，鸿胪寺序班张泽呈乞推补。锦衣卫带俸指挥佥事、大通事王喜言：女直旧不设大通事，今宜免补"⑥，可见通事又有大通事和通事之分，前者较后者地位要高一些。

不过通事和大通事似乎只是一个职务，和个人的品级没有直接关系。如成化年间的大通事杨铭，个人实际官职是锦衣卫署指挥使。⑦ 弘治八年，"命

① 《明宣宗实录》卷二八，宣德二年五月丙午，第 733 页。
② 《明宣宗实录》卷三二，宣德二年十月丙子，第 826 页。
③ 《明英宗实录》卷一七二，正统十三年十一月壬寅，第 3312 页。
④ 《明英宗实录》卷二六六，景泰七年五月己巳，第 5639 页。
⑤ 张廷玉等：《明史》卷七四《职官三·鸿胪寺》，中华书局 1974 年版，第 1802—1803 页。
⑥ 《明武宗实录》卷四五，正德三年十二月庚辰，第 1030 页。
⑦ 《明宪宗实录》卷二五一，成化二十年四月辛酉，第 4244 页。

鸿胪寺带俸、右军都督府经历刘福充大通事"①。同为大通事，前者是三品官，后者只有七品。天顺二年，明廷 "命故都督马政子鉴袭指挥使，锦衣卫带俸，仍为通事"②。马鉴是正三品指挥使，却也只是个通事。笔者推断，通事和大通事的主要区别，应该是翻译能力不同，大通事翻译能力更强。

弘治十年九月，礼部尚书徐琼在汇报哈密卫贡使反复奏扰等事宜时批评 "大通事杨铭等，职专答应，义无私交，当其承旨省谕之时，正宜宣扬恩威，明示劝戒，乃将本部覆过事由代之敷陈，倡令各写番文，与之封进，似有交通之私。况省谕夷人，止于朝房内。各通事受铭等**钤制**，莫敢异同。或有私言，皆不能知。如本年七月内，朝审泰宁等卫犯边达贼，有大通事王英，因其子、通事王永向前译审，喝骂捶楚。廷陛之间尚尔，况于朝房哉！今后凡有宣谕，请令大通事同本等通事并伴送人等，率领夷人到于礼部堂上，望阙，明白传译，令其俯伏听从，庶几恩威宣著，奸弊可革"③。据此推断，通事群体与朝贡使者之间不能私下交往，且大通事对通事有一定的约束能力。

为培养合格的翻译人才，明朝从永乐五年开始，专门设置了四夷馆，"特设蒙古、女直、西番、西天、回回、百夷、高昌、缅甸八馆，置译字生、通事。通译语言文字。正德中，增设八百馆……万历中，又增设暹罗馆。初设四夷馆，隶翰林院，选国子监生习译。宣德元年，兼选官民子弟，委官教肄，学士稽考程课。弘治七年，始增设太常寺卿、少卿各一员为提督，遂改隶太常"。"译字生，明初甚重。与考者，与乡、会试额科甲一体出身。后止为杂流。其在馆者，升转皆在鸿胪寺。"④

明初，熟悉和愿意学习外国或少数民族语言文字的汉人并不多，所以在四夷馆中服务的大多是投附或原本在中原生活的，熟悉或愿意学习汉语的少数民族人士。如永乐二十二年，"升锦衣卫指挥佥事徐晟为本卫指挥同知，鸿胪寺左少卿哈的为指挥佥事。晟，鞑靼人，初名七十五。哈的，回回人。

---

① 《明孝宗实录》卷九八，弘治八年三月己亥，第1796页。
② 《明英宗实录》卷二八七，天顺二年二月辛亥，第6158页。
③ 《明孝宗实录》卷一二九，弘治十年九月戊午，第2285页。
④ 《明史》卷七四《职官三·太常寺·提督四夷馆》，第1797—1798页。

二人自永乐初以翻译外夷文字召用，后凡西北二虏及南夷之事，二人悉与闻之"①。又如回鹘人昌英，永乐二年袭职后不久即"送翰林院习译书"，景泰六年调入锦衣卫后，依然"充通事及四夷馆教译书"②。山后人季铎袭职后"译字四夷馆"，天顺朝"升都督佥事，仍供职四夷馆"③，等等。

四夷馆虽然先后由翰林院和"掌祭祀礼乐之事"的太常寺主管，④ 但这两个部门都和外事没有直接关系，所以培养出来的翻译人才主要由鸿胪寺使用，因而"升转皆在鸿胪寺"⑤，如上文中提到的鸿胪寺左少卿哈的。"通事初隶通政使司"⑥，后来划归鸿胪寺，也是因为同样的原因。但鸿胪寺有个致命缺陷，即品级过低，主官也不过正四品，而这些翻译人才要经常出入宫廷，为皇帝服务或以备咨询，加之出使外国或边疆地区非常辛苦，往往耗时数年，中途还可能遭遇战事，⑦ 有性命之忧，所以明廷对成功完成出使任务的使团成员大多奖励优厚，这就出现了鸿胪寺的官职无法满足这些随同出使的通事升迁需要的现象。鸿胪寺卿主管全面工作，不能作为带衔官职使用，因而通事在鸿胪寺内升迁到少卿即到了顶点，要再升迁，必须跳出鸿胪寺，就像上文中提到的哈的，从左少卿直接转任正四品指挥佥事，作为序班的何敏、王息先后升任锦衣卫指挥佥事，而大通事刘福因为只是七品经历，所以仍可以留在鸿胪寺内继续带俸。锦衣卫作为皇帝亲军，本身即负有出使的职责，另外可以比较方便地出入宫廷，加之品秩较高，很适合用于奖赏立有大功并深为君王信任的使臣，大批出自其他部门的使臣及通事因此陆续调入锦衣卫，只是这些人实际职责并无变化，

---

① 《明仁宗实录》卷三下，永乐二十二年十月壬戌，第 121 页。

② 《明英宗实录》卷二六六，景泰七年五月己巳，第 5639 页。

③ 《明宪宗实录》卷四五，成化三年八月，第 943 页。

④ 《明史》卷七四《职官三·太常寺》，第 1796 页。

⑤ 《明史》卷七四《职官三·太常寺·提督四夷馆》，第 1798 页。

⑥ 同上书，第 1797 页。

⑦ 例如郑和下西洋期间多次发生战事。又如正德十年十一月司设监太监刘允出使乌斯藏时，"敕允往返以十年为期，得便宜行事"，"番僧号佛子者，恐中国诱害之，不肯出。允部下皆怒，欲胁以威。番人夜袭之，夺其宝货、器械以去。军职死者二人，士卒数百人，伤者半之。允乘良马疾走，仅免"。事见《明武宗实录》卷一三一，正德十年十一月己酉，第 2611—2612 页。另据毛奇龄《武宗外纪》记载，本次出使，"统锦衣卫官一百三十三员"。见《中华野史》丛书"明朝卷一"，泰山出版社 2000 年版，第 499 页。

在锦衣卫内仅仅是带俸。

不过正因为是寄禄于锦衣卫，这些人的官职往往没有一个限度。如昌英终于都督金事，季铎去世前是都督同知等。明廷对他们的宠遇还时常突破制度限制。如正统十四年十二月，"命锦衣卫带俸都指挥同知王息子铨为正千户。息奏愿自降一级以升铨，遂命息为都指挥金事，铨为指挥金事"①。王息原本希望由长子王鉴代替自己，但"上以息通晓夷情，不许，特以鉴为正千户"②，后来王鉴在土木之变中阵亡，这才有了次子王铨受职一事。因为王鉴有幼子，王铨只能算借职。天顺元年，王鉴的儿子王寿长大，袭职为指挥同知。王息的妻子上书，请求保留王铨的职务，于是"仍以铨袭其父都指挥使职"③。王息虽然贡献很大，但这样的父子同时在职、叔侄一起在职、升职，明显都是违反军职升迁制度的。锦衣卫南镇抚司在管理这些带俸军官时也会有诸多不便。

弘治十五年六月，礼部议准："近例鸿胪寺带俸通事、署正、典簿等官考满，鸿胪寺考核，呈送吏部。但通事未授职之前食粮、冠带、实授俱从本部考送。既授职之后，考满不由本部，其历任升任年月、公私过名有无，无所于考。凡遇大通事员缺，难于推举，各边差遣难于选择。又其间勤惰不别，何以激劝？今后各官考满，请令鸿胪寺考核呈送本部，本部考核咨送吏部。"④ 可见，通事和文官一样，要参加三年一次的考核，且鸿胪寺、礼部和吏部都要参与，但在转入锦衣卫之后，由于是军职，兵部要替代吏部参与考核，但鸿胪寺和礼部由于品级上的关系，不方便再对其进行考核，这对于通事群体的管理无疑是有害的。

三

以达官为主要负责人出使外邦或"四夷"的现象到明中叶仍未改变。如天顺七年二月十二日，"兵部奉特旨，遣使臣下旱西洋，曰哈列地面，

---

① 《明英宗实录》卷一八六，正统十四年十二月辛未，第 3749 页。
② 《明英宗实录》卷二八二，天顺元年九月戊子，第 6068 页。
③ 同上。
④ 《明孝宗实录》卷一八八，弘治十五年六月癸卯，第 3460—3461 页。

曰撒马儿罕地面，曰哈失哈儿地面，曰阿速地面，曰土鲁番地面，曰哈密地面，曰乩加思兰处，各正、副使一员，**皆外夷人仕中朝者**，或大通事，或都督，或都指挥等官，皆有主名矣"①。

坚持使用这些"外夷"有利有弊。一方面可以充分发挥他们长于骑射、熟知"夷情"的优势，同时还可以促进民族融合。武忠可谓典型代表。武忠本是海西女真人，"宣德中遣使奴儿干，授锦衣卫百户。后代叔父乃当哈为海西都指挥佥事，改注锦衣卫带俸。以军功历升都指挥同知、署都指挥使"，"尝偕给事中张宁使朝鲜。国人请阅兵，因以弓矢请射。忠挽弓，辄嫌其软。并张两弓折之。既而有雁横空而过，国人踧请射。忠援弓射，应弦而落，国人大慑服"②。因为长期生活于内地，亲近汉文化，武忠还得到皇亲、会昌侯孙继宗的赏识，成为他的女婿。

与此相反，很多特别是来自西北地区的通事、达官，因为民族习惯、宗教信仰等方面的原因，难以全面融入内地生活，对故地政权、人员有着天然的亲切感，有时也会做出有损大明帝国利益的事情。如成化十六年十二月，兵部议准：

> 通事人等多扇惑外夷，代之饰词奏请。宜以今年入贡夷人奏请番文，令大通事詹昇辈会本部该司究其所书，夷人给以笔札，令其覆写，不能则究问代书之人，治以重罪，而诫谕诸夷，约无再犯。仍移天下诸边守臣，各谕所在起送有司，自今诸夷入贡，即取其番文，用印封识，具疏，付馆伴之人赍至京师，令大通事亲为阅实。其余果有奏请，大通事仍会本部该司，拘令夷人面书奏词已，乃封上，如例重译，庶奸弊可革。③

除了派遣官兵出使之外，锦衣卫对来朝使者也承担一定的职责，如"外夷入贡朝参，例应锦衣卫拨马骑坐"，且必须每次单独奏请，礼部曾试图"著为例"，但被宪宗以旧制不可擅改为由予以否决。④

---

① 陆容：《菽园杂记》卷五，中华书局点校本 1985 年版，第 56 页。
② 《明宪宗实录》卷八五，成化六年十一月丙戌，第 1648 页。
③ 《明宪宗实录》卷二一〇，成化十六年十二月丁未，第 3653—3654 页。
④ 《明宪宗实录》卷二七三，成化二十一年十二月甲辰，第 4608 页。

按照明朝的接待制度，进贡使节到京后，明廷要在午门外设宴予以款待。"本朝赐四夷贡使宴，皆总理戎政勋臣主席，惟朝鲜、琉球则以大宗伯主之，盖以两邦俱衣冠礼义，非他蛮貊比也"①。设宴本来是要展示大明恩典，但至明中叶，"所设宴席，俱为庖人侵削，至于腐败不堪入口"②。为此，锦衣卫千户牟斌于弘治十四年九月上言，建议"丰厚外夷筵宴"，"谓今后光禄寺但遇会同馆筵宴外夷人员，请令本寺堂上官一员亲至馆，督同各署官属依式设办，务令丰洁，以称朝廷柔远之意。仍令本部委官并侍班御史巡视其不谨者"③。之所以牟斌会关心宴会的事，是因为举行宴会时锦衣卫要派出专门的护宴校尉，负责"驱逐闲人，不许拥观，乘机混抢"④。宴会菜肴糟糕，护宴校尉们脸面上也挂不住。

结　语

与其他职能不同，锦衣卫的"外事"职能很大程度上和其传宣诏命职能是一体的，所以原则上所有官兵都有出使的可能。只是周边地区以朝贡形式和中央政权保持往来的少数民族部众或中、北亚政权众多，才给大批内附达官提供了担负出使任务的机会。由于"外事"目的的顺利达成需要礼部、鸿胪寺、太常寺、边镇等多个部门的合力，加之政治总体上日趋败坏，锦衣卫的"外事"职能在明朝中后期也被波及，但因为主要履职者是在接受中原文化程度上总体不断加深的达官群体，所以这一职能基本能正常维持，且履职效果并未受到太大的影响。另外，由于大批带俸达官是因为级别问题不便解决才依附于锦衣卫，所以即便出使中出现问题，对锦衣卫本身也没有太多的不良影响，这是其他职能履行能力损坏造成的影响所不能比拟的。

（作者单位：中国社会科学院古代史研究所）

---

① 沈德符：《万历野获编》卷二七《赐四夷宴》，中华书局点校本 1959 年版，第 778—779 页。
② 同上。
③ 《明孝宗实录》卷一七九，弘治十四年九月壬寅，第 3310 页。
④ 温纯：《重宴赐以抚远人疏》，见氏著《温恭毅集》卷二，文渊阁《四库全书》，台湾商务印书馆 1986 年版，第 422 页。

晚明时代危局与袁黄的历史角色

赵现海

袁黄，字了凡，又字坤仪，① 浙江嘉兴府嘉善县人。袁黄出身于江浙士人之家，颇有济世之才，在晚明时代危局之下，亦颇受关注与重用。但无论科举道路，还是政治道路，或者从军道路，袁黄都走得非常崎岖而艰难，反映出晚明士人虽有振作国家之志向，但在国家制度已经积弊甚深之时代背景下，不仅救国无门，而且自身也多遭磨难，明王朝实已病入膏肓，难以挽救。因此，对于袁黄之研究，实为理解晚明时代危局之一视角。本文即尝试在初步梳理相关史料的基础上，对与袁黄有关之部分历史，加以简单讨论。

一 袁黄济世之才与任职兵部职方司

袁黄原名袁坤仪。年少时便已颇有声誉。但万历五年（1577）首次应试，由于在策文中讥讽权贵，落第而归。"黄少负逸才，于三乘四部星雒之书，无不研究，声誉籍甚。万历五年，会试拟第一人，以策讥权幸，不果。"② 后来做梦，梦见以"袁黄"之名，参加会试，得了第一名会元，醒来之后便改名"袁黄"。③ 万历十四年（1586），袁黄中进士。

袁黄初入仕途之时，官僚集团对其期待很高。"袁黄，字了凡，浙江

---

① 冯桂芬：同治《苏州府志》卷一〇五《袁黄传》，清光绪九年刊本。
② 潘柽章：《松陵文献》卷六《人物志六·袁黄》，清康熙三十二年潘耒刻本。
③ 姚旅：《露书》卷一四《异篇下》，明天启刻本。

嘉兴府嘉善县人，万历丙戌科进士，官至兵部员外郎。了凡甫成进士，中外望宿老巨人，盖其知名天下久矣。"① 可见在世人心目中，袁黄怀有经世之术，首次受到普遍的期待。通过袁黄步入仕途后的最初作为，也可以印证这一点。

袁黄中进士之后，按照明代进士观政制度，观政于礼部。但与礼部官员主要关注国家礼仪等事务不同，应是出于对晚明时代危局之体认，袁黄十分关心江浙地方财政，及其对于江南社会之沉重压力。

> 臣（赵用贤）考天下财赋，东南居其半，而嘉、湖、杭、苏、松、常，此六府者，又居东南之六分。它舟车诸费，又六倍之。是东南固天下财赋之源也。乃自顷岁以来，逋赋日积，而小民之嗷嗷者，十室九空，转死于沟壑者相望。二者可谓交弊，而俱诎矣。臣尝与一二同志者，今礼部办事进士袁黄等，考览沿革，究极根株，盖知其原不独在征敛之日增，而科派之无别，是以使重者之益重；其弊亦不独在征输之日急，而隐漏之多端，是以使困者之益困。当此时而不为之一裁制樽节焉，诚恐日甚一日，民力愈不能供，而国用愈致不足，此非细故而已也。②

> （赵）用贤长身耸肩，议论风发，有经济大略。苏、松、嘉、湖诸府，财赋敌天下半，民生坐困。用贤官庶子时，与进士袁黄商榷数十昼夜，条十四事上之。（申）时行、（王）锡爵以为吴人不当言吴事，调旨切责，寝不行。③

在此基础上，袁黄撰写了《赋役新书》《苏州府赋役议》等论著。④此外，袁黄对历代盐法也有系统考察。⑤

财政之外，袁黄对于关系国家治理、社会安危的水利工程，也十分关

---

① 徐允禄：《思勉斋集》卷九《文编·袁了凡》，清顺治刻本。
② 陈子龙等辑：《明经世文编》卷三九七（赵用贤）《议平江南粮役疏》，中华书局1962年版。
③ 同治《苏州府志》卷九九《赵用贤传》。
④ 同治《苏州府志》卷一三九《田赋》。黄宗羲：《明文海》卷七六（袁黄）《苏州府赋役议》，清涵芬楼钞本。
⑤ 汪砢玉：《古今鲑略》补卷六《利弊》，清钞本。

注。他曾为万历时期任职工部尚书、治理黄河立有大功的潘季驯撰写祭文，对其功绩进行高度概括与赞扬，可以看出袁黄对水利工程十分关注。① 不仅如此，袁黄尚撰写过《皇都水利考》《东南水利策对拟》等论著。②

晚明时代危局之下，军事问题尤为突出。袁黄对于军事问题也十分关注，撰写过《历代兵制考》，其中不仅涉及前代军事制度与武器，而且对本朝军事制度、布防与武器装备，也有较多的搜罗与整理，体现出对军事的关注与了解。③

而袁黄以礼部办事进士身份，赴任宝坻县令之任，对他是一个从基层了解晚明社会、磨炼能力的政治机遇。④ 在宝坻任上，他对民众深受加赋之苦痛有了更为直观的认识，不仅加强对当地农业种植的管理与推动，⑤而且请求减轻民众赋役。⑥（同治）《苏州府志》对袁黄在宝坻的作为有系统的记述。

> 袁黄，字坤仪，赵田人。万历十四年进士，授宝坻知县，邑诸役倍于田赋，车运皇木役为甚。黄建议请由会通河运入，移皇木厂于三贤祠北，使滨水受木便台，使为奏报，可因尽革重去、重马、采石、箭手诸役。潞藩之国，邻邑科敛为公费，水浅舟胶，留顿则费愈广，黄令囊沙壅下，流水满则舟易达。及舟将至，则启囊沙，更壅其下，不移日越境去。邑地洼下苦潦，黄浚三垒河筑堤捍之，海水时溢入为患，令岸上多植柳，高数尺，潮退沙遇柳，辄淤渐成堤，因于堤内开沟塍课耕种，旷土大辟。⑦

袁黄由宝坻县令升任兵部职方司主事。他之所以获得如此委任，原因

① 董斯张：《吴兴艺文补》卷三九（袁黄）《祭潘印川尚书文》，明崇祯六年刻本。
② 陈琮：《永定河志》卷三《河考》，清钞本。张国维：《吴中水利全书》卷二六《袁黄东南水利策对拟》，文渊阁《四库全书》，台湾商务印书馆1986年版。
③ 顾煜：《射书》卷四《历代兵制考》，明崇祯十年刻本。
④ 贺复征：《文章辨体汇选》卷三二（袁黄）《到任祭城隍文》，文渊阁《四库全书》，台湾商务印书馆1986年版。
⑤ 鄂尔泰：《授时通考》卷一〇《土宜》，清武英殿聚珍版丛书本。
⑥ 《文章辨体汇选》卷四九（袁黄）《申请审编减派文》，《申请审录册稿》，卷五〇（袁黄）《放免见年里长告示》。
⑦ 同治《苏州府志》卷一〇五《袁黄传》。

便在于他既具有济世之术，在官僚集团中也颇有声誉。

兵部职方司作为兵部四司之一，职责最重。"职方氏掌天下之图，以掌天下之地。"① 唐以后兵部职方清吏司负责掌管地方军事资料。明朝建国伊始，亦继承了此一制度，规定兵部职方清吏司（洪武年间称职方部）的职责是掌管"天下地图及城隍、镇戍、烽堠之政"②。并责成"凡天下要冲及险阻去处，合画图本，并军人版籍，须令所司成造送部，务知险易"③。"职方，掌舆图、军制、城隍、镇戍、简练、征讨之事。凡天下地里险易远近，边腹疆界，俱有图本，三岁一报，与官军车骑之数偕上。"④职方司遂成为明朝专门负责搜集各地资料，尤其军事资料，绘制各地地图，尤其军事地图的专职机构。

而袁黄也如同许多兵部职方司主事一样，撰写过关于长城防御体系的《九边图考》，只是由于清朝禁毁的原因，目前该书尚未见流传。⑤ 此外，袁黄还撰写过《马政考》。⑥ 不仅如此，袁黄还精通历法。"明袁黄，号了凡，通律历之学，所著有《历法新书》，关中李世达为之作序。中间有与张江陵论候气五不合之说，颇有理。"⑦ 对于用兵之气候条件，也有相当研究。关于袁黄与张居正论历法之事，《松陵文献》有更详细的记载。

> 居正如（袁）黄言，择地天坛之南隅，候之飞灰，果应。居正大喜，欲属以正乐之事。黄请先改历法，语不合，遂谢去。黄尝受历于长洲陈壤，其法本回回历，而以监法会通之，更定历元，纠正五纬，号为详密，有《历法新书》行于世。⑧

---

① 郑玄注，贾公彦疏，赵伯雄整理，王文锦审定：《周礼注疏》卷三三《职方氏》，十三经注疏整理本，北京大学出版社 2000 年版，第 1020 页。

② 霍善等：《诸司职掌·兵部·职方部》，《续修四库全书》，上海古籍出版社 2002 年版，第 717 页。

③ 《诸司职掌·兵部·职方部》，第 724 页。

④ 《明史》卷七二《职官志一·兵部》，第 1752 页。

⑤ "《增订群书备考》四卷刊本，明袁黄著，内《九边图考》抽毁。"范邦甸：《天一阁书目》卷三之二《子部》，清嘉庆文选楼刻本。

⑥ 《明文海》卷一二一（袁黄）《马政考》。

⑦ 江永：《律历新论》卷下《录袁黄候气法》，清守山阁丛书本。

⑧ 《松陵文献》卷六《人物志六·袁黄》。

二　晚明东亚国际格局变迁及袁黄参与万历朝鲜之役

从地理位置上看，东亚海域与地中海一东一西，分居欧亚大陆的东西两端，都形成不同文明环绕的地缘格局。但从历史地位上来看，东亚海域是远远比不上地中海的。地中海位于欧、亚、非三大洲之间，三大洲不同文明不断争夺这一核心地区，相互之间维持了长期来看势力大体均衡的国际格局，推动了不同文明的竞争与内部发展。

与之不同，东亚海域长期呈现中国一家独大的历史局面，朝鲜半岛、日本、东南亚诸国对中国的威胁在很长一段时间内，是非常小的。正是鉴于海洋势力对中国威胁较小，加之北方民族一直是对中原王朝威胁最大的力量，因此中国古代便长期保持了重视西北陆疆，轻视东南海疆的边防政策。

早在西方世界地理大发现之前的数十年前，郑和已经率领"四十四丈、广十八丈"数十艘的船队，两万七千多名船员，开始了七次下西洋活动，[1]最远处到达了今天非洲的东海岸。无论从战舰的规模、海军的数量来讲，郑和的船队是远远超过几十年后西方殖民者的探险队伍。可见，至少在明代，中国的海军势力是远在西方国家之上的。但明朝却并未利用海军势力，发展海上贸易与开拓海洋边疆，而是对海洋国家采取了十分保守的态度。朱元璋在建国之初，面对高丽拒不归附的局面时，曾经用海军加以恐吓。

> 尔之所恃者，以沧海之大、重山之险，谓我朝之兵，亦如汉唐耳。汉唐之兵长于骑射，短于舟楫，用兵浮海，或以为难。朕起南服江淮之间，混一六合、攘除胡虏，骑射舟师，水陆毕备，岂若汉唐之比哉？百战之兵，豪杰精锐，四方大定，无所施其勇，带甲百万，舳舻千里，水由渤海，陆道辽阳，区区朝鲜，不足以具朝食，汝何足以当之。[2]

---

[1]　张廷玉等：《明史》卷三〇四《郑和传》，中华书局1974年版，第7767页。
[2]　胡广等：《明太祖实录》卷二二八，洪武二十六年六月壬辰，台北"中研院"历史语言研究所1962年版，第3326页。

但并未开展真正的军事行动。而对于尚处于混乱之中，不断骚扰明朝海疆的日本武装浪人，也就是所谓的"倭寇"，明朝并未利用强大的海军实力加以消除，更是采取直接隔绝的方式，宣布日本、越南等国都是不征之国。明朝不仅对经略海洋不感兴趣，甚至禁止民间海外贸易，从而失去了率先开拓海洋边疆，建立海洋贸易秩序的大好机遇。明朝这种对于海洋边疆的忽视，与中国古代一直强调陆地边疆有关。但同时可能也与朱元璋出身农家，军队本身偏重陆军有一些关联。

与之相比，陈友谅占据了长江中游江西、湖广之地，这一地区是湖泊众多的地区。陈友谅与朱元璋不同，朱元璋出身于典型的农家，而据《明史》记载，陈友谅却出身于渔家。① 因此相对于朱元璋，陈友谅对水军更为重视，水军数量最多，舰队最为强大，不仅是当时中国，而且全世界最强大的水军力量。陈友谅军队与朱元璋军队首次大规模的正面作战是龙江之战。在作战之前，朱元璋分析敌我形势时，称："今彼（也就是陈友谅）既居上流，顺势来寇，舟师十倍于我，猝难敌也。"也就是说，陈友谅的水军最初是朱元璋的大概十倍之多。有人劝朱元璋亲自率军进攻陈友谅，朱元璋也表达了对陈友谅水军的担心。"以舟师顺流直趋建康，半日可达，吾步骑趋回，非一日不至。"最终朱元璋使用反间计，诱使陈友谅进入龙江，将其包围、打败。《明太祖实录》交待战利品时称："获巨舰名混江龙、塞断江、撞倒山、江海鳌者百余艘，及战舸数百。"② 在决定陈友谅、朱元璋政权成败的鄱阳湖水战中，陈友谅的水军当时也处于优势。与朱元璋军队都是小舟不同，陈友谅的战舰十分雄壮。"友谅忿疆土日蹙，乃大治楼船数百艘，皆高数丈，饰以丹漆，每船三重，置走马棚，上下人语声不相闻，舻箱皆裹以铁。载家属百官，尽锐攻南昌，飞梯冲车，百道并进。"但却反而带来了负面效果，就是不太灵活。朱元璋从而用火攻的方式，将陈友谅的战舰烧毁，才最终取得了胜利。"友谅集巨舰，连锁为阵，太祖兵不能仰攻，连战三日，几殆。已，东北风起，乃纵火焚友谅舟。"③

---

① 《明史》卷一二三《陈友谅传》，第 3687 页。
② 《明太祖实录》卷八，乙卯闰五月庚申，第 102—105 页。
③ 《明史》卷一二三《陈友谅传》，第 3689 页。

如果出身渔户，军队以水军为主体的陈友谅建立了国家，历史是否会有不同呢？历史无法假设，事实是伴随明朝从东亚海域逐步撤退，实行依托沿海地带、近海防御的海疆政策，明朝事实上放弃了对东亚海域的有力控制。虽然在明前中期的漫长岁月里，明朝这一政策并未显示出明显的负面作用，但伴随"大航海时代"的来临，西欧火器逐渐输入东亚世界，处于战国时代的日本率先引入这一先进技术，并武装起来，不仅借此实现了日本列岛的统一，而且开始首次将进攻中国纳入政治规划之中。

东亚海域地缘政治格局自晚明开始，逐渐发生变化。统一日本的丰臣秀吉明确提出以朝鲜为跳板，"直入大明国"的侵略计划，发动影响东亚历史进程甚巨的"壬辰倭乱"，成为东亚海域地缘政治逐渐走向均衡、竞争之重要推力。

> 日本国关白奉书朝鲜国王阁下，雁书熏读，卷舒再三。吾国六十余州，比年诸国分离，乱国纲，废世礼而不听朝政，故予不胜感激。三四年之间，伐叛臣，讨贼徒，及异域远岛，悉归掌握。窃谅余事迹，鄙陋小臣也。虽然余当托胎之时，慈母梦日输入怀中。相士曰："日光所及，无不照临，壮年必八表闻仁声，四海蒙威名者，何其疑乎？"依此奇异作，敌心自然催灭，战必胜，攻必取，既天下大治，抚育百姓，矜闵孤寡，故民富财足，土贡万倍千古矣。本朝开辟以来，朝政盛事，洛阳壮丽，莫如此日也。人生一世，不满百龄焉，郁郁久居此乎？不屑国家之远，山河之隔，欲一超直入大明国，欲易吾朝风俗于四百余州，施帝都政化于亿万斯年者，在方寸中。贵国先驱入朝，依有远虑无近忧乎？远方小岛在海中者，后进辈不可作容许也？予入大明之日，将士卒望军营，则弥可修临盟。余愿只愿显佳名于三国而已。方物如目录领纳。且至于管国政之辈，向日之辈皆改其人，当召分给。①

对于日本的这一做法，明朝官员群体大致持一种妥协政策，认为中国

---

① 吴晗辑：《朝鲜李朝实录中的中国史料》上编卷二五《辛卯二十四年》，中华书局1980年版，第1534—1535页。

不宜牵涉异域战争中去。但明神宗鉴于"朝鲜奉正朔二百余年，若一旦轻弃于倭，则九夷八蛮何克来威来震"①，为维护东亚朝贡贸易国际秩序，万历二十年（1592）六月，明朝决定援助朝鲜。

> 兵部言昨发精兵二枝，沿江为朝鲜应援，此在本国未请之先。今巡抚郝杰咨称朝鲜请兵甚急，先差游击止于鸭绿江未敢前进。夫存亡呼吸，尚可牵制如此乎？乞敕相机援剿。奉旨："援兵久遣，岂容迟误？今后各边镇紧急事务，毋拘奏请，致误军机。"②

在这场史称"朝鲜之役"的战争中，袁黄作为明朝军队中的一员，发挥了重要作用。袁黄是受到兵部右侍郎的举荐，随其一同赴朝。

> 兵部言：右侍郎宋应昌奏称辽左、天津皆畿辅要害，承平日久，军务废弛，乞赐专敕，便宜行事，及请发钱粮，制造器炮，以本部主事袁黄、刘黄裳，随行赞画。上曰："经略关系重大，应昌忠勇任事，督抚官毋得阻挠。将领以下一听节制，违者以军法行，马价发二十万。"余如所奏。③

而袁黄之所以被举荐入朝，是因为其具有较强的政治能力。"上命右司马宋应昌经略燕齐，议与大司马合也。敕李如松都督诸军，受右司马节制。尚书郎刘黄裳、袁黄宿负通术，兼官参军事。"④ "查有职方司主事袁黄、武库司主事刘黄裳，文武具备，谋略优长，乞命二臣随臣赞画，并行本部将合用火牌、勘合，照例查给施行。"⑤ 袁黄成为援朝军队核心决策层的一员。

> 据赞画刘黄裳、袁黄禀称：咸镜道有倭二三万，屯平壤之北，黄海道有倭二万余，屯其南，开成府及百川江阴，复有倭三四万，屯其

① 徐希震：《东征记》，清版本，韩国首尔大学奎章阁韩国学研究院藏。
② 叶向高等：《明神宗实录》卷二四九，万历二十年六月己酉，台北"中研院"历史语言研究所1962年版，第4642页。
③ 《明神宗实录》卷二五一，万历二十年八月壬子，第4684—4685页。
④ 《明经世文编》卷五〇二《东师野记·征倭》。
⑤ 宋应昌：《经略复国要编》卷一《初奉经略请敕疏》，民国影印明万历刻本。

东。未论王京四面之倭，总之不下十万。臣连日与提督李如松及郑文彬等密议，一面请加兵饷，一面引兵渡江至开城府外扎营。①

具体职责为监军。明前中期军队系统中的监军一职，由太监担任。嘉靖时期，伴随革除各地镇守太监，监军改由兵部外派人员担任。袁黄除监督军功赏罚之外，还负责管理钱粮。

兵部查经略宋应昌事竣之日，收放钱粮通判王君荣册载马价银共五十五万，除用过四十八万八千九百四十两零，支剩见在六万一千四百六十八两零。又查刘黄裳同袁黄监收过银三万五千余两，似无虚冒，仍听兵科一并稽核。因言辽镇马匹甚匮，不得不请阉寺以救急。凡有事干马价，宜行各边巡按乘阅视，查明实报。从之。②

袁黄在战争进行过程中，当明军遭遇失利时，与兵部尚书石星的立场一致，都主张采取与日本议和的态度。

提督（李如）松轻进，逼王京，败绩碧蹄馆，退保开城。诏刘綎、陈璘水陆济师助援。参将大受复尽焚倭龙山仓，倭乏食。监军职方司袁黄请用惟敬议款而封贡之说，起令游击周弘谟、沈惟敬往谕倭。③

当袁黄致力于维护明朝在东亚国际利益之时，却由于之前的政治经历，在政治派系的夹缝中，不断受到朝臣的攻击。

己未，刑科给事中刘道隆劾奏吏部稽勋司员外虞淳熙、兵部职方司郎中杨于庭，台省交章摘拾，而该部曲为解说，仅议一袁黄而止，非体。上以诘吏部，该部辩之甚力，上怒夺堂上官俸二月，贬郎中三官而罢。淳熙、刘道隆以不指名，亦夺俸二月。于是，阁臣上言：今年郎中赵南星专管考察，虽意见可否，时与台省有异，而执法公，任

---

① 《经略复国要编》卷五《议取王京开城疏》。
② 《明神宗实录》卷二七四，万历二十二年六月乙亥，第3085—3086页。
③ 查继佐：《罪惟录》卷三六《日本国》，四部丛刊三编本。

事勇，怨仇不避，请托不行，则南星以此自信，臣等亦可以信南星者，特其是已。非人抑扬太过，致招訾议，情或可原。臣等窃谓，仍黜虞淳熙、杨于庭，以从公论，袁黄候征倭事毕议处。不报。①

最终明神宗被群臣激怒，袁黄等人被一同罢官。"上曰：'卿等为国大臣，不惜国体，以镇静为重，反市恩群小，哓哓烦渎。赵南星、虞淳熙、杨于庭、袁黄俱褫职。'"② 虽然这一决定由于袁黄尚在域外的关系，并未立即执行，但袁黄与军队武将系统的矛盾，却使其最终被罢官。

三 明代军队系统中的文武关系与李如松、袁黄之争

中国古代自先秦时期文武分途之后，在近世以前，虽然文官亦有参与军务者，但多处幕府。③ 两宋既鉴于中唐、五代藩镇跋扈，锐意兴文抑武，遂以文官充任地方军队统帅，文官系统相应呈现军事化历史趋势。其具体表现便是所谓安抚使、制置使制度。明朝以武开国，复归中古以前制度脉络，文武分途。仁宣以后文官外巡虽有制约、分割权力含义，但直到正统时期，甘肃、辽东整饬边备、提督文官出现，武将军队指挥权力始在部分军镇开始遭到威胁与挑战。

明中后期，伴随明代复兴文治潮流与文官系统势力扩张，明朝在军事征伐屡次派遣兵部尚书总督军务之外，分别增加各地，尤其九边长城军镇巡抚军事职权，赋予其调动、赏罚军队之令旗、令牌，相应给予其军事作战中之便宜行事、军法从事之权，从而使文官分割、侵占了军事权力，而且进一步居于总兵之上。这一历史变迁可称为巡抚"军事化"。不过与两宋文武关系有所不同的是，明朝一直较为尊重武将与军队之关系，因此虽然在军事指挥、谋议、管理等层面，明中后期文官皆呈现优于武将之地位，但二者并非节制、统属关系。只是在总督制度下，才复归两宋以文统武脉络。但总督并非军镇长官，而是跨区调度之设置。因此，从明代九边

---

① 《明神宗实录》卷二五八，万历二十一年三月己未，第 4790 页。
② 《明神宗实录》卷二五八，万历二十一年三月癸未，第 4801 页。
③ ［韩］金翰奎：《古代东亚细亚幕府体制研究》，首尔—潮阁 1997 年版。

长城军镇整个区域框架而言，属于以文统武。而仅从内部体制而言，大体是以文制武格局，这便是巡抚军事化内涵。

明世宗面对俺答全面威逼明朝九边长城之势，遂开始提升总兵权力，重新赋予其军法从事之权。总兵权力在一度低落之后，再次呈现复兴之势。

> 镇守宣府总兵官白爵奏言："……臣等遥制一镇，累日方闻，至于副、参、游、守贤否去留，主将无举劾之柄，成功失事，主将无诛赏之权，权轻令沮，四也。……欲振此弊，惟命大臣总兵，一切得便宜从事，若先年都御史王越充大将之例，庶其有济。"兵部覆言："国家以武臣镇守总兵，文臣赞理军务，贻谋至远。王越事例，卒难轻议。其副、参、游、守原敕总兵节制，及官军不用命者，法得按诛，振而行之，存乎其人。诸管粮通判等官不职，此抚按之任，宜行申饬。"上曰："该镇边务久弛，即以议示诸臣。抚、镇凡各边将领每遇警报，即禀总镇节制，毋或违慢。官军与贼对，逃及不用命者，许以军法从事，哨探有失，而致贼内犯者，如律论。通判等官凌侮将官，越分生事，令抚按官逮问，从重治之。"①

嘉靖二十一年之后，伴随边疆危机之再次出现，明朝遂进一步赋予九边长城军镇总兵在未临阵之时的军法从事权。兵部"请敕总兵戴廉临期调取，将各兵分布要害，有不奉约束者，许以军法从事"。世宗同意了这一主张。② 嘉靖二十三年，兵部奏请宣府镇遇有来敌，"选愞观望者，许镇巡官以军法从事。诏如议行"③。"庚戌之变"后，大将军仇鸾权力达至高峰。"拜咸宁侯为平虏大将军，诸道兵悉属焉，加赐龙衣、上尊、玉带、千金，得密启封记，其文曰：'朕所重唯卿一人。'"④ "以仇鸾为平虏大将军，节制诸路人马。文官三品以下，武官副总兵以下不用命者，俱许以军

---

① 《明世宗实录》卷二三九，嘉靖十九年七月丙申，第4852—4853页。
② 《明世宗实录》卷二五七，嘉靖二十一年正月癸卯，第5159页。
③ 《明世宗实录》卷二八三，嘉靖二十三年二月戊子，第5498页。
④ 王世贞：《弇州史料前集》卷一八《庚戌始末志》，《四库禁毁书丛刊》，北京出版社2000年版，第4页。

法从事。"① 嘉靖四十二年，为增重蓟州镇总兵权力，规定："但有抗违军令者，即处以军法。"② 而嘉靖时期尽管赋予军镇军法从事权力，但从徐阶奏疏可以看出这一权力使用较少。

> 各边自总兵而下，每临阵不能戮一部卒，而副、参、游、守原受总兵节制，兹与总兵各领兵三千，无异僚寀，如此令安得而行也？合无著为定例，凡领兵官无论总、参、游、守临阵之时，但有部卒退缩者，许即斩首以徇。其领兵官临阵退缩者，把总以下，许总兵及副、参、游亦即斩首以徇，呈总督奏闻。参、游、副总许总兵官取其死罪招由，呈总督奏闻。其间有怀私报复者，听督抚、巡按参究，重置之法。③

阵前军法从事由"监统官"负责。"监统官为各哨军队首领"，因此阵前每哨具体事务皆由监统官完全负责，军法从事相应亦由其执行。"军前一应事务，俱听监统官调度。务要虚心协谋，可否相济，以令所部。若所部内指挥等官有抗违不遵约束，致误事机者，处以军法。"④ 隆庆元年，在阁臣徐阶建议之下，明朝重新全面规范了文武关系。

> 将官与文臣其职固各有专掌，其文移往来，相见礼仪，亦自有成规。近来文臣或凌辱将官，侵夺所职，而将官又或自知职业不修，甘自屈以求客庇，此将权所以日轻，体貌所以日卑也。合无今后加慎总兵之选，总兵既得人，则各营中军千把总、管队等官许其自行举用。参、游、守备等官许其共拟去留，遣谍购间等类公同，许其径从督抚阅支。如事大费多，特为奏请。至于粮草、器械、马匹等或有缺少，及或给发而不堪食用，城堡等或有坍塌，及或修理而不堪，守御并许大小将官，申呈督抚查究处置。总兵见都督，副总、参、游

---

① 《明世宗实录》卷三六四，嘉靖二十九年八月壬午，第6496—6497页。
② 《明世宗实录》卷五二七，嘉靖四十二年十一月甲申，第8599页。
③ 张居正等：《明穆宗实录》卷一四，隆庆元年十一月辛酉，台北"中研院"历史语言研究所1962年版，第385—394页。
④ 张岳、陈圭：《军令》，《天一阁藏明代政书珍本丛刊》，线装书局2010年版，第40—41、53页。

见抚按，自称则呼名，称总督则曰军门，抚按曰本院，不许口称老爷、小的，自损威重。督抚、巡按及兵备、守巡等官，如有仍受各官非公之称，及责望礼节，私通馈遗宴饮者，一体参奏。……上是之。①

在高拱、张居正主持之下，隆庆时期对长城边防锐意改革。隆庆二年，兵部奏："请令督抚兵部官，一切阃外之务，悉听总兵而下，自择进止，不得拘以文法，各官果建奇功，即超格封拜，亦不得指摘小疵，率迩论劾。"穆宗接受了这一建议。② 而戚继光亦获总理蓟州镇职任，得以将抗倭经验移植北方，贯彻军法从事、严厉约束部队。"昔帅不敢行军法，视令旗牌故事耳。标路少遵约束，故节制不举。其以节制闻久矣。至镇，辄军法从事，三军股栗奔走。"③ "如今上初，戚继光在蓟镇，以总兵官加总理，专司训练，并督抚麾下裨将标兵俱属操演调遣，生杀在握，文吏俱仰其鼻息，则江陵公特优假之，非他帅所得比。"④ 由于打破了九边长城旧有常态，遂遭政敌攻击。⑤ 不过在高、张二人力主之下，戚继光得以执行这一权力。

---

① 《明穆宗实录》卷一四，隆庆元年十一月辛酉，第386—393页。

② 《明穆宗实录》卷二四，隆庆二年九月戊辰，第661—663页。

③ 郭造卿：《卢龙塞略》卷一二《传部·镇守名将》，中国史学丛书第三编第三辑影印"国立中央图书馆"藏明万历庚戌新城王象乾刊本，台湾学生书局1987年版，第427页。戚继光"总理"之任，因在九边长城地带并无先例可循，在武将地位低落之时代背景下，最初并无多少威权。"既襄敏出就督府，命总戎督练，四主将兵节制，视督府同。策者谓太阿之柄不假武人，第易总理。于时诸主将不用命，视总理犹寓公。督府言不便状，则又以总兵专任，蓟门即不易衔，而练兵之议寝矣。"汪道昆撰，胡益民、余国庆点校，予致力审订：《太函集》卷五九《明故特光禄大夫少保兼太子太保中军都督府左都督孟诸戚公墓志铭》，黄山书社2004年版，第1232页。"戚尝以练兵受总理之命矣，制称三镇总兵，悉受节制，然卒不能相下，至今徒拥虚名。"兵部左侍郎汪道昆有鉴于此，请求加强戚继光权力。"窃以戚任总兵者凡十年，劳苦而功多，如此或照府臣事例，请加宫保以宠异之。授之事权，必曰'统督蓟保宣大军务'，使得敌体于督府，而令行于各镇总兵。各镇总兵优礼之一如督府，然惟受约束于大司马，而受成于督视大臣。各镇总兵或不用命，大者得以径奏，小者关白督视大臣弹治之，诸道宪臣毋得抗礼。"《太函集》卷八七《辅兵议》，第1803—1804页。

④ 沈德符：《万历野获编》卷二二《督抚·提督军务》，元明史料笔记丛刊，中华书局1959年版，第554页。

⑤ 蓟辽保定总督谭纶奏："军旅之事，务在威严。《书》曰：'不用命，戮于社，予则孥戮汝。'燕赵之人素骄，骤见军法，不无大骇。且去京师近，流言易生，徒令忠智之士掣肘废功，且酿他患。"《明穆宗实录》卷二〇，隆庆二年五月辛亥，第546页。

嘉靖时期曾有将总兵权力提升，与巡抚相侔之意见，但并未实行。"意今日当仿汉唐分任武臣之制，若果得殊才忠廉，如周尚文之徒，即令总兵行巡抚之权，何不可也?"① 不过作为武将系统权位逐渐回升之结果，万历二十年（1592），九边长城出现仿照文官提督的提督总兵官，"命李如松以原官提督陕西军务，充总兵官，着即赴镇"② 。权力较大，类似于挂"大将军印"之征伐总兵。冠以提督之名，以与一般镇守总兵官相区别。提督总兵之出现，并非总兵制度之内部酝酿。尹耕将其比附于明前期大将军巡守制度。"镇朔大将军阳武侯薛禄来行障塞。……此时已置总兵，禄来非镇守也。因事而来，事已则罢，以其重臣，有事我土也。纪或曰将军加大，位镇守上，如近年武臣提督者。败虏不书，微也，不足以增重大将。"③ 但明中后期，地方统军之权已由武将转移至文官、内官系统，武将系统只是充作阵前之将而已。因此提督总兵实为借鉴文官提督制度所形成，权位甚重，最初甚至不愿屈居总督之下。

> （万历）二十年，哱拜反宁夏，御史梅国桢荐如松大将才，其弟如梅、如樟并年少英杰，宜令讨贼。乃命如松为提督陕西讨逆军务总兵官，即以国桢监之。武臣有提督，自如松始也。已命尽统辽东、宣府、大同、山西诸道援军。六月抵宁夏。如松以权任既重，不欲受总督制，事辄专行。兵科许弘纲等以为非制，尚书石星亦言如松敕书受督臣节度，不得自专，帝乃下诏申饬。④

李如松虽然在朝廷命令之下，听命总督节制，但管辖地域与总督相同。"以提督陕西讨逆军务总兵官李如松充提督蓟辽、保定、山东等处防海御倭总兵官。"⑤ 提督总兵从而仍保持与其大体平等之地位。

> 会朝鲜倭患棘，诏如松提督蓟辽、保定、山东诸军，克期东征。

---

① 胡直：《太虚轩稿·答奕侍御》，载张昭炜编校《胡直集》，上海古籍出版社 2015 年版，第 857 页。
② 《明神宗实录》卷二四七，万历二十年四月甲辰，第 4602 页。
③ 《两镇三关志》卷三。
④ 《明史》卷二三八《李如松传》，第 6192 页。
⑤ 《明神宗实录》卷二五三，万历二十年十月壬寅，第 4711 页。

弟如柏、如梅并率师援剿。如松新立功，气益骄，与经略宋应昌不相下。故事，大帅初见督师，甲胄庭谒，出易冠带，始加礼貌。如松用监司谒督抚仪，素服侧坐而已。①

李如松既对总督有颉颃之势，对于其下级官员更是心存忽视，而袁黄由于监军职责在身，便与李如松发生了严重冲突。

> （袁黄）擢兵部职方主事。倭躏朝鲜，经略宋应昌疏请黄赞画军前，访求奇士，得山阴冯仲缨、吴人金相置幕下。提督李如松以封贡给倭，提精兵袭平壤，所部兵割高丽人首以献功，黄面数如松以袭封杀降之罪。如松大恨。如松旋大败于碧蹄馆，黄乃告应昌，遣冯仲缨往说酋清正，约盟解兵。事垂成，而如松以十罪列黄，黄遂中察典免归，家居十余年，卒年七十四。②

关于此事，《松陵文献》有更为详细的记载。

> 擢兵部职方司郎中，赞画东事。访求奇士，得山阴冯仲缨、吴人金相，置幕下。是时，倭酋行长已渡大同江，绕出平壤西界。朝廷所遣辩士沈惟敬三入倭营，议封贡，罢兵。行长许之，使小西飞等来，与大将军李如松约，以明年正月入平壤，受册退师。黄以问仲缨曰："倭请封信乎？"曰："信。""东事可竣乎？"曰："未也。"黄问何谓也？仲缨曰："平秀吉初立，国内未附，行长关白之嬖人，欲假宠于我以自固，故曰信也。如松恃宠桀骜，新有宁夏功，加提督为总兵官，本朝未有也。彼肯令一游士，掉三寸舌，成东封之绩，而束甲以还乎？彼必诈。唯敬借封，期以袭平壤，袭而不克，则败；军袭而克，则败封，故曰东事未可竣也。"相曰："袭平壤必克，克而骄，必大败，败封与败军，两有之。"黄曰："善！"正月如松果袭平壤，入之，所部辽兵割丽人首以献功，黄面数如松以袭封杀降之罪。如松大恨，与赞画郎中刘黄裳比，而媒孽其短。会如松乘胜进取王京，遇伏

---

① 《明史》卷二三八《李如松传》，第 6193 页。
② 同治《苏州府志》卷一○五《袁黄传》。

大败于碧蹄馆，退保开城。而倭酋行长据龙山，清正自咸镜趋截鸭绿江。经略宋应昌时驻定州，前后皆阻倭，计无所出，冯仲缨言于黄曰："师老矣，退又不可。清正狡而悍，藐行长而贰于关白，愿与金相偕，使可撼而间也。"黄以告应昌，应昌乃遣仲缨往。清正盛军容迎之，仲缨立马，大言曰："诸酋恃强，不知天朝法度，汝故主源道义受天朝封二百余年，汝辈世世陪臣也。汝敢慢天朝，忍遂忘故主乎？"清正者，萨摩君之弟，为平秀吉所畏，故仲缨以故王动之。清正啮指曰："唯唯！"仲缨就帐宣言曰："汝巨州名将故主之介弟，今破王京者，行长也，议封典者，行长也。彼以一弄臣，俨然主封贡，挟天朝以为重，而汝雄踞海滨，自甘牛后，心窃耻之。且持此安归乎？今与我定约，急还王子、陪臣，退兵决封贡，勿令册封盛典出自弄臣，此亦千古之一时也。"清正手额曰："请奉教！"解所著团花战袍与仲缨，歃血约盟，令王子、陪臣谒仲缨，叩头谢订期。归国即日，自王京解兵而东。仲缨之往也，金相度黄裳辈内忌之，必且以通倭坐仲缨为中黄地。于是，率健卒二千人，分伏南山观音洞，邀其归师，杀倭九十余，生禽其将叶实。仲缨归，黄裳果以通倭为言，仲缨取相所斩倭级示之，且分遗其幕客乃止。而如松以十罪列黄，黄遂中察典免，仲缨、相亦坐废。①

结　语

袁黄虽在江浙浓厚的学术氛围下，生发出挽救晚明时代危局的经世意识，拥有治国济世的多种才干与能力，但由于晚明制度积弊已深，袁黄在科举道路、政治道路、军事道路中，都举步维艰，虽然在兵部职方司、宝坻县与朝鲜之役中，都发挥了相当重要的作用，但并未充分施展自身的才华。而返乡之后的袁黄，却借助自身的学术能力，在讲授学术、发展慈善方面，做出了令世人瞩目的贡献。总之，袁黄才华与功名之间的巨大落

---

① 《松陵文献》卷六《人物志六·袁黄》。

差，与其自身坎坷而艰难的人生经历，实为晚明国家步入时代危局、救治乏术的一种曲折反映。而其在乡间的成功却反映出晚明社会仍具有相当的活力。但这种活力却无法挽救国家层面的全面溃败，这反映出决定明代中国历史道路的，仍是政治力量，而非社会发展。

（作者单位：中国社会科学院古代史研究所）

学术思想

MINGSHIYANJIULUNCONG

（DI SHIQI JI）

徐阶对阳明学的认识[*]

何威萱

一　前言

　　提到徐阶（字子升，号少湖，又号存斋，卒谥文贞，1503—1583），大部分人对他的第一印象是明代嘉、隆年间的内阁首辅，是扳倒权臣严嵩（1480—1567）、推行吏治革新的重要人物，同时也是万历初年著名首辅张居正（1525—1582）的恩师。一般情况下，徐阶是以一名政治人物出现在人们的视阈之中，惟有熟悉明代学术发展者，才会稍微注意到，他曾经在京师的灵济宫举办数次盛大的阳明（王守仁，1472—1529）学讲会，与当时盛行的阳明心学有所渊源，并为黄宗羲（1610—1695）归入《明儒学案》之"南中王门学案"。然而，由于徐阶并非王阳明直接的入室弟子，也没有专门的学术论著或独到的心学理论传世，因此传统上在讨论明代学术史时，往往忽略他的存在。[①]

　　* 本文初稿原以"略论徐阶与阳明学"为题，宣读于北京师范大学历史学院、北京师范大学史学理论和史学史研究中心、中国社会科学院历史研究所、香港理工大学中国文化学系共同主办之"第九届中国古文献与传统文化国际学术研讨会"（北京，2018 年 10 月 13 日）。本文为台湾科技主管部门专题研究计划"徐阶的学术思想及其政学理念研究"（MOST 106 - 2410 - H - 155 - 032）之部分研究成果，承蒙该部门惠予经费支持，撰写期间得到南京师范大学古文献研究所江庆柏教授、南京图书馆国学馆韩超先生、中山大学（广州）历史学系刘勇教授、中山大学（珠海）历史学系黄圣修教授，以及元智大学中国语文学系硕士研究生黄定扬同学的鼎力协助，特此致谢。

　　① 目前关于徐阶学术思想的研究，参见苏锦玉《徐阶的政术与学术》（新竹清华大学历史研究所硕士学位论文，1996 年，朱鸿林教授指导），第 90—104 页；陈时龙《明代中晚期讲学运动（1522—1626）》（复旦大学出版社 2005 年版），第 101—111 页。John Dardess 近来撰有关于徐阶的专著，当中亦部分涉及徐阶的思想，且有较细致的析论；比较不同的是，Dardess 认为徐阶直到晚年仍不能真正理解阳明学，也从来不是一个真正的王门学者。见 John W. Dardess, *A Political Life in Ming China: A Grand Secretary and His Times* (Lanham: Rowman & Littlefield, 2013), pp. 2 - 39。不过 Dardess 对徐阶的分析均来自徐阶早年的《少湖先生文集》和《世经堂集》，并未引述晚年的《世经堂续集》，他坦言未能得见此书（p. 201）。

事实上，阳明心学之所以能在明代中后期掀起浩大的声势，除了阳明后学流派纷呈各持宗旨，将良知学理从各个方面发挥至极之外，王阳明身故之后名誉之恢复及其政治地位的抬升，也是极为巨大的推力。在这方面，徐阶的贡献至关重要，他积极地为阳明的负面官方评价平反，并勉力推动阳明从祀孔庙，加上以首辅之尊大会阳明后学于灵济宫，这些都是促成阳明学盛极一时的重要外部因素。徐阶不讳言，他所遭到政敌的抨击，很大一部分原因是他与阳明学之间的紧密联系：

> 言者谓仆以伪学之故，私于文成，滥畀伯爵；又谓仆自为己地，谬推文成从祀孔庭。①

可见当时的人们都清楚看到徐阶推广阳明学的付出与努力，甚至视之为王门中人。即便如此，他还是不畏诋毁，利用其权势毅然扛起在朝中表彰阳明的重责大任，足见其对阳明学的信服与推崇。这也告诉我们，当回顾明代隆、万年间的阳明学发展时，徐阶的角色与作用绝不可草草带过。

虽然徐阶不以理学学理名世，但他既然以阳明后学自居，并透过种种实际行动具体影响官方对王阳明的定位，则吾人应当深加剖析其对阳明学的认识与诠解，方能理解支撑其所作所为的信念；更有机会在此基础上，进一步看到阳明心学如何进入政府高层，影响政府的决策与学风走向，及其在政学之间面临和尝试解决的问题。有鉴于此，本文将分为两部分，一方面考察徐阶对王阳明的认识与定位，并归结他推广王学之举措；另一方面在有限的资料中，深入探讨他对阳明学术概念的理解与诠释。值得一提的是，从前有关徐阶的研究，多仅参考其中年以前的《少湖先生文集》和《世经堂集》，视野有所局限；笔者则亲赴南京图书馆，抄阅收录其晚年作品的《世经堂续集》（南京图书馆所藏为完整的十四卷本），并纳为讨论材料。后者流传不广，且罕见学者征引，相信有助于吾人更完整地认识徐阶

---

① 徐阶：《世经堂续集》卷一一《复王凤洲宪伯》，南京图书馆藏明万历徐肇惠刻本，叶 18 下。徐阶复云："仆闻道本晚，进修又不力，徒以曾赞成新建之封，遂获滥名伪学。"见同卷《与魏敬吾太仆》，叶 20 下。

的整体学说思想。①

二　徐阶对王阳明的评价，及其推挹王学的具体行动

虽然王阳明于嘉靖七年十一月去世时，徐阶已二十六岁，但他始终没有与阳明相见问学的机会。正如他在《阳明先生文录续编序》中所说："某生晚，不及登先生之门，然昔孟子自谓于孔子为私淑，至其自任闲先圣之道以承孔子"②，因此徐阶虽被视为王门后学之一，并且见收于《明儒学案》之"南中王门学案"，其学术却是经由与阳明弟子如聂豹（双江，1486—1563）、欧阳德（南野，1496—1554）、邹守益（东廓，1491—1562）、罗洪先（念庵，1504—1564）、钱德洪（绪山，1496—1574）、王畿（龙溪，1498—1583）等人的交往私淑而来。③

徐阶开始对阳明学进行有系统的学习，是在结识欧阳德之后开始的。④徐阶如是自述其涉猎阳明学的经历：

> 阶生晚，不及登（阳明）先生门。曩在京师，获从先生帅南赣时高第弟子南野太史游，闻所谓"致良知"者，退以证诸《传习录》及先生所为诗若文，恍然悟夫良知在我，而其要在乎能致。⑤

欧阳德是阳明的得意弟子之一，阳明不但呼其为"小秀才"，更让他

---

①　笔者管见所及，目前关于徐阶的研究中，仅姜德成《徐阶与嘉隆政治》（天津古籍出版社 2002 年版）一书有利用《世经堂续集》，但所涉及的领域多与学术思想无关。

②　徐阶：《世经堂续集》卷二《阳明先生文录续编序》，叶 13 上。

③　"阳明先生奋起其间，倡良知之说，……予又幸从双江先生，尽交东廓、南野、念庵诸君子，获闻其绪论""某尝从洪甫、汝中，窃闻先生之学矣。"见徐阶《世经堂续集》卷二《封翰林检讨易庵习公暨配刘孺人序》，叶 47 下—48 上、卷二《阳明先生文录续编序》，叶 11 下。关于徐阶与聂豹、欧阳德、王畿等人的学术渊源，笔者将另撰专文讨论之。

④　学者或认为徐阶之接触阳明学始于早年与聂豹的师生关系，笔者对此不甚认同，将另撰专文讨论之。

⑤　徐阶：《世经堂集》卷一一《明故太子少保礼部尚书兼翰林院学士文庄欧阳公神道碑铭》，《四库全书存目丛书》，台南庄严文化事业有限公司 1995—1997 年版，影印明万历徐氏刻本，集部第 80 册，第 19 页。

代替自己先行指导前来问学的新生。① 因此徐阶虽与欧阳德同为嘉靖二年（1523）进士，却颇为重视欧阳德对良知学的阐释，由之引发对阳明学说的兴趣，并进一步取《传习录》研读，从此踏入身心修养之学一途。②

在认识良知学后，徐阶对于阳明学说在中国学术思想发展史中的地位给予极高的评价：

> 予以为自孔孟没，正学不传，阳明先生出，始一祛卑陋支离之弊。③

> 孔孟既没，正学失传，或失则俗，或失则禅。伟哉阳明，妙悟卓识，发挥良知，昭示轨则。④

他认为自孔孟而下，学术晦暗不明，正学的传承已然中断，直到阳明出现，才一扫卑陋支离之俗学与禅风，以良知学说重现孔孟之精髓。他晚年对此有进一步的分析：

> 自孔子没，《大学》格致之旨晦，其在俗儒，率外心以求知，终其身泊于见闻记诵；而高明之士又率慕径约、贵自然，沦入于二氏而不自觉。先生崛起千载之后，毅然以谓："致知者，致吾心之良知也，吾心之良知不待虑而知，不待学而能，是乃天命之性，吾心灵昭明觉之本体也……"盖先生之学不泊于俗，亦不入于空如此。于时闻者幸知口耳之可耻……⑤

---

① 黄宗羲：《明儒学案》卷一七《江右王门学案二·文庄欧阳南野先生德》，中华书局 2008 年版，第 357 页；聂豹：《聂豹集》卷六《资善大夫礼部尚书兼翰林院学士赠太子少保谥文庄南野欧阳公墓志铭》，凤凰出版社 2007 年版，第 157 页。

② "予往岁不知学，得欧南野同年为予解'学'字明白，始日从事身心之功。"参见徐阶《少湖先生文集》卷六《示杨生清》，《四库全书存目丛书》，集部第 80 册，影印明嘉靖三十六年（1557）宿应麟刻本，第 297 页。按：《世经堂集》的《示杨生清》中删去此段文字，参见徐阶《世经堂集》卷二一《示杨生清》，《四库全书存目丛书》，集部第 81 册，第 60 页。

③ 徐阶：《世经堂集》卷一九《明故南京国子监祭酒赠礼部右侍郎谥文庄邹公神道碑铭》，《四库全书存目丛书》，集部第 81 册，第 27 页。

④ 徐阶：《世经堂集》卷二一《祭太保双江聂公文》，《四库全书存目丛书》，集部第 81 册，第 55 页。

⑤ 徐阶：《世经堂续集》卷二《阳明先生文录续编序》，叶 11 下—12 上。

徐阶所谓"孔孟既没，正学失传，或失则俗，或失则禅"，指的是两种学术倾向，一是"自朱子殁，学者溺于训诂词章"这种已经脱离修身践履、但求举业功名的问学方式①，另一则是宋代以降理学家素来抨击的释、道二氏之学。他认为这两种学术都无法体现理学"淑其身""教诸人"的理想②，直到王阳明始能直指吾心之良知本体，为身心性命之学找到"不落空虚，不假外索"的根源③，赓续《大学》的精神，故其叹道："自阳明先生倡致良知之说，学者始知舍闻见而求知于心。"④ 可见徐阶虽尝以"孔、孟、程、朱"并举，⑤ 早年撰《学则》时亦曾将朱、陆高抬，⑥ 但在其道统论述中，阳明显然越过朱子，直承孔孟，成为孔孟正学的唯一传人。尤有进者，徐阶认为阳明之"不汩于俗，亦不入于空"，不单纯是建立一套学说体系，更重要的是在政事上有所发挥，而其最大的成就在于正德十四年（1519）奉命平定宁王朱宸濠之乱：

> 今世士大夫高者谈玄理，其次为柔愿，下者直以贪黩奔竞，谋自利其身。有一人焉（按指阳明）出死力为国家平定大乱，……有功于名教，……于此见儒者之作用矣！⑦

良知不但有裨于个人身心修养，更能成为安定天下的利器，阳明在危局之中能克服各种内在、外在的威胁与限制，最终戡定叛乱，全赖良知做

---

① 徐阶：《世经堂续集》卷二《考亭渊源录序》，叶4上。

② 徐阶：《世经堂集》卷一四《严州三先生祠记》，《四库全书存目丛书》，集部第80册，第664页。

③ 徐阶：《少湖先生文集》卷五《寄程松溪太史》，《四库全书存目丛书》，集部第80册，第291页。

④ 徐阶：《世经堂集》卷一八《明故左春坊左赞善兼翰林院修撰赠奉议大夫光禄寺少卿谥文恭念庵罗公墓志铭》，《四库全书存目丛书》，集部第80册，第761页。

⑤ 徐阶：《世经堂续集》卷一二《与徐鲁源大参》，叶88下。

⑥ "精一博约之传，自子思、孟子没而遂绝矣。周衰迄于宋季千有余年，晦庵、象山两夫子出，……盖两夫子之学同出于一，而精一博约之传绝而复续者，实在于此。"见徐阶《少湖先生文集》卷六《示杨生清》，《四库全书存目丛书》，集部第80册，第238页。按：《学则》撰作年代不详，而《少湖先生文集》所收为嘉靖十三年（1534，32岁）以前之文字，故《学则》之作必早于斯。

⑦ 徐阶：《世经堂集》卷一四《阳明先生画像记》，《四库全书存目丛书》，集部第80册，第648页。

主。这是良知作用的极致，也是儒学最高的成就。因此徐阶对于良知学怀有极高的期许："心之良知无所不照，达之天下亦无所不通……举夫知之所是，措诸事为，何所不当？施诸士民，何所不格？"①

正因为深服阳明之学问与成就，徐阶利用其官职之便，积极推动数事：

第一，徐阶于嘉靖十五年（1536）任浙江提学佥事时，参与并负责重修由阳明弟子薛侃（1486—1545）设立的天真书院；② 嘉靖十八年（1539）督学江右时，不但在洪都（南昌）建一"仰止祠"，"像文成而祀焉"③，更"遴选诸生之俊茂者，乐群其中，名曰'龙沙会'，公课艺暇，每以心得开示诸生"④。此外，徐阶也延请邹守益前来贡院讲学，欲诸生能在认识"良知本体原与尧舜无异"的基础上"反观内照，直求本体"，并能兢业保任之。⑤ 可见徐阶对于在地方上推展阳明学极富热情，也有具体成果。

第二，徐阶入阁枋国期间，于京师灵济宫举办数次盛大的讲会：

> 京师灵济宫讲学之会，莫盛于癸丑（嘉靖三十二年，1553）、甲寅（嘉靖三十三年，1554）间，盖当是时大学士徐阶、礼部尚书欧阳

---

① 徐阶：《世经堂续集》卷一一《与万心原侍御》，叶53上。

② 王守仁：《王阳明全集》卷三六《年谱附录一》，上海古籍出版社2006年版，第1328、1332页；黄绾：《黄绾集》卷一四《天真书院田记》，上海古籍出版社2014年版，第277—278页。

③ 王守仁：《王阳明全集》卷三六《年谱附录一》，第1334页；王世贞：《弇州山人续稿》卷一三六《明特进光禄大夫柱国少师兼太子太师吏部尚书建极殿大学士赠太师谥文贞存斋徐公行状·上》，台北文海出版社1970年影印明崇祯间刊本，第6252页（以下简称《徐公行状》）；另参见徐阶《世经堂集》卷二一《江西会城阳明先生祠新成释奠文》《阳明先生祠时祭祝文》，《四库全书存目丛书》，集部第81册，第50页。按：据邹守益载，徐阶于嘉靖丙申（十五年，1536）曾于江右为阳明建一"怀德祠"，"前为门，次为宾座，中奉神主，次为讲堂，后为楼"，然嘉靖十五年徐阶尚督学于浙江，十六年始改督学于江右，时间点存疑问；此"怀德祠"与"仰止祠"是一是二？亦容再考。见邹守益《邹守益集》卷七《怀德祠记》，凤凰出版社2007年版，第387页。

④ 李春芳：《贻安堂集》卷三《重修阳明先生祠堂记》，《四库全书存目丛书》，影印明万历十七年（1589）李戴刻本，第113册，第80页。另参魏良弼《太常少卿魏水洲先生文集》卷四《重修阳明王先生祠记》，《四库全书存目丛书》，影印北京大学图书馆藏明万历三十五年（1607）熊剑化徐良彦刻本，第85册，第58页；陈时龙《明代中晚期讲学运动（1522—1626）》，第104—105页。Dardess谓徐阶在浙江、江西期间没有主持任何讲学活动，显然有误。见John W. Dardess, *A Political Life in Ming China：A Grand Secretary and His Times*, p. 14。

⑤ 徐阶：《世经堂集》卷一九《明故南京国子监祭酒赠礼部右侍郎谥文庄邹公神道碑铭》，《四库全书存目丛书》，集部第81册，第26页。

德、兵部尚书聂豹、吏部侍郎程文德主会，皆有气势，缙绅可扳附得显官，故学徒云集至千人。①

从前阳明后学的讲学活动虽亦繁盛，但多于地方举办；此灵济宫之会不但广邀各方名家荟萃于京师，更由位极人臣的辅相徐阶亲自主持，堪称最高级别的学术会议，故黄宗羲誉之为"为自来未有之盛"②，《明史》甚至将之与王阳明的讲学活动相提并论，称："正、嘉之际，王守仁聚徒于军旅之中，徐阶讲学于端揆之日，流风所被，倾动朝野！"③嘉靖四十四年（1565），时已扳倒严嵩成为内阁首辅的徐阶再次召开灵济宫大会，虽然此次由于直庐不克亲临会场，却亲撰《教言》一篇裁示会中之学术议论。④灵济宫讲会由于太过盛大，龙蛇杂处，因此该讲会乃至于徐阶本人都受到后人的严厉批评，学者甚至以为张居正于万历七年（1579）下令禁毁天下书院之举，与此不无干系。⑤徐阶并非不知讲学活动在社会上造成的弊病，但他认为"一切诋而禁之"是"愚凡小人作事"，"不过可供识者一笑耳"，只能暂时遏制其流衍，无法根除病灶，是以应当从根本上"转移化导"之，使"贤者喻德于众，使知其当然；宣誉于下，使知其所以然，然

---

① 徐学谟：《世庙识余录》卷二一，《续修四库全书》，上海古籍出版社 1995 年影印明徐兆稷活字印本，第 433 册，第 646 页。灵济宫原在福建，祀南唐徐知海、徐知谔兄弟，"礼部郎周讷自福建还，言闽人祀南唐徐知谔、知海，其神最灵。帝（按：明成祖）命往迎其像及庙祝以来，遂建灵济宫于都城，祀之。帝每遘疾，辄遣使问神"。见张廷玉等撰《明史》卷二九九《袁忠彻传》，第 7644 页。

② 黄宗羲：《明儒学案》卷二七《南中王门学案三·文贞徐存斋先生阶》，第 617 页。徐阶举办的灵济宫讲会中，存在是否曾邀请争议人物颜钧与会的疑问，颜氏《自传》云其曾于嘉靖三十五年（1556）受邀主会，吴震认为与黄宗羲所载不符，似有问题；柳存仁肯定此事，并认为"这里可见徐阶在行动上和泰州一派学人们之间的脉络"；陈时龙则认为此事似真，"黄宗羲不言颜钧之主讲，盖亦厌颜钧之无忌惮"。见颜钧《颜钧集》卷三《自传》，中国社会科学出版社 1996 年版，第 26 页；吴震《明代知识界讲学活动系年：1522—1602》，学林出版社 2004 年版，第 214 页；柳存仁《夏言·严嵩·徐阶》，《岭南学报》新第 1 期（1999 年），第 371 页；陈时龙《明代中晚期讲学运动（1522—1626）》，第 107 页。

③ 张廷玉等撰：《明史》卷二三一《顾宪成传·赞》，第 6053 页。

④ 王畿：《王畿集》卷一五《跋徐存斋师相教言》，凤凰出版社 2007 年版，第 412 页；李春芳：《贻安堂集》卷五《存斋先生教言序》，《四库全书存目丛书》，第 113 册，第 126 页；陈时龙：《明代中晚期讲学运动（1522—1626）》，第 106—109 页。

⑤ 参见韦庆远《张居正和明代中后期政局》，广东高等教育出版社 1999 年版，第 278—280 页；陈时龙《明代中晚期讲学运动（1522—1626）》，第 110 页。关于后人对徐阶的批评，参陈书第 109—110 页。

后人心安而国是定"，如此反而能顺势成为化育天下之助。① 这或是徐阶愿意投身王门讲会的重要考虑。无论如何，徐阶以首辅之尊提倡阳明学，将阳明学讲学活动推向高潮，② 也使阳明学相关内容迅速渗透至科举中，打破了明代长期以来以朱学为科举唯一答题范本的局面，③ 这些成就在阳明学的发展史上值得重重记下一笔。

第三，虽然徐阶未及亲炙阳明，也不曾如聂豹于阳明去世后拜入王门追认为弟子，但他在结识阳明后学之后，不但时时要求家人"《传习录》、《文录》须时读一过"④，更十分留心阳明著作的出版。例如他早年曾与阳明弟子王玑（在庵，1487—1563）策划"取阳明先生《传习录》，择其精要，别为一编，以示后学"，惜未能蒇事。⑤ 嘉靖四十五年（1566），钱德洪将阳明之《大学问》《五经臆说》及其他文字汇编成《阳明先生文录续编》刊行，徐阶获邀为之撰序，据徐阶序文所引钱氏文字，徐阶对于《续编》的刊行亦有所贡献。⑥ 隆庆六年（1572）与万历元年（1573），主管南直隶学政的谢廷杰（？—1588）分别刊行杭州本、应天本《王文成公全

①　徐阶：《世经堂集》卷一二《送文选钝轩周君出判河间序》，《四库全书存目丛书》，集部第80册，第591页；徐阶：《世经堂续集》卷一一《复徐龙冈宪副》，叶25下—26上；卷一二《与张元洲太宰》，叶17下—18上。

②　"'灵济宫大会'自嘉靖二十年代以来，曾多次举行，主持者多为阳明弟子，可以说该会是王门讲学运动达至高潮的一大标志，其有赖于徐阶之力为多。"见吴震《明代知识界讲学活动系年，1522—1602》，第267页。

③　顾炎武拊出："嘉靖中，姚江之书虽盛行于世，而士子举业尚谨守程朱，无敢以禅窜者。自兴化（李春芳）、华亭（徐阶）两执政尊王氏学，于是隆庆戊辰（二年，1568），《论语》程义首开宗门（原注：破题见下。是年主考李春芳，兴化县人），此后浸淫无所底止，科试文士大半剿窃王氏门人之言，阴诋程朱。"王夫之进一步说明："良知之说充塞天下，人以读书穷理为戒。故隆庆戊辰会试，'知之为知之不知为不知'文，以不用《集注》，缘此而求之一转。取士教不先而率不谨，人士皆束书不观；无可见长，则以撮弄字句为巧，娇吟謇吃，耻笑俱忘。"见顾炎武《原抄本日知录》卷二〇《举业》，台南唯一书业中心1975年版，第532页；王夫之《姜斋诗话》卷二《夕堂永日绪论·外编》，中华书局2001年版，第173—174页。

④　徐阶：《少湖先生文集》卷五《与子明弟》，《四库全书存目丛书》，集部第80册，第291页。

⑤　徐阶：《世经堂集》卷一六《送王在庵少参》，《四库全书存目丛书》，集部第81册，第173页。

⑥　徐阶：《世经堂续集》卷二《阳明先生文录续编序》，叶11下—13上；卷六《刑部陕西司员外郎绪山钱君墓表》，叶7上；卷一一《复钱绪山》，叶14下—15上。

书》，以为阳明从祀孔庙之助，徐阶再次受邀撰序。① 虽然撰写序文并不代表参与作品的编辑，但凭着徐阶的地位与知名度，对于著作的传布定有裨益。此外，徐阶也鼓励王畿，应当努力回忆阳明对经学的讲述，将之"逐条写出"，以扩大阳明在学术界的影响。② 凡此种种，均显示徐阶在传播阳明著作一事上的努力。

第四，徐阶在朝中运筹帷幄，间接促成万历十二年（1584）王阳明从祀孔庙，俾阳明学跻身国家正统学术之列。孔庙从祀不仅是儒者个人荣誉，更涉及国家正统学术观的确立，故阳明后学积极为乃师争取之。徐阶年轻时即留心孔庙从祀问题，在嘉靖九年（1530）由首辅张璁（1475—1539）主持的孔庙祀典大规模革新中，唯一勇于公开发出反对之声者，即初蹈官场、时任翰林院编修的徐阶。③ 徐疏上呈后，不但使明世宗大怒，更激发世宗亲撰《正孔子祀典说》与《正孔子祀典申记》二文支持张璁的提案，措辞激烈地斥詈徐阶的"悖逆"。④

学者已经指出，由于阳明去世后受到政敌攻击，一切恤典名誉均遭拔除，因此阳明入祀孔庙之前途布满荆棘，即便徐阶担任首辅期间，亦难成就此事。⑤ 但事实上，徐阶明白表示："阳明老先生祀典，此仆一件未了公案"⑥，他始终将从祀阳明视为自己的责任，因此他陆续透过以下数事，间

① 徐阶：《世经堂续集》卷二《王文成公全书序》，叶 20 下—22 上；卷一一《复钱绪山》，叶 14 下—15 上。朱鸿林对杭州本、应天本的正确刊刻时间有所考证，并认为徐阶之序虽收于应天本，但原先实为杭州本而撰。详见朱鸿林《〈王文成公全书〉刊行与王阳明从祀争议的意义》，《孔庙从祀与乡约》，生活·读书·新知三联书店 2015 年版，第 133—140 页。

② 徐阶：《世经堂续集》卷一一《复王龙溪》，叶 27 上—27 下。

③ 王世贞：《弇州山人续稿》卷一三六《徐公行状·上》，第 6246—6247 页。

④ 参黄进兴《道统与治统之间：从明嘉靖九年（1530）孔庙改制论皇权与祭祀礼仪》，《优入圣域：权力、信仰与正当性》，中华书局 2010 年版，第 130 页；见张居正等纂《明世宗实录》卷一一九，嘉靖九年十一月癸巳，台北"中研院"历史语言研究所 1962 年版，第 2824—2826 页。世宗于《正孔子祀典申记》中直接点名徐阶怒斥道："朕又惟天子不可与匹夫相争辨，斯世斯时却不得不辨也，所命议正孔子之祀典，方命下，翰林编修徐阶倡逆论云云者，且引分祀为言，其心之固恶可知！……阶也用心如（霍）韬，而言甚切而奸也，悦词和言，不激不迫，甚矣，佞哉斯人也！翰林可用这等人邪？"见张居正等纂《明世宗宝训》卷五《正祀典下》，台北"中研院"历史语言研究所校印本 1962 年版，第 398—400 页。关于嘉靖九年张璁改制孔庙的考虑及意义，参拙文《明中叶孔庙祀典嬗变的理论基础：程敏政的〈奏考正祀典〉及与张璁孔庙改制观的异同》，《清华学报》2007 年第 1 期，第 45—84 页。

⑤ 朱鸿林：《〈王文成公全书〉刊行与王阳明从祀争议的意义》，第 127 页。

⑥ 徐阶：《世经堂续集》卷一一《复王龙溪》，叶 14 下。

接为从祀阳明一事铺路：嘉靖十九年（1540），时任司经局洗马兼翰林院侍读的徐阶参与了轰动一时的薛瑄（1389—1464）从祀议案，以阳明后学的身份立场鲜明支持程朱，但部分思想却可视为阳明先声的明初大儒薛瑄入祀孔庙，可谓为阳明从祀投石问路；① 隆庆元年（1567）四月，在时任首辅的徐阶主导下，穆宗下诏"追赠故新建伯南京兵部尚书王守仁为新建侯，谥文成"②，这是自嘉靖八年（1529）世宗以"守仁放言自肆，诋毁先儒，号召门徒，声附虚和，用诈任情，坏人心术，近年士子传习邪说皆其倡导……所封伯爵本当追夺，但系先朝信令，姑与终身，其殁后恤典俱不准给。都察院仍榜谕天下，敢有踵袭邪说，果于非圣者，重治不饶"的负面评价给阳明"定罪"以来，影响最深远的平反之举，为尔后阳明的入祀孔庙扫清了最大的阻碍；③ 前文提到，徐阶于隆庆六年为谢廷杰刊刻的《王文成公全书》作序，此书的刊刻实与当时一连串请祀阳明的活动有直接关系（谢氏本人于万历元年亦曾上奏请祀阳明）；④ 甚至到了张居正秉政时期，他还试图利用昔日的师生之情，写信拜托张氏促成阳明从祀：

> 兹启浙江谢大巡（按：即谢廷杰）有疏，为阳明先生乞从祀。窃惟先生之学公所素知，又忆往年文成之谥出公裁定，从祀之举似亦待公而成。⑤

今张居正文集中未见相关回信，但从徐阶后来写给钱德洪的书信中，

---

① 当时参与讨论的重要官员至少有近三十位，其规模在明代从祀议案中并不多见。见张居正等纂《明世宗实录》卷二三五，嘉靖十九年三月庚子，第4806页。关于薛瑄的从祀始末，参许齐雄著、叶诗诗译《北辙：薛瑄与河东学派》，浙江大学出版社2015年版，第115—153页。又，邹守益已看出徐阶参与薛瑄从祀之议，背后的目的是"欲疏白沙及公（按：指阳明）以升庙庭之列"。见邹守益《邹守益集》卷七《怀德祠记》，第388页。

② 张居正等纂：《明穆宗实录》卷七，隆庆元年四月甲寅条，台北"中研院"历史语言研究所1962年校印本，第218页。王畿也指出，王阳明被夺爵后之所以能够"烨然复表于世"，是徐阶大力运作的结果。见王畿《王畿集》卷一五《先师画像记后语》，凤凰出版社2007年版，第410页。

③ 参见杨正显《王阳明〈年谱〉与从祀孔庙之研究》，《汉学研究》2011年第1期，第156—157页；秦博《论王守仁新建伯爵位册封、停袭、复嗣之始末》，《明史研究论丛》第16辑，2017年12月，第70—103页。世宗语见张居正等纂《明世宗实录》卷九八，嘉靖八年二月甲戌，第2299—2300页。

④ 朱鸿林：《〈王文成公全书〉刊行与王阳明从祀争议的意义》，第133—142页。

⑤ 徐阶：《世经堂续集》卷一一《与张太岳相公》，叶31下。

透露张居正是有意襄助的：

> 从祀事近得张相公报书，似可望就，此天佑斯文，默有以主持其间，非仆之言足取重也。望转告龙溪兄，慰其惓惓。①

据此，张居正应曾给予徐阶相当正面的答复，否则徐阶不会如此欣喜地通报钱德洪与王畿。当然，吾人均知此事最终仍未成功，② 但若非徐阶长期以来的一连串间接推动，阳明恐怕难于十余年后顺利侑食文庙。徐阶在写予钱德洪的书信中曾说：

> 《阳明先生全集》之刻，从祀之请，此皆后死者责所不得辞，承谓仆有微劳于其间，不敢当，不敢当。③

可见徐阶在推动阳明从祀一事上的作为，已获得阳明后学的认可与赞赏。

要之，徐阶极为推崇王阳明的学术，认为是直承孔孟之正学；他更看重阳明的事功表现，视之为儒者的典范。正如其所云："若专以退为高，恐非孔孟出处之义"④，因此虽然阳明去世以后，其政治名声遭到官方刻意压制，但徐阶并不会为了谋取官位，一味摆出与官方一致的立场而贬低阳明；相反地，他透过种种举措，积极影响、改变官方对阳明的态度，廓清阳明从祀孔庙之途。这对于阳明学在明代后期的兴盛，显然起到正面的作用。

三　徐阶对阳明学说的理解与诠释

即便旁人及后世对徐阶与王门关系的说法各有异见，但从其"予师事

---

① 徐阶：《世经堂续集》卷一一《复钱绪山》，叶 36 上。
② 王阳明获祀于万历十二年，不过《明实录》万历二年十二月有一条阳明获准从祀的记载。朱鸿林一度采信之，并尝试解释为何延宕十年之久才正式落实；后同意许齐雄的怀疑，认为万历二年十二月乃一史臣误记，当年并无此事。不过从徐阶的文字观之，万历初年张居正对从祀阳明一事似大有意愿，《明实录》万历二年十二月条的记载未必是空穴来风。参见朱鸿林《王阳明从祀孔庙的史料问题》，《孔庙从祀与乡约》，第 175—181 页。
③ 徐阶：《世经堂续集》卷一一《复钱绪山》，叶 38 上。
④ 徐阶：《世经堂续集》卷一一《复周三泉》，叶 62 上。

阳明"一语，① 可知徐阶最终系以阳明后学自居。那么他如何理解阳明的理论学说？有何属于自己的诠释？

徐阶认为，"良知之本体，其虚灵知觉、万物毕照者，固不待求之口耳载籍之间"②、"良知之在人心，至虚而灵，至寂而神，其量无所不包，其明无所不烛，其顺应无所不宜，是仁之本体也"③，这些说法确能掌握阳明"心者，身之主也，而心之虚灵明觉，即所谓本然之良知也"的体用兼备的良知本体定义。④ 他也指出，读书学习的目的固然要以"修诸身""施诸天下"为目标，⑤ 但更须体认到阳明在《稽山书院尊经阁记》中所云，"学者能求六经之实于心，是则谓之尊经"⑥。因此工夫的理据在内心的良知，目的在"不丧失其固有"⑦。然而，在分析良知本体与工夫的关系时，他认为二者之间存在落差：

> 所谓仁义礼智浑然全具，而恻隐、羞恶、恭敬、是非随感即发，鄙意窃谓此是良知本体；其在初学，却须就良知一线未泯之明操存充扩，如所谓达不忍、达不为之类；又就不忍不为之中去其内交要誉诸念，使私欲自销，本体日复，则其妙用自然充周不穷，无待勉强。此恐非一蹴能至，但须识得此意，以为射者之的，行者之家，必求赴之，久久方得纯熟。⑧

---

① 徐阶：《世经堂续集》卷一四《纪闻二首》，叶51下。沈德符也说："徐文贞素称姚江弟子，极喜良知之学。"见沈德符《万历野获编》卷八《内阁·嫉诒》，中华书局2004年版，第215页。

② 徐阶：《世经堂集》卷一一《赠方伯石桥刘公序》，《四库全书存目丛书》，集部第80册，第578页。

③ 徐阶：《世经堂续集》卷八《跋周柳塘册》，叶10上。

④ 王守仁：《王阳明全集》卷二《传习录中·答顾东桥书》，第47页。

⑤ 徐阶：《世经堂续集》卷八《题日洲吕公礼记时义引》，叶9上。

⑥ 徐阶：《世经堂集》卷一四《长洲县学尊经阁记》，《四库全书存目丛书》，集部第80册，第654页。阳明原文见王守仁《王阳明全集》卷四《稽山书院尊经阁记》，第254—256页。徐阶又云："读书以为学也，学也者，以学为道德也，……道德者，非待书而后有也。"见徐阶《少湖先生文集》卷三《读书台记》，《四库全书存目丛书》，集部第80册，第243页。

⑦ 徐阶：《世经堂续集》卷一一《复许海岳太史》，叶40下。

⑧ 徐阶：《少湖先生文集》卷五《复欧南野太史》，《四库全书存目丛书》，集部第80册，第288—289页。

　　徐阶承认在理论上良知的本体与发用有一致性，但他特别强调这不是"初学者"能拥有的状态，初学者所能见到的只有"良知一线未泯之明"，无法直接就此悟得本体而转化成工夫，当下向外涤荡尽净；必须经过不断努力，一方面要操存扩充此一线未泯之明，使良知逐步恢复其完整的作用，同时也要从外在层层拨除障翳之私欲，久而久之才有可能使"私欲自销，本体日复"。因此良知本体虽浑然全具，但就现实情况而言，"莫求圣学千年秘，但养良心一寸灵"①，良知成为可靠的身心主宰是需要慢慢培养的，吾人应就日用间性情之发用"日逐检点，日逐修为，即日有进益，日有受用"②。徐阶格外重视这种渐进式的工夫，故其又云，身心工夫当"由良知一线未泯之明致之，以复其全，俟久久或当有成耳"③！

　　这些说法与聂豹有类似之处，却又不完全一致。聂豹认为在工夫完成以前，日用间的道德判断只能是"知觉"，"今人以知觉为良知者，真是以学术杀天下后世"④，因此需要以静中归寂的工夫"致养这个纯一未发的本

---

　　① 徐阶：《少湖先生文集》卷七《会讲堂次韵》，《四库全书存目丛书》，集部第 80 册，第 313 页。

　　② 徐阶：《世经堂续集》卷一二《与汪都山尚宝》，叶 9 下。

　　③ 徐阶：《少湖先生文集》卷五《寄欧南野太史》，《四库全书存目丛书》，集部第 80 册，第 291 页。徐阶还曾以升官为喻，认为成圣之途绝非仅凭一悟便能蹴就："国家以九品制官，自六曹之属，历十余级而后至于公、孤、保、傅；而君子之修其身也，由善与信，历数等而后至于圣人，盖皆非苟焉者之能为也。"见徐阶《世经堂集》，卷一一《寿郑母俞太安人七十序》，《四库全书存目丛书》集部第 80 册，第 551 页。应当说明的是，所谓"良知一线未泯之明"究竟是否即是良知本体，可以有两种不同的理解。赞同者如阳明晚年称："面前见天，是昭昭之天；四外见天，也只是昭昭之天。……于此便见一节之知，即全体之知；全体之知，即一节之知：总是一个本体"，王畿也说："见在良知与圣人未尝不同，所不同者，能致与不能致耳。且如昭昭之天与广大之天，原无差别，但限于所见，故有小大之殊"，这种说法认为良知一线未泯之明与良知本体之全貌无异，能掌握良知一线未泯的当下即已识得良知本体；反对者如聂豹称："夫以昭昭之多而概广大无穷之体，能免望洋之叹、管窥之讥乎？……日月为云雾所翳，亦必雷动风散，雨润日晅，而后云雾始开"、"良知者，未发之中，备物敦化，不属知觉，而世常以知觉求之，……则将以知觉为本体，……将以不学不虑为工夫"，罗洪先亦云："今以一念之明为极则，以一觉之顷为实际，不亦过于卤莽乎？审如是，则良知二字足矣，何必赘之以'致'？"这种说法则认为良知一线未泯之明与良知本体不同，前者是掺杂后天思虑而不可据为判准的知觉，后者才是粹然的心体，必须要经过一连串工夫，才能逐渐体会良知原貌。就徐阶之语观之，其观念较接近后者。见王守仁《王阳明全集》卷三《传习录下》，第 96 页；王畿《王畿集》卷四《与狮泉刘子问答》，第 81 页；聂豹《聂豹集》卷一一《答王龙溪》，凤凰出版社 2007 年版，第 391 页；卷四《送王惟中归泉州序》，第 78 页；罗洪先《罗洪先集》卷三《夏游记》，凤凰出版社 2007 年版，第 76 页。

　　④ 聂豹：《聂豹集》卷一一《答董明建》，第 419 页。

体"①。虽然同样是一种渐进式的工夫，但聂豹所谓静中归寂，是要求能"致虚守寂"②，以一种暂时抽离日常经验世界的方式去认识未发的良知本体，盖其认为，未发和已发之间虽然在理论上有其连贯性，但中间其实存在一条明显的界限，故其反对"喜怒哀乐无未发之时"的说法，认为必须处于未发的状态才可以确实"验吾寂然之体"③。在此基础上，聂豹十分认同静坐的工夫，主张"初学之士……其功必始于静坐，静坐久，然后气定，气定而后见天地之心，见天地之心而后可以语学"④。

反观徐阶，虽然他与聂豹有师生之谊［正德十五年（1520）聂豹任华亭知县，亲授优秀生员多人，徐阶即其中之一］，黄宗羲甚至认为徐阶之所以成为王门后学，系缘于聂豹的指导，⑤ 但他并不认同静坐的工夫。徐阶明确指出：

> 夫静者，岂其身心枯槁寂寞之谓哉？渊然之度，增之不为盈，挹之不为损，确然之守，得志不得志不可移夺，是乃所谓静也。⑥

徐阶不否认静字，但他认为静不是与现实经验世界截然切割，而只是心志怡然自得、不受外在得失毁誉干扰的一种状态，真正的工夫还是应当"随处用功，就人情物变间体认磨炼，以致其良知者也"⑦。因此当舒化（1539—1589）向其询问静坐工夫时，徐阶断然给出了负面的答案：

> 来谕谓，欲借静界以澄习尘心，此恐于不二法门尚未免有一尘之隔。请先去此意念，将一切境界都不着目着心，坎止流行，只任本体应用，使身虽有出处，地虽有喧寂，而吾性常自虚虚灵灵，洒洒落

---

① 聂豹：《聂豹集》卷一四《困辩录·辩诚》，第 609 页。

② 聂豹：《聂豹集》卷一一《答王龙溪》，第 377 页。

③ 聂豹：《聂豹集》卷八《答欧阳南野太史三首·三》，第 243 页；卷一一《答黄洛村》，第 408 页；卷九《答黄洛村二首·二》，第 296 页。

④ 聂豹：《聂豹集》卷八《答亢子益问学》，第 255 页。

⑤ 黄宗羲：《明儒学案》卷二七《南中王门学案三·文贞徐存斋先生阶》，第 617 页。

⑥ 徐阶：《世经堂集》卷一二《寿少宰翰学毅斋先生孙公序》，《四库全书存目丛书》，集部第 80 册，第 605 页。

⑦ 徐阶：《世经堂续集》卷一二《复邹聚所》，叶 22 上。

落。何如？①

可见与外界隔绝的静坐工夫，在徐阶心中绝无存在的空间，他形容这种"深居默坐"的工夫只会造成"自昏以息照""是内非外，槁木死灰"的后果，②"若只居深山、翻故牒，纵使言之了了，只属虚见虚谈，到临事对境不免错乱"③。

职是，徐阶的渐进式工夫与乃师聂豹并不尽同：聂豹虽然反对"制动以驯致夫静"④ 这种以静制动的极端形式，也澄清"静非却事，只是澄心"⑤，但他毕竟允许以静坐的方式暂时脱离现实世界，越过日常生活中的种种"知觉"，直探未发的良知本体；徐阶则否定静坐的作用，他还是相信日用常行间显露出来的道德判断与良知本体有一定程度的联系，只不过他不像王畿那样，相信只要"一念知耻，即可入于狷；一念知克，即可入于狂；一年随时，即可入于中行"⑥，而是要在"良知一线未泯之明"上持续存养扩充，并辅以外在的去欲。换言之，在徐阶看来，虽然初学者日用间的道德判断不完全等同良知本体，但他不像聂豹那样摒弃之而径求诸未发之境，而是在此道德判断上下工夫，俾之净化，逐渐成为可以倚赖、与本体同质的行事指南。

那么具体的工夫应如何进行？徐阶认为应从"戒谨恐惧"的工夫下手。徐阶早年已常提及戒谨恐惧的概念，例如"所谓惟精惟一，戒谨恐惧以尽夫致之之功，实有不容忘且助者"，"戒惧慎独以致其中和，则天地位、万物育焉"，"君子之学莫若戒谨恐惧"，"只戒慎恐惧是实落工夫"

---

① 徐阶：《世经堂续集》卷一二《与舒继峰太仆》，叶54下—55上。
② 徐阶：《少湖先生文集》卷六《示丘生举》，《四库全书存目丛书》集部第80册，第295页；徐阶：《世经堂集》卷一二《赠谏议蒙泉徐君序》、卷一一《赠方伯石桥刘公序》，《四库全书存目丛书》，集部第80册，第598、578页。
③ 徐阶：《世经堂续集》卷一一《与春孙》，叶56上。
④ 聂豹：《聂豹集》卷一〇《答戴伯常》，第356页。
⑤ 同上书，第347页。
⑥ 王畿：《王畿集》卷一《与梅纯甫问答》，第5页。另参卷二《新安福田山房六邑会籍》，第51页；卷四《留都会纪》，第93页。

等均是，① 但他并未特别说明如何是戒谨恐惧，只表示此工夫贯通已发未发，应借此"于好恶未发之初而致其中，发见之时而致其和"②，倘能力行之，不但能达到"位天地、育万物"的理想，并且"过安从生?"③ 但这些都只是抽象的哲学术语，不是具体的实践方式。直到晚年，他在《世经堂续集》中才有较深刻的剖析：

> 戒谨恐惧之说原出《中庸》，盖天命之初浑然无欲，故谓之性；率性而行则依然无欲，故谓之道；欲不能遽无，必有赖于修治之力，故谓之教，戒谨恐惧乃其修治之目也。如声色嗜欲、怠惰放肆，则日流日溺；戒谨恐惧则日渐收敛消磨，所谓由寡以至于无也。故学者之为戒谨恐惧，其始期于无欲，其终归于无欲，固非脱然有两事，亦非一蹴即能无欲也。④

徐阶对《中庸》首三句的解释近似阳明而远于朱子。"率之性谓道"，朱子以道为人人各循其性后"各有当行之路"，强调率性而行后各人的分殊；阳明、徐阶则谓道即是性的完整朗现，强调性、道之间的一致性。"修道之谓教"，朱子以为人之气禀阻碍性、道的发用，需以礼乐刑政品节之；阳明、徐阶则谓以礼乐刑政修治品节是外求，工夫只在自身能戒谨恐惧。但徐阶和阳明不同之处在于，阳明认为三句话的重点在突出"道即是良知"，欲人人都能因而使良知自作主宰；而徐阶则是以"无欲"贯穿其中，工夫的目的是恢复良知心体"未尝有物以为之蔽，

---

① 徐阶：《世经堂集》卷一一《赠方伯石桥刘公序》、卷一一《赠凤峯沈子守宁波序》，《四库全书存目丛书》，集部第 80 册，第 578、581 页；卷二〇《跋思过册》、卷二二《与王南江大参》，《四库全书存目丛书》，集部第 81 册，第 43、70 页。

② 徐阶：《世经堂集》卷二一《与曾龙山侍御论大学语孟》，《四库全书存目丛书》，集部第 81 册，第 65 页。按，朱子虽然说戒慎恐惧是贯穿未发已发的工夫，但若回到《中庸》的语脉，朱子认为"戒慎恐惧"侧重于未发前的"存天理之本然"，"慎独"侧重于已发后的"遏人欲于将萌"。阳明则认为，二者"只是一个工夫"，不应如此分判。见黎靖德编《朱子语类》卷六二《中庸一》，中华书局 2004 年版，第 1505 页；朱熹《四书或问》，《中庸或问·上》；朱杰人等编《朱子全书》，上海古籍出版社、安徽教育出版社 2002 年版，第 6 册，第 554—556 页；王守仁《王阳明全集》卷一《传习录上》，第 35 页；卷四《答汪石潭内翰》，第 147 页。

③ 徐阶：《世经堂集》卷二〇《跋思过册》，《四库全书存目丛书》，集部第 81 册，第 43 页。

④ 徐阶：《世经堂续集》卷一一《复吴安节春元》，叶 67 上—67 下。

故其体常虚”的本质。① 因此徐阶格外重视本原的端正与否，他训诫其孙道：“人之为善为恶……其几却只在此心敬肆之间。惧也者，敬之所由存，而肆之所赖以收敛者也”②，能够从根本处做到敬而不肆，即能归于无欲。

然而，戒慎恐惧的字面意思极重，有严肃惕厉之感，况其工夫对象为障蔀人心之沉疴，倘用力太猛，恐过分把捉，甚至反而成为另一种阻碍心体流行的执念。因此阳明特别提醒：“能戒慎恐惧者，是良知也”③，又说：“此处须信得本体原是不睹不闻的，亦原是戒慎恐惧的。戒慎恐惧不曾在不睹不闻上加得些子，见得真时，便谓戒慎恐惧是本体，不睹不闻是功夫，亦得”④，戒谨恐惧不是强力把捉、剃除，其实就是“致良知”的另一种表述，⑤ 如此戒惧工夫才能自然，才能真正复得良知本体。同样以“戒慎恐惧”为问学宗旨的阳明弟子邹守益，也强调戒慎恐惧即是良知本体的流行，是一种自然的状态，他说：“诸君试验心体，是放纵的？是不放纵的？若是放纵的，添个戒惧，却是加了一物；若是不放纵的，则戒惧是复还本体。”⑥ 因此戒慎恐惧不是辛苦地逐事点检，只是使心体良知“常精常明”，如此良知自会扫除障蔽，“复见本体”⑦。故邹氏复云，戒惧的对象不是事、不是念，而只是自提本体：“本体戒惧，不睹不闻，帝规帝矩，常虚常灵……是为全生全归，仁孝之极。”⑧

徐阶虽然没有像王阳明、邹守益那样将戒慎恐惧由工夫导向良知本体，以淡化过强的工夫张力，却也知道私欲的扫除不能用力太过，因此他主张：

> 克己者，欲其忘已云耳，而说者曰：“克己，胜私之谓也。”今夫克伐怨欲，非私乎？其制之使不行也，非克乎？然而孔子不许其仁，

---

① 朱熹：《四书集注·中庸章句》，台北世界书局 1997 年版，第 25 页；王守仁：《王阳明全集》卷一《传习录上》，第 37—38 页；卷三《传习录下》，第 105 页；徐阶：《少湖先生文集》卷五《虚白室记》，《四库全书存目丛书》，集部第 80 册，第 284 页。关于朱子、阳明论戒慎恐惧之异同，参见钟治国《邹东廓哲学思想研究》，中华书局 2013 年版，第 193—220 页。

② 徐阶：《世经堂续集》卷一一《与春孙》，叶 51 上。

③ 王守仁：《王阳明全集》卷二《传习录中·答陆原静书二》，第 65 页。

④ 王守仁：《王阳明全集》卷三《传习录下》，第 105 页。

⑤ 同上书，第 123、121 页。

⑥ 邹守益：《邹守益集》卷一五《冲玄录》，第 743 页。

⑦ 邹守益：《邹守益集》卷一〇《答徐子弼》，第 508 页。

⑧ 邹守益：《邹守益集》卷一五《录诸友聚讲语答两城郡公问学》，第 734 页。

何也？说者则曰："为其徒制之而未能去也。"夫其徒制之而未能去，果不可以为仁也，则彼徒胜之而已者，吾恐其若敌国然，可以胜，亦可以负，而胜负之算不可得恒；纵使恒胜，亦不过大将应敌之兵，而非圣人绥来顺化之事，其可以为仁乎？……故善学者，不务制私，而惟克己之为要。……故求仁于克己，则私不待制而自不得萌；求之制私，则灭东生西，力愈劳而不足。此克己所以为仁，而彼谓之胜私者，是乃不行之说，而非所以语克己也。①

沟口雄三（1932—2010）指出，对《论语·颜渊》"克己复礼"诠释的演变是近代学术思想中一个重要的概念。朱子将"己"释为"身之私"，谓"为仁者必有以胜私欲而复于礼"②，"己"是应当被克去的私欲，故"'克'字，譬如相杀相似，定要克胜得他"③，而"克己"则"一似家中捉出个贼，打杀了便没事"④，这是由于朱子将私欲的成因归咎于气禀的清浊，因此以极为严厉的方式"打杀"掉吾人天生带有的负面成分。然而，明代中期以来，如王畿、邹守益、罗汝芳（近溪，1515—1588）等王学学者，纷纷从全文脉络和哲学思想上反对朱子的解释，认为朱子之论完全抹杀了人在现世中的存在价值，这将导致人人"将自己耳目口鼻都看作贼，充其意，直是死灭了，方不受这形体累碍"⑤！故主张应将克己带往"修己""能己"的正面方向，以彰显人的道德主体性。这股风潮一直延续到清代乾嘉时期，成为学界的主流论调。⑥ 以此权衡上引文，徐阶的说法显然与这股新思潮的动向一致，他认为"克己"绝非"求之制私"，不只是对私欲——"徒胜之"而已，这样的做法只能东拉西扯地勉强维持表面上的祥和，无法从根本上保证私欲不再发生，因此他认为更重要的是必须能"忘己"，倘能忘己，则"私不待制而自不得萌"。徐阶对此没有更进一步

① 徐阶：《世经堂集》卷二〇《克斋说》，《四库全书存目丛书》，集部第81册，第35页。
② 朱熹：《四书集注·论语集注》卷六《颜渊》，第137页。
③ 黎靖德编：《朱子语类》卷四一《论语二十三·颜渊篇上》，第1044页。
④ 黎靖德编：《朱子语类》卷四四《论语二十六·宪问篇》，第1118页。
⑤ 颜元：《颜元集》，《四存编·存人编》卷一，中华书局2009年版，第127页。
⑥ 参见［日］沟口雄三著，《中国前近代思想的演变·中国前近代思想的屈折与展开》，索介然、龚颖译，中华书局2005年版，第274—316页。

的说明，但从"克己者，欲其忘己云耳"云云，可推知"克己"是工夫，"忘己"是境界；由"私不待制而自不得萌"一语可推知，"忘己"即是使良知心体发挥作用，当良知心体不受障蔽，则"其用常白，而其光常普"①，不必时时刻刻打杀私欲，私欲一起自然会被良知所廓清，此即上文所谓"无欲"。换言之，戒慎恐惧固然是去欲工夫，但徐阶同样希望在进行去欲工夫时，不应往严肃惕厉、勉强紧绷的方向倾斜，而是要能展现相对轻松活泼的弹性。

"忘己""无欲"的理想固然美善，但徐阶没有阐释清楚的是，既然常人在工夫完成之前，无法就日用常行间流隙出来的道德判准直接悟得良知全貌，也不应以静坐的方式越过经验世界去认识未发的本体，那么我们应当如何"就良知一线未泯之明操存充扩"？在"去其内交要誉诸念"之际，如何能确保不会一路往"制私""胜私"的方向偏移？而在没有明确定义良知的性质与作用方式的情况下，如何保证最终的"忘己""无欲"不会落入他素来反对的禅与老庄的"无情之说"？② 徐阶于此均无细致分判，只是一再强调"只就戒谨恐惧实用其功"③，虽然在大方向上体现出王门学者的思路，却也显示他在本体与工夫问题上缺乏细腻的理解与思辨，故其戒惧工夫的论述始终没有形成一套完整而深刻的理论。

但这其实并不令人意外，因为徐阶的志向素来不在树立高竿玄妙的理论，而是特别看重良知的践履。他对长孙徐元春（1547—1596）说："吾人进德修业，如穿衣吃饭，自是本等事，非欲以夸人胜人，如或互相标榜，高立门户。"④ 正因为反对好奇立异地各创新说，徐阶在检讨阳明后学整体走向时反思道：

> 举知而归诸良，举良知而归诸致，此先生之学所以为上契虞廷、孔门之旨也。及走四方，先生之弟子既众，所自为说往往异其师传，

---

① 徐阶：《少湖先生文集》卷五《虚白堂记》，《四库全书存目丛书》，集部第 80 册，第 284 页。
② 徐阶：《世经堂集》卷一二《赠谏议蒙泉徐君序》，《四库全书存目丛书》，集部第 80 册，第 598 页。
③ 徐阶：《世经堂续集》卷一一《复万履庵》，叶 54 下。
④ 徐阶：《世经堂续集》卷一一《与春孙》，叶 64 上。

于是盛言良知而忘致之为要，称率性则厌拘检以为烦，而不知其弊且流于狥欲；贵无我则鄙操存惕励以为着物，而不知其弊渐入于空虚无实，放旷而失守；语惇本则宗默坐以为精约，诋穷经以为浮伪，而不知其弊已陷于是内非外、槁木死灰之为。①

在其眼中，阳明后学多往三个方向歧出，一是狥欲，一是空虚放旷，一是是内非外。姑先不论其批评是否合理，徐阶在此强调，良知学的成功不在于后学如何地自各种面向发挥师旨，其关键只在紧守一"致"字：所谓致，就是要能确切地"真能修其身"，并展现"践履之功"；② 而所谓践履，不单纯徒求自了，更要能"本诸其身，施诸天下"③。为达到"施诸天下"的目的，徐阶格外重视教育，他认为当今学校的教育过于"拘拘乎词章训诂之习，所谓长育者已无闻矣"④，应当"就举业中提掇出身心工夫"⑤；而在学校教育之外，讲学更是提掇身心之学之所必需，傥能用力于脚踏实地地讲学，"则吾所学庶几由君子以进于圣人矣"！他甚至认为，一旦能将讲学活动认真地举办下去，并且能办出实绩，则那些非笑讲学之人"焉知彼不将悟非笑之失，相率而归吾此学之中乎"⑥？几次的灵济宫讲会之所以能办得如此盛大且成功，除了徐阶身居要职能提供有力的援助之外，这也是徐阶向来的心愿与用力所在。⑦

---

① 徐阶：《世经堂集》卷一一《赠方伯石桥刘公序》，《四库全书存目丛书》，集部第 80 册，第 578 页。

② 徐阶：《世经堂续集》卷一二《复李见罗》，叶 36 下；卷一二《复洪角山太守》，叶 28 下。

③ 徐阶：《世经堂集》卷一二《官箴集要序》，《四库全书存目丛书》，集部第 80 册，第 568 页；徐阶：《世经堂续集》卷八《题日洲吕公礼记时义引》，叶 9 上。另参见 John W. Dardess, *A Political Life in Ming China：A Grand Secretary and His Times*, p. 12。

④ 徐阶：《世经堂集》卷一三《送少宗伯两厓朱公还湖南序》，《四库全书存目丛书》，集部第 80 册，第 613 页。

⑤ 徐阶：《世经堂集》卷二四《复姜廷善提学》、卷二二《寄南野》，《四库全书存目丛书》，集部第 81 册，第 131、66 页。

⑥ 徐阶：《世经堂集》卷二四《与万履庵洪芳洲诸同志》，《四库全书存目丛书》，集部第 81 册，第 142—143 页。

⑦ Dardess 认为，相较于全身心投入成为专门的讲学家，徐阶的志向与兴趣始终在行政事务上，因此他虽然大力支持讲学活动，但对于亲身参与讲会的兴趣并不高；Dardess 还强调，徐阶其实对讲学的功效大大存疑。参见 John W. Dardess, *A Political Life in Ming China：A Grand Secretary and His Times*, pp. 10，37 – 39，200。

由于徐阶志在实践，不喜玄远之论，因此他主张将阳明"四句教"之首句"无善无恶者心之体"改为"有善无恶者心之体"，往朴实的方向诠释；① 他也认为为学应跳脱心性义理之纠缠，将眼界扩大至"天下之民情物理，古今之世变时宜"的经世之学，而具体的培养方式系"先取《大学衍义补》读之，次看杜氏《通典》，及抄世庙、穆庙《实录》、万历以来邸报，分类讲求"②；他更强调"身心与天下家国原非二事，君子所有处之亦无二理""尧、舜、伊、周勋业，原皆自学术中来"，③ 这才是从事身心之学的最终目标。这些在在体现出徐阶与一般理学家的差异：他深爱阳明学，并以私淑弟子自居，但他不致力于良知学理的深化，而是勠力彰显良知学"致用"的一面。

四　结论与余论

在众多阳明后学中，徐阶并没有突出的学理建树，他对良知学的学理仅有大方向的掌握，缺乏细腻的义理剖析与理论建构，因此若置诸王学流派的视阈中，很难受到后人的关注。但经由上文析论，可知徐阶在阳明后学中的地位绝不容轻忽，无论是推动灵济宫讲会、解除明世宗强加于阳明之禁锢，乃至于推动阳明入祀孔庙，阳明学最终之所以能形成撼动天下之势，徐阶的努力居功阙伟。虽然徐阶对于良知学理的诠释不多，但本文在仅有的数据中加以梳理，约略可见其治学路数：渠以无欲为理念，以渐修为工夫，以践履为目标，着力发挥良知"致用"的面向。这或许也是徐阶最终能在政治上取得耀眼成就，成为一代名相的重要原因。④

而在总收全文之际，关于徐阶的学术思想尚有值得一说者，姑附记于楮末。虽然徐阶以王学自许，但在《世经堂续集》中，透露其晚年学问兴

---

①　徐阶：《世经堂续集》卷八《心体论》，叶 1 上—2 上。

②　徐阶：《世经堂续集》卷一一《与春孙》，叶 65 上。

③　徐阶：《世经堂续集》卷一二《与李渐庵》，叶 85 下；卷一二《复黄毅所》，叶 56 下。

④　Dardess 认为，相较于严嵩的腐败施政，徐阶在政治上杰出而亮眼的表现，有赖于他能活用阳明的"致良知"。见 John W. Dardess, *A Political Life in Ming China: A Grand Secretary and His Times*, p. 181。

趣似有转移，这体现在两方面。其晚年有自王学转入二程（程颢，1032—
1085；程颐，1033—1107）之学的倾向。徐阶自谓其早岁对程学已有兴
趣，"尝购全书读焉"，但由于该书版本不佳，而书中二程之语复未经过妥
善整理，混杂难明，故不曾用功精读；① 直到暮年罢政归乡，"日困疾病
间，起读二程先生书"，才开始有系统地研读，② 并且"欲稍为批注，合其
所未一，而正其所未莹"③。不久他正式落实此愿望：

> 属罢政归，幸有余闲校理旧业，既为改补其字画，遂按其书考绎
> 而审订之，会通以约其归，参互以正其误，稽孔孟之训以决其所可
> 疑，采先正之论以足其所未及，间有所见，亦僭附于末而重绣诸样。④

徐阶取二程之书细加考校，并申说己见，冀成为二程文字之善本。从
他对友人所说："（此书）业已有稿，顾乏书者誊写"⑤，可知是书确已完
稿，但不知是否正式刻诸缥缃，今传世书目中亦不见其名。吾人今已难知
徐阶在书中发挥之议论，但从孙如游（1549—1624）对徐阶的追忆中，反
映徐阶似乎确实有转入程学的迹象：

> 徐文贞公当肃皇帝之时，起自词林，即以天下事为己任，意不屑
> 屑于词章字句间，而独究心于两程子之学，会通阐晰，必遡其源；于
> 近代诸儒之论，恒有味乎王文成公，而不尽宗其旨，往往以文成印证
> 于两程子。要以实德措之实用，而不徒托诸空言者，盖隐然负公辅之
> 望矣！⑥

就徐阶现有文字观之，由于留存的学术资料不多，难以判断是否确有
"以文成印证于两程子"的情形，但至少在旁人眼中，已能明显感受到他
对程学的兴趣和热忱与日俱增。

---

① 徐阶：《世经堂续集》卷二《校刊程子序》，叶56下—57上。
② 徐阶：《世经堂续集》卷一二《与魏敬吾太仆》，叶50上。
③ 徐阶：《世经堂续集》卷一二《复傅石川封君》，叶52下。
④ 徐阶：《世经堂续集》卷二《校刊程子序》，叶57上。
⑤ 徐阶：《世经堂续集》卷一二《与魏敬吾太仆》，叶50上。
⑥ 孙如游：《世经堂续集序》，见徐阶《世经堂续集》，叶5上—6上。

除了深入程学之外，晚年的徐阶也投入对佛学的研究。在《世经堂续集》中，屡屡可见他阅读佛书的记载：

> 山居无事，每读禅门书，颇悟世间无一物是性分所有。①

> 《维摩》精义岂阶所能知？姑述旧闻以对，……故维摩体佛意说此经，专言在家修行之事……②

> 偶读《金刚经》云："菩萨有我相、人相、众生相、寿者相，即非菩萨"，又云："应无所住而生其心，若心有住则为非住"，又云："无法得三藐三菩提"，又云："无法可说，是名说法。"故凡修仙学佛，着意为之，即是住相。惟孟子所谓"勿忘勿助"，乃正禅学一大机关，不宜过于急迫把捉也。③

由是可见，在徐阶晚年居乡生活中，佛书是其重要的阅读元素之一，如《维摩诘经》《金刚经》等都是他涉猎的范围。④ 虽然吾人难以从中一窥其有关佛学义理的申述，却能见到他时常以佛儒并举，相互参照理解。除上引文中以孟子之"勿忘勿助"模拟禅学之无住相之外，尚有许多例子，诸如：

> 故维摩体佛意说此经，专言在家修行之事，即尘劳而行于佛法，此佛曲成善诱之方，而吾辈今日所以随处用功，就人情物变间体认磨炼，以致其良知者也。孟子谓王道在好货好色，亦是此义。不然，是良知悬空自为一物，与吾身不相涉矣。⑤

> 望公于此等处更大着眼界，付是非毁誉于不闻，而一味以致君泽民为事；万一不可展布，则一笑拂衣而归，视去浮华如弃敝屣。此则孟子所称"不动心"，佛家所诧以为"无碍自在"者也。⑥

---

① 徐阶：《世经堂续集》卷一一《复吴悟斋》，叶41上。
② 徐阶：《世经堂续集》卷一二《复邹聚所》，叶21下—22上。
③ 徐阶：《世经堂续集》卷一二《复王荆石宗伯》，叶93上。
④ 此外，《楞严经》与《大慧书》也是他学习的重要书籍。见徐阶《世经堂续集》卷一一《复王龙溪》，叶27上—27下。
⑤ 徐阶：《世经堂续集》卷一二《复邹聚所》，叶22上。
⑥ 徐阶：《世经堂续集》卷一二《与吴自湖》，叶31上。

故不必舍身心而言治平，亦未尝舍身心而别有出世法，试观《语》、《孟》及佛氏之书可知也。①

徐阶以《维摩诘经》中维摩诘居士在家修行菩萨道之举，比拟于人情世变中致良知；以佛法之"无碍自在"解孟子之"不动心"；又以《论语》《孟子》及佛教之书等量齐观。他更以佛祖左右之文殊、普贤二位菩萨比喻孔子的两大弟子——颜子、曾子，② 甚至还将他最为重视的戒谨恐惧工夫，与"皈依自心三世佛"相提并论。③ 大体而言，徐阶并不认同佛教的出世哲学，他对在世间着实践履的坚持自始至终都未曾改变，因此晚年仍然主张："吾人身在世网中，自有许多人伦物理所当措置应酬，欲为出世之事必不可得"；④ 然而，徐阶对于佛学在个人身心修养上的成效却颇为欣赏，他不讳言地推崇道："儒与佛为教虽殊，然其贵反身克己一耳"⑤，甚至在接触佛法后，他一改此前对静坐的强烈批评，竟也开始尝试静坐工夫。⑥ 可见徐阶晚年在学术上确实有明显的转向，不过此时的他已退隐山林，不再涉入阳明后学讲学活动，否则以他的名声和地位，这些新思想会给阳明后学带来何种影响，恐怕难以估量。

（作者单位：台湾元智大学中国语文学系）

---

① 徐阶：《世经堂续集》卷一二《与李渐庵》，叶85下。
② 同上书，叶86上。
③ 徐阶：《世经堂续集》卷一二《与吴悟斋》，叶13上。
④ 徐阶：《世经堂续集》卷一二《答姜凤阿司成》，叶72上。
⑤ 徐阶：《世经堂续集》卷八《书秀上人传后》，叶12下。
⑥ 徐阶：《世经堂续集》卷一一《复姜凤阿》，叶64下。

湛若水在西樵山（1517—1521）

——随处体认天理

[美] 伊来瑞（George L. Israel） 著　肖　啸　译

正德十二年（1517）十月，明代杰出的士大夫湛若水极为恭敬地呈上一份奏疏，即《为陈情乞恩养病事疏》。① 时年五十岁的湛若水在上疏中历数过往之艰辛，少年丧父，其母寡居无依。因此，在他二十七岁考中举人后毅然返乡，照料母亲长达十三年，然而湛母却一直盼望其能考取功名，学以致用。最后，湛若水被母亲的诚心所感动，亲赴北京参加会试，一举中榜，"荷先皇之明，选以庶吉士（翰林院）"②。他感念君主之恩，积极履行职责，不久就被擢升为翰林院编修。

以上诸事均发生于正德二年（1507）之前，也即湛若水年满四十一岁那年。湛也向皇帝描述了他近年来所遭遇的困境。母亲身体状况持续恶化，他因而将其从广东接至北京，悉心照料，祈盼母亲顺心遂意，并无暇兼顾其他。但是，"天罚臣愆，母卒京邸"③。他伤心欲绝，"上之不能有所建白，以裨圣明；下之不能早自引退，以宁慈母。实为忠孝罪人，夫复何言！"④ 极度悲痛之下，湛若水扶灵回粤，安葬母亲，开始守孝，并于正德十二年四月三十日服阕。⑤

---

① 湛若水：《泉翁大全集》卷三六《乞养病疏》，台北"中研院"汉籍电子文献2005年版，第7页。

② 同上书，第8页。

③ 同上。

④ 同上。

⑤ 湛若水：《泉翁大全集》卷三六《乞养病疏》，第8页。

在奏疏的最后，湛若水承认自己应该按照惯例回吏部报到，但同时也谈及自身健康状况。饱受丧母之痛的折磨，他身体越来越差，形容枯槁，萎靡不振。这使他愈加忧心忡忡，"郁积日久，血气既亏，精神顿损。如破屋漏船，风水易入，七情所感，百病交攻，眼花头眩，痰涌自汗，诸症以时并见"①。于是，湛若水恳请正德皇帝，希望可以"谢绝人事，采药西樵，养其身疾以有为"②，待其身心复原后再为朝廷效力。

皇帝应允了他的请求。这显然在湛若水的意料之中，因为他早在一个多月前就已举家迁至西樵山，时约正德十二年（1517）九月十日。至少，湛若水在给杨骥（？—1520）的信中也是如此陈述的。③ 其时，杨氏正求学于在南赣地区平息武装叛乱的王阳明（1472—1529），一位颇具声望的儒学大师和政治家。湛若水也是杨骥的老师，因而他在信中就多个哲学问题阐明其立场，并敦促杨氏"更反复思之，以质阳明，言不能尽也"④。

黄宗羲在《明儒学案》中写道："王、湛两家，各立宗旨，湛氏门人，虽不及王氏之盛，然当时学于湛者，或卒业于王，学于王者，或卒业于湛，亦犹朱、陆之门下，递相出入也。"⑤ 诚然，王阳明和湛若水毫无争议皆为明中期具有影响力的儒学大师，两人也有诸多相似之处。二人均于成化年出生，弘治年考中进士，且都历官弘治、正德、嘉靖三朝。二人交情深厚，皆被尊为儒学宗师，吸引了大批求学士子，直接影响了明中期的讲学活动以及随之兴起的书院运动。⑥ 此外，二人也积极著书、创立学派，均建立了各自精密的儒学体系。

然而，随着时间的推移，由于复杂的历史因素，湛若水思想学派的命

① 湛若水：《泉翁大全集》卷三六《乞养病疏》，第 8 页。
② 同上书，第 9 页。
③ 湛若水：《泉翁大全集》卷八《与杨士德》，第 9 页。
④ 同上。
⑤ 黄宗羲：《明儒学案》（修订本），中华书局 2008 年版，下册，第 835 页。
⑥ 参见 Meskill, John Thomas, *Academies in Ming China*: *A Historical Essay*, Tucson: The University of Arizona Press, 1982。

运呈现出一种与阳明学派完全不同的局面。① 众所周知，王学不仅在 16 世纪的明代占据了绝对优势地位，同时对日本德川、明治时期的思想史也影响深远。② 20 世纪上半叶见证了王学在中国的复兴，下半叶的西方世界又掀起了一股王学热潮。③ 此后，有关王阳明及其重要弟子的英文、中文和日文研究著作层出不穷，数不胜数。

湛若水的研究情况却完全不一样。一方面，湛若水是陈献章（号白沙，1428—1500）最著名的学生，门人弟子数千，至少创建了 33 个书院。④ 他的传记和著作选编也被收入一些清代文集当中。⑤ 另一方面，他的学派在其过世后迅速衰弱。一代弟子谨守师说，以江门学派传人自居，视陈献章为学派开创者、湛若水为承续者。但是从二代弟子开始直到明代末年，学者们在受到湛氏学说影响的同时，也会融入其他儒学大师或者学派的思想。⑥ 纵观整个清代，由于心学沉寂，基本没有学者或者学派提倡湛若水的思想。到了 20 世纪，除了偶尔几篇零散的成果以外，学界关于湛若水的研究依旧十分匮乏，甚至可以说处于失语的状态。这一现象直到 80 年代才开始有所转变，日本的志贺一朗、美国的金安平以及一些中国学者，发表了相当重要的学术成果。⑦ 此后，中国学界的研究成果增多，但是英语世界却依然不足。

---

① 对其学派流变的分析不在本文研究范围之内，参见王文娟《湛甘泉哲学思想研究》，巴蜀书社 2012 年版，第 7—8 页；戢斗勇《甘泉学派》，广州出版社 2017 年版，第 113—116 页；Woo, Ann-ping Chin, "Chan Kan-ch'uan and the Continuing Neo-Confucian Discourse on Mind and Principle", Columbia University Ph. D. 1984, pp. 167 – 172。

② 参见 Ogyü Shigehiro, "The Construction of 'Modern Yōmeigaku in Meiji Japan and Its Impact on China'", trans. Barry Steben, *East Asian History*, 2000（20）：83 – 120。

③ 关于英语世界的研究史，参见 Israel, "The Transformation of the Wang Yangming Scholarship", pp. 135—156。关于中文学界的研究情况，参见钱明《王阳明及其学派论考》，人民出版社 2009 年版，第 545—604 页。

④ 黄明同：《岭南心学：从陈献章到湛若水》，上海辞书出版社 2015 年版，第 179—181 页。

⑤ 黄宗羲用六卷的篇幅论述了湛若水及其学派弟子。参见黄宗羲《明儒学案》（修订本），下册，第 875—1040 页。

⑥ 戢斗勇：《甘泉学派》，第 6—7 页。

⑦ 有关湛若水研究现状，中文学界的研究成果参见黎业明《湛若水生平与学术思想研究》，博士学位论文，中山大学，2009 年；金安平撰写了最长的英语研究论文，以及翻译了一些湛若水的文作，参见 Woo, Ann-ping Chin, "Chan Kan-ch'uan and the Continuing Neo-Confucian Discourse on Mind and Principle"；志贺一朗出版了湛若水研究论著，最完整的介绍性著作是《湛甘泉の學說》，参见［日］志贺一朗《湛甘泉の学説》，东京风间书房 1983 年版。

显然，有人会问，湛氏学说的影响力不及阳明是否根源于其哲学成就的相对固有价值。实际上，尽管没有明确论断，但是中文学界已经展开了相关讨论。① 部分学者提出，导致二人学术影响力差别的原因在于王阳明异于常人的事功成就和明中期的政治生态环境；另外一种观点则认为阳明学说更加深奥和引人注目。就本文的研究而言，引用两位权威学者的论断应该足够。唐君毅曾指出，"与阳明并世，同堪称大儒，而与阳明尝相推许者，有湛甘泉"②，钟彩钧也发现"我们可以将他对学问的研求讨论视作反映时代思潮的一面镜子"③。

正德十二年（1517），湛若水举家迁至西樵山后，创建书院，授徒讲学。他在此地隐居四年，直到十六年正德皇帝过世后，接到指派重回翰林院任职。这四年治学生涯意义重大，他不仅兴建了第一个书院，制定训规、亲自掌管，还在此撰写了大量学术著作，成为其日后奠定儒学大师地位以及建立思想学派的基础。④ 然而，虽然西樵治学对湛若水学术思想的发展极为重要，学界对这一时期湛氏的生平经历、时代背景、教学方法以及心学思想的诸多面向却缺乏具体细微的论述。因此，考虑到王阳明在学界万众瞩目的关注程度，本文则尝试以湛若水治学求道的重要阶段为研究视角，介绍阳明以外另一位明中期著名的儒学思想家。

湛若水在服丧隐居的十年前才踏入明代士大夫精英阶层，较常人稍晚。⑤ 他出生于广东增城县沙贝村一个富裕的农村家庭，位于广州的东北方，距离京城十分遥远。"若水"是他后来改的名字，更多人称其为"甘泉"，源于其家所属之甘泉都。⑥

---

① 参见黎业明《湛若水生平与学术思想研究》，第148页。

② 唐君毅：《中国哲学原论：原教篇》，中国社会科学出版社2006年版，第229页。

③ 钟彩钧：《湛甘泉哲学思想研究》，《中国文哲研究集刊》第十九期，2001年，第346页。

④ 参见任建敏《从"理学名山"到"文翰樵山"——16世纪西樵山历史变迁研究》，广西师范大学出版社2012年版，第250页；游腾达《湛甘泉哲学思想的发展与完成》，博士学位论文，台湾师范大学，2012年，第59页；王文娟《湛甘泉哲学思想研究》，第9页。

⑤ 关于1472—1529年进士的年龄层次划分，参见 Elman, *A Cultural History*, p. 706。在1529年的进士群体中，20.7%为26—30岁，31.2%为31—35岁，20.7%为36—40岁。1504年中榜的湛若水，应被归于第三类。

⑥ 关于湛若水的简明传记，参见 Chaoying Fang, "Chan Jo-shui", *Dictionary of Ming Biography*, Vol. 1, ed. L. Carrington Goodrich (New York: Columbia University Press), pp. 36–41.

　　湛若水十岁的时候，家逢不虞之变，其父过世。因此他正式的学校教育开始得比较晚，十四岁始入小学，十六岁入乡校，二十二岁入府学。①湛若水年二十七通过乡试，考中举人，却于弘治六年（1493）北京会试中落第。次年，湛若水前往江门——一座位于珠江三角洲西江下游的城市——求学陈献章。其时，陈氏是广东最负盛名的儒学大师。黄宗羲认为他改变了明代哲学的进程，"有明之学，至白沙始入精微"②。陈献章毫不掩饰地告诉湛若水，在求"道"的过程中，"此学非全放下，终难凑泊"③。因此湛若水"遂焚原给会试部檄"，绝意科举长达十年。他全心全意照顾母亲，并且致力于个人学术进展。④

　　湛若水从学于陈献章长达五年，直到弘治十三年（1500），陈氏去世。此间，他长期往返于增城和江门之间，修习白沙的自得之法"静坐中养出端倪"，弘治十年终有所悟。湛若水后来与学生谈及此事时道："今日'天理'二字，实是元初予自悟得，可念二三十年未得了手。初从白沙先生，归甘泉半年，有悟处，致书请问先生"⑤。

　　湛若水在给陈献章的信中曾提及，初入门时，承蒙老师亲自教授孟子"勿忘勿助"之旨，意在发扬"无在无不在之要"。归家以后，他反复思索，却仍不得其要。但是，突然有一天"一旦忽然若有开悟"，他因而感悟程颢（1032—1085）"'天理'二字，却是自家体认出来"和李延平（1093—1163）"默坐澄心，体认天理"之意。⑥湛于是写道："愚谓'天理'二字，千圣千贤大头脑处。尧、舜以来，至于孔、孟，说'中'、说'极'，说'仁、义、礼、智'，千言万语都已概括在内。若能随处体认真见得，则日用间参前倚衡，无非此体，在人涵养以有之于己耳云云。"⑦

　　陈献章惊叹于湛若水对天理的洞悉，将其认定为自己最出色的弟子。他当即在回信中表示了赞同，认为湛氏的阐述"甚好"，"日用间随处体认

① 参见黎业明《湛若水年谱》，上海古籍出版社 2009 年版，第 8—10 页。
② 黄宗羲：《明儒学案》（修订本），中华书局 2008 年版，上册，第 79 页。
③ 陈献章：《陈献章集》，中华书局 2006 年版，第 192 页。
④ 黎业明：《湛若水年谱》，第 12 页。
⑤ 湛若水：《泉翁大全集》卷六九《新泉问辩录》，第 21 页。
⑥ 湛若水：《泉翁大全集》卷八《上白沙先生启略（拾遗）》，第 1 页。
⑦ 同上。

天理，着此一鞭，何患不到古人嘉处？"① 弘治十二年（1499），陈献章又指定湛若水为衣钵传人，以江门钓台相赠。这意味着湛若水不仅应承担传授白沙心学的责任，同时也有权统摄江门学旨。此后，"随处体认天理"便成为湛氏最重要的治学法门。

陈献章葬于江门圭峰山麓之后，湛若水为其服丧三年，如丧亲父。② 弘治十七年（1504），湛氏在母亲的敦促下进入南京太学，重新准备会试。这一次，他顺利中榜，从此跻身于精英主导的士大夫阶层。③ 随后，湛若水供职于翰林院，直到正德十年（1515）丁忧回乡。此间，他从庶吉士升至编修，也偶尔接受朝廷指派，担任外出使臣。例如正德七年册封安南国王，就使得他离京长达两年，不过大部分旅程都有母亲相伴。出使安南途中，湛若水顺便送母还乡，返京途中又再次奉母北上。次年正月，他刚回翰林院复职不久，母亲旧疾发作，于三日后离世。这就是他向正德皇帝所陈述的整个艰苦过程。湛若水将母亲安葬于广东荷塘，并在此守孝三年，正德十二年四月三十服阕。

正德十二年（1517）八月，湛若水入住西樵之前，特意前往白沙墓地拜祭，并撰写祭文，曰："於乎！生我者父母，成我者师，食我者君。盖三本之不可以一遗，况先生于俗学之支离，念人心之惟危，而扶我于颠跻，开我之沉迷，其功同夫生死而肉骨，夫岂但哺糟而啜醨也。"④

随后，湛若水偕家眷隐居西樵山大科峰烟霞洞。十月，开始修建居所和书院，工程分为两个阶段。正德十二年（1517），居所先完工，主要建筑有栖霞楼、茹芝堂、正谊堂、崇经楼和乐阁。虽然独立的大科书院已经在修建了，但是湛若水在其完工之前也时常将居所称为书院。正德十四

---

① 陈献章：《与湛民泽（十一）》，《陈献章集》，第 193 页。
② 黎业明：《湛若水年谱》，第 19 页。关于陈献章下葬情况，参见陈献章《陈献章集》，第 862 页。
③ 黎业明：《湛若水年谱》，第 21—22 页。
④ 湛若水：《泉翁大全集》卷五七《祭白沙先生墓文》，第 5 页。

年，在居所的石门下，大科书院建成，有凝道堂、进修斋、敬义斋和寅宾馆。①

　　湛若水隐居西樵山，修身治学，直至正德十六年（1521）收到吏部檄文，令其复职翰林院。时年，正德皇帝病逝，内阁首辅杨廷和整肃朝纲，选定正德之堂弟为皇位合法继承人。在这敏感的过渡期，湛若水的两位同僚，朱节（1514 年进士）和吴廷举（1487 年进士）上奏提请让其恢复官职。此次复职进一步证明了任建敏的观点，他认为湛若水入住西樵的主要原因除了健康问题以外，还与正德年君王昏聩、宦官专权的政治局势有关。② 吕柟（1508 年进士）曾为大科书院作记，写道："大科书院，甘泉湛先生西樵讲道之地也……正德间权珰踵横，忠良率遁匿山谷不出……丁丑之岁甘泉先生守史官，以母夫人忧去，免忧，乃自增城三百里外携家来，亦隐西樵山中。"③ 此外，湛若水隐居西樵的另一个原因则是为了躲避增城县的动乱。湛氏曾对杨士德说，他因贼匪来袭而被迫举家迁至广州城，将家人安置在广州城后，他便独身前往西樵山挑选合适的栖身之所。④

　　不管怎样，自正德十二年（1517）卜筑西樵之后，湛若水四年来潜心治学，不仅授徒讲学、著书立说，还与众多士人学者互通书信，交游论学。湛氏个人也极为重视这段治学生涯，在给朱节回信中提及自己多年来与学生和友人论学的感悟，"颇觉与向时所见差别"⑤，他也同样告诉学生，"吾年五十而后学渐得力，盖从前未曾深加致知之功，虽力行涵养而未能真知，是以未能无惑也"⑥。事实上亦如此。此前二十年中，湛若水虽然撰写了数量可观的诗信、序文、赞辞、墓志铭、记文和论说，但是总的来说，却并未形成一种持续的哲学观照，或者说系统性的论述和教法。然

---

　　① 关于书院的修建问题，虽然根据文献不同，某些细节会有出入，但大体的时间轴是准确的。对此，任建敏已有充分论述。参见任建敏《从"理学名山"到"文翰樵山"——16 世纪西樵山历史变迁研究》，第 66—80 页。

　　② 任建敏：《从"理学名山"到"文翰樵山"——16 世纪西樵山历史变迁研究》，第 73 页。

　　③ 吕柟：《吕柟集·泾野先生文集》，《大科书院记》，西北大学出版社 2015 年版，第 522—524 页。

　　④ 任建敏：《从"理学名山"到"文翰樵山"——16 世纪西樵山历史变迁研究》，第 73 页。

　　⑤ 湛若水：《泉翁大全集》卷九《答朱守中侍御》，第 1 页。

　　⑥ 湛若水：《泉翁大全集》卷九《答朱守中侍御》，第 13 页。有关此议题，参见游腾达《湛甘泉哲学思想的发展与完成》，第 60 页。

而，他在西樵山的著述却做到了这一点。因此，游腾达通过研究湛若水哲学思想之形成过程，认为这段时间"是他学思转趋深刻的重要阶段"①。

因此，首先论述这些著述的缘起和内容是十分必要的。正德十三年（1518），湛若水给陈惟浚写信，详述自己某晚在烟霞洞悟道的经历，同时也提及山居时著成的《大学测》和《中庸测》，认为这是"区区近年用心要处也"②。多年以后的嘉靖十六年（1537），湛氏曾向学生解释"测"字的含义，"'测'也者，测也，不敢知之谓也"③。

不幸的是，此二书现如今仅存序文，然而却也足以看出湛若水的撰述缘由。《古大学测序》记道："甘泉子读书西樵山，于十三经得大学古本焉。"④ 湛氏也多次教导学生，戴圣《礼记》所载《大学》篇为最本真的原始版本。⑤ 他跟王阳明和方献夫一样，对朱熹《四书章句集注》中的《大学》改本极不认同。⑥ 众所周知，朱熹所注四书在元明两代被朝廷钦定为科举用书，享有官学正统性地位。湛若水通过提倡《礼记》第四十二章中所载《大学》古本，"谨离章集训而测焉"⑦，向既定的教育和政治权威发起挑战。

湛若水在序文中对《大学》进行了毫无保留的颂扬，并通过问答的方式，展现了其所关注的核心哲学命题。湛氏认为《大学》的主旨是十分明确的，即教导个人修身养性，并且推己及人而"亲民"。同时，《大学》文本也极为简易，扼要地阐述了"止至善"的修养之法。体和用，即理论基础和实践法门是完整的哲学体系中必不可少的两部分。序文中，问者"请闻其要焉"，湛若水提出《大学》的核心问题在于至善，"至善也者，以言乎身心之于家国天下之事物之理之纯粹精焉者也"⑧。这些都是天理，而

① 游腾达：《湛甘泉哲学思想的发展与完成》，第 60 页。
② 湛若水：《泉翁大全集》卷九《寄陈惟浚》，第 4 页。
③ 湛若水：《泉翁大全集》卷二四《修复四书古本测序》，第 6 页。
④ 湛若水：《泉翁大全集》卷一六《古大学测序》，第 18 页。
⑤ 湛若水：《湛甘泉先生文集》卷四《知新后语》，广西师范大学出版社 2014 年版，第 138 页。
⑥ 参见刘勇《王阳明〈大学古本〉的当代竞争者：湛若水与方献夫之例》，《中国文化研究所学报》第 60 期，2015 年 1 月，第 159—181 页。
⑦ 湛若水：《泉翁大全集》卷一六《古大学测序》，第 19 页。
⑧ 同上。

"天理者，非他也，吾心中正之本体也"。《大学》从根本上指导个人达到
心之自然中正处，从而真正做到明德亲民。问者又提出"曷止之?"湛若
水因此点出"格物"之法，"格物也者，即止至善也"①。西樵治学期间，
他所强调的治学之法对其日后哲学体系的形成至关重要。

湛若水的《中庸测序》同样强调了核心的哲学议题。他极为担心无人
可以真正理解子思的中庸之道，②去古已远，"道"早已被淹埋，为了复兴
"道"，湛氏在笔端展现了他的思索：子思亦深感孔子之微言大义已失，忧
心异端兴起，"道"将晦暗不明。一旦如此，则易导致体用相歧，支离之
弊端也因而愈加凸显。因此，湛若水序文中写道："本于天者，性也。《中
庸》者，本诸性而道具焉，本诸体而用具焉，本诸中而和生焉，是故君子
慎独，养其中而已也。"③总而言之，湛若水撰写《中庸测》的目的就在
于使几近晦暗的"道"重新得以阐明。

湛若水在西樵撰写的另一篇序言则是"正德己卯春三月望甘泉湛若水
书于大科书院"的《遵道录序》。④正德十四年（1519），《遵道录》编纂
完成，共八卷，所辑皆为宋儒程颢之言论，附有湛若水简短评述。⑤湛若
水十分看重此书，因为他认为程颢的学说可以纠正自南宋以来就异常激烈
的朱陆之争的弊端。实际上，在湛若水的时代，儒学大师及其门人弟子总
会因为这一争论的立场而被贴上相应的标签，尤其是认为陆学具有相对优
势的学者。以任何方式鼓吹陆学都有可能会被认定为诋毁朱熹，或者说挑
战既定的科举课程和官方权威。支持陆学就是与传统官学相悖，因而这是
一个需要学者捍卫的立场。

然而出人意料的是，湛若水最主要的担忧不在于如何支持这些不遵循
官学传统的学者，而在于希望他们对这种在他看来已经完全被误导的学术
狂热有所警觉。他告诉崔铣，在西樵山时就意识到很多学者都标榜自己是
陆学学者。尽管湛氏认为这并不是一件坏事，但是陆象山所主张的"灼见

---

① 湛若水：《泉翁大全集》卷一六《古大学测序》，第19页。
② 湛若水：《泉翁大全集》卷一六《中庸测序》，第19—20页。
③ 同上。
④ 湛若水：《遵道录》，《四库全书存目丛书补编》，齐鲁书社2001年版，第1页。
⑤ 湛若水：《遵道录》，第1—58页。

道体"是一个学者极难达到的高度，因此他又不得不担心盲目遵从或许容易导致入禅。① 这是湛若水极力反对的，他一直很明确地划分儒释之间的界限。他对陈惟浚也表达了类似的忧虑，认为陆象山"主内太过"，忽视了个人的社会政治生活和职责。同时，陆学也确实不如程颢的"内外合一"之道，他因而告诉陈氏："近编得《遵道录》，盖欲人求之中道也"②。程颢的思想可以将学者引至"中道"，也就是做到心内与心外的统一、主体与客体的统一。因此，这篇序文总结了全书的主旨，即如何达到"合一"的境界。③

湛若水也整理注解了其他三部经书以及陈献章的诗集，其中一部就是《小学》。他曾对大科书院学生强调过此书的地位，《大学》是成年人的修身之法，而《小学》就是幼童和少年的入门指导。④ 然而不幸的是，最初完整版《小学》已不可得，只能从《礼记》中发现零散的篇章。此外，朱熹整理的版本并不完美，因为他任意添加了一些后世的文本。这些文本既不隶属于原书，也不适合幼童，而是更适合于成年人。于是，湛若水的目标便是搜集整理《礼记》中的《小学》原篇，并且单独编纂。大科书院其中一条训规便是："诸生中各有带亲戚、宗族、子弟随学，可令读古《小学》，习《小学》之事，明洒扫、应对、进退之节，事亲、敬长、隆师、亲友之道，及六艺之文。"⑤

作为陈献章思想的主要诠释者和传播者，湛若水在西樵山的时候，就在寻求进一步巩固江门学术的方法。正德十二年（1517）夏，他编成《白沙子古诗教解》，这部两卷本的诗评收录了陈献章167首古诗。在初版序言中，湛若水认为陈白沙虽然没有留下任何教学著作，但是他的诗集却足以体现其教学特色。同时，湛氏也加深了白沙诗论教学法的宇宙性意义：

> 道德之精必于诗焉，发之天下后世得之，因是以传是为教。是故

① 湛若水：《泉翁大全集》卷一〇《寄崔后渠司成》，第23页。
② 湛若水：《泉翁大全集》卷九《寄陈惟浚》，第4页。
③ 关于程颢对湛若水学说的影响，参见钟彩钧《湛甘泉哲学思想研究》，《中国文哲研究集刊》第19期，2001年9月，第354—358页。
④ 湛若水：《湛甘泉先生文集》卷四，第138—139页。
⑤ 湛若水：《泉翁大全集》卷五《大科书堂训》，第6页。

风雨雷霆皆天之至教也，诗书六艺皆圣人之至教也。天之至教运，而
万物生矣。圣人之至教行，而万化成矣。①

湛若水由此而将白沙置于圣人的行列，正如黎业明所指出的那样，由
于湛若水给每首诗都做了详细的注解，这对于理解湛若水如何诠释和传播
白沙学说尤为重要。② 这也是他的治学目标之一。湛若水在出发去北京复
职之前，将陈献章墓迁至皂帽峰下，并撰写墓志铭。③ 此后，他主建的每
一所书院都会祭祀陈白沙，设立一间祠室，悬挂白沙画像。

湛若水住在烟霞洞时，专注于书院教学、著书、与学友同僚通信和论
学等学术活动。众所周知，通常明代哲学的研究文献主要来源于这类学术
活动的记录文集，一般由其学派的一代或者二代弟子编纂完成。在这类文
献中最珍贵的莫过于语录了，但这种文献体裁又是宋代理学家的特色。④
幸运的是，湛若水的学生也为他编纂了三部语录：《樵语》《新论》和
《知新后语》。

嘉靖三年（1524），湛若水的学生沈珠在给《樵语》作序时，强调了
此书的重要性。序言中，他提及了其师主教南京国子监（湛若水那一年刚
被任命）时的政绩，"嘉靖甲申冬，我师甘泉先生既主南雍教事，习振颓，
率德约礼，一月而大纲陈，三月而众务举"⑤。沈氏进一步指出，为了更好
地安顿远方求学士子，湛若水"于是开讲院以授及门之徒，辟观光馆以处
四方来学之士"，同时，也用《大科训规》《知新明论》《二礼训测》和
《樵语》教导学子。沈氏还特别突出了《樵语》的重要意义，"盖先生教
人，循循善诱，而樵语者，实先生设教西樵时，门人所录也。先生之学，
启乎江门，契乎濂洛，而上泝乎洙泗，纯粹中正，备见诸所著，是编则其
精要尔。诸生因相与刊之，以广先生之教云"⑥。因此，为了弘扬师说，湛
门弟子合力搜集整理湛若水的讲学语录，并付梓刊行。《新论》和《知新

---

① 湛若水：《白沙子古诗教解》，广西师范大学出版社 2014 年版，第 13 页。
② 黎业明：《湛若水生平与学术思想研究》，第 46 页。
③ 湛若水：《泉翁大全集》卷五九，第 3 页。
④ 陈立胜：《理学家与语录体》，《社会科学》2015 年第 1 期。
⑤ 湛若水：《泉翁大全集》卷一《樵语》，第 1 页。
⑥ 同上。

后语》的编纂情况也与此类似。

书院常有如此的哲学辩论，而为了在院内营造一种语录中的论学环境，湛若水亲自制定了67条规章制度，即《大科书院训规》。① 大科书院的训规完成于正德十五年（1520），湛氏在前言中揭示了撰述缘由："五十以忧病归西樵。樵中有烟霞之洞，四方英才集焉，乃胥与集石为台，因台集木，为居、为堂、为馆、为讲学进修之地，以迩大科峰，因曰'大科书院'，诸生咸请有教言。"②

湛若水起先并不愿意传授治学方法，他的学生只得空等一年之后再次请求。即便如此，还是在耗费了一段时日之后，湛氏才勉强答应。虽然他仍旧不情愿，但又担心不如此应允会引发更多问题。因此，他将这些训规逐条排列，并且写道："凡以发诸心性也，凡以归诸心性也，凡以无所外于心性也，吾其不徒言也已。诸生以吾不徒言之实，而求得吾之所以言焉。由得吾之所以言，而契夫吾之无所容于言焉，其几矣！其几矣！"③

此外，湛若水著有一篇《心性图说》，短小精悍，却又意蕴深长，是其心学宗旨的精要概论。嘉靖三十一年（1552），门人郭肇乾作《心性书序》，写道："乾自己卯岁西樵山从侍烟霞洞天，得受此图。"④ 这给勘定《心性图说》的写作时间提供了线索，即不会晚于正德十四年（1519）。郭氏同时认为，湛若水撰述此文主要是出于对学子的担忧。他们不明心性之学，更加不懂心性之道，"大道晦而异端兴，学术乖而真儒鲜"⑤。当前一部分学者的问题就在于过度滞于内心观感，忽视外部世界的联系。反之，另外一部分学者则又陷于外部事务的繁杂而忽略内心的修养。因而，坚持内外合一、心事合一，遵循圣贤"一以贯之"中道的学者，极为少见。由此可知，《心性图说》就是为了提出这些问题，当然也是为了"示人心性之本体"，让学子们明晓为学之要是"欲正人心，放淫辞，归于中道而已

---

① 湛若水：《泉翁大全集》卷五《大科书院训规》，第5—17页。
② 同上书，第1页。
③ 同上。
④ 郭肇乾：《甘泉先生续编大全》卷三一《心性书序》，台北"中研院"汉籍电子文献2005年版，第6页。
⑤ 同上。

耳"。序言中，郭氏又提出疑问："欲正人心，不先明心性，何能至归于中道也哉?"最后，他认为"翁不得已而作图书，示人心性之本体也。是性也，即天理也，识得天理随处流行充塞，无方无体，程子所谓'仁者浑然与天地万物为一体'，即此物也"①。

金安平在其博士学位论文中将《心性图说》译成英文，② 简要概述了湛若水心学思想的主要特征，并勾勒出其心性诠释的哲学维度。文中，湛氏开篇便重申了程颢关于天地万物一体的论断，并且"浑然宇宙，其气同也"。性是"心之生理"，因而心性合一，也即认知的充实与生存的动态密不可分。心体万物而不遗，无支离，与宇宙浑然同体。因此，在湛氏所绘的《心性图》中，心和性都置于同一个小圈中，而囊括空间和时间的整个宇宙则在一个稍大的包含小圈的大圈中。实际上，中间包含了剩余的其他部分，也即我们的心包含贯通了万事万物，"故心也者，包乎天地万物之外，而贯夫天地万物之中者也"③。最重要的是，湛若水简要强调了心或者宇宙，都没有任何隔阂间隙，真实是没有分歧、不分内外的。他在此处详细阐述了一套"一元论"的哲学体系，超越了二元认知的主体和客体、主观和客观，尽管这是道学学者的论述话语。

至此，对湛若水西樵山重要著述的考察已然完成。通过将这些文献内容与湛氏同一时期丰富的信札进行比较，可以勾绘出其教学方法的基本轮廓。因此，笔者将依次论述湛若水对其弟子和学友所面临主要问题的思索，以及他为这些人提出的为学目标和具体实践方法，从而完成对这一问题的考察。

鉴于《大科书堂训》篇幅过长，湛若水为此还专门撰写了一则纪要，并附上包含主要观点的图表，作为序言。序言的前半部分界定了积极向上、有建设性的行为和态度，有益于学子个人的德性修养和学术成长。后半部分则是消极无益的行为，导致学子陷入小人之道的泥潭。大体上，学子若是踏入歧途，则会好利，"利为无志，为肆欲，为虚乐，为外伦求道，

---

① 郭肇乾：《甘泉先生续编大全》卷三一《心性书序》，第6页。

② Woo，"Chan Kan-ch'uan"，pp. 39-42.

③ 湛若水：《心性图说》，转引自王文娟《湛甘泉哲学思想研究》，第101—103 页。

为先文艺，为巧令以滋伪，为暴怒，为事父兄也不诚，为不求师，为传而不习，为抗倨，为同门猜嫌，为期约不信，为师成心，为徒事举业以干禄，为支离，为读书主敬两途，为作字欲好，为粗心，为梏亡，为泛滥仙佛以坏心术，为欲胜人，为纵放家童"①。

《大科训规》的主体部分则详细论述了更多湛若水所关注的有关修养品行的具体问题，他给年轻学子拟定了一系列品行不端的行为，并且定下相应的惩处条例。他尤为担心以自我为中心、粗鄙无礼、量小善妒、交相党与、不履行个人职责、欺压弱小和爱出风头等行为。② 湛氏不主张学生对他人抱有过分期待，或者自以为是傲慢无礼，轻视、辱骂他人。③ 学子们都"去圣贤甚远"，湛若水因而指出他们初学时的迷茫无措，"初学用功，茫然无着力处"④。尽管无人真正经历了"关门静坐"时的洞悉真理，但是很多学子都认为自己通晓古今。⑤

这些问题的解决之法——就修养品行和端正态度而言——也都包含在训规之中，下文将着重讨论。湛若水对于异端大行，亦是深感忧虑。因此，他所列举的一系列恶行也体现了他对学子深陷二元论的泥潭或是沉迷于佛老的担忧。正德十六年（1521）秋，湛若水为广东四会县县学撰写记文，提出了几个关键问题。正如游腾达所指出的那样，湛氏西樵教学的中心观点之一就是"合一之学"。⑥ 如此看来，湛若水似乎无论在何种情况下，都能发现一种被误导的、不完整的思维模式，他称为"支离"，这也是湛若水时代学者们用来批评某个学派、思维方式或者教育方法的常用术语。在这些语境下，可以将其理解为"有缺陷的""不连贯的"，抑或是"相分离的"。这个术语也常被心学学者用来批评朱学学者的本本主义和默墨守成规，他们认为朱子学无助于学者的德性修养，也无助于加深对心、性、天理等基础概念的认识和理解。

---

① 湛若水：《泉翁大全集》卷五《大科书院训规》，第2—3页。
② 湛若水：《湛甘泉先生文集》卷六《大科书院训规》，第199—200页。
③ 同上书，第195页。
④ 同上书，第194—195页。
⑤ 湛若水：《湛甘泉先生文集》卷一《樵语》，第68—69页。
⑥ 游腾达：《湛甘泉哲学思想的发展与完成》，第60—61页。

然而，对于湛若水来说，"支离"就在于"二元"或者"一分为二"，也可视之为"散乱"。对此，《重修四会县儒学记》的论述十分充分。湛若水认为治学修道需要遵循"一贯之法"，古人通晓此理并以之施教。治学的目的在于恢复天道，因此"圣人修道以成天之能，君子修身以复己之命"。但是，当今学子却从二元论的立场出发，他们的思考方式和行为模式都折射出一种支离的学风。由于文官和武将的分离，国家缺少全能型人才。同样，才与德、体与用、知与行、动与静、举业与德业，皆是如此。① 然而，对于湛若水来说，这并不是事物原本的模样，其导致的后果也必定十分严重。故而，他在文中写道："故自支离之说兴，而儒学坏矣。儒学坏而天理几乎息矣"②。在这种情况下，异端便露出端倪，在孟子时代是杨朱和墨子，在二程时代是佛老之学。因此，学子应该"原本及末，故知'合一之说'，则可以化举业而知道矣"③。

欲深入认识湛若水所面对的这类理论性问题，首先需要了解他为学子所设立的治学修道目标。尽管湛氏的治学目标看起来深奥难懂，但是学子们只有在明晓自己追求的目标之后，才能知道是否误入歧途。湛若水认为，《易经》中的"复其见天地之心"体现了其治学目标的其中一个面向。④ 另一个则是扩充本心，"大其心，然后能全体天地之性"⑤。在第一种情况下，湛氏将心看作本源，属于本体论的层面；第二种情况，他谈及的却是一种彻悟。二者并非互不相干，心之广大深奥正是孟子所说"尽心知性知天"。当他的学生杨鸾（字少默）问他本心和宇宙的区别时，他说二者合一，如同火光和所照之物的合一。因此，"不知本心者，不足以语天地万物同体之理；不知天地万物同体者，不足以语本心之全"⑥。

湛若水制定了区别支离与合一的基本方法，最有效的就是"觉"，⑦ 也

① 湛若水：《泉翁大全集》卷二六《重修四会县儒学记》，第20—21页。
② 同上。
③ 同上。
④ 湛若水：《泉翁大全集》卷八《答余督学》，第11页。
⑤ 湛若水：《湛甘泉先生文集》卷一《樵语》，第64页。
⑥ 同上书，第79页。
⑦ 同上书，第74页。

即做得"心体万物而不遗"的程度。① 他也告诉杨鸾，"吾之所谓心者，体万物而不遗者也，故无内外"②。此处，湛若水只是简单地提出一种不受任何客体限制的认知方式，就像镜子能够反射出所有经过的物体一样。面对王阳明认为其思想偏向二元论的质疑，湛若水反驳道："人心与天地万物为体，心体物而不遗，认得心体广大，则物不能外矣。"③ 他将这种以心为本的状态描述成"中"，即"何往非中矣"④。

湛若水将以"中"为基点的生活道德准则界定为"正心"，此心之知觉严于自律，也需要谨慎反思和心存敬畏。⑤ 这是公正仁善之心，是养成君子人格的基础，同时也是参透精义、进入虚灵和通晓天道的必备品。⑥ 湛若水曾对郑洛书（1517 年进士）说："道也者，中正之理也。其情发于人伦日用，不失其中正焉，则道矣。"⑦ 湛氏认为，心就像一个纯粹的虚空，性生于其间，触物而发，"性触物而发，故谓之情。发而中正，故谓之真情，否则伪矣。道也者，中正之理也"⑧。因此，如果这些情发自于中正处，就是道，即随天理而生的真情；但若是发自别处，脱离中正，则会心性皆失，道亦如是。前者是构建社会秩序，实现全面发展必不可少的条件。

湛若水再一次使用了镜子的类比，"今之小其心者，如掩鉴焉，一隙之明，照者几希矣"⑨。但是，大多数人的心都被物欲遮蔽，陷入扭曲失真的困境。"善学者如悬鉴焉，明其体矣，物至而照焉，不迁以就之，如迁就焉，本体亡矣"⑩。换言之，学业有成之人才能还原心之本体。湛若水将这类心描述成广袤伟岸之心，完全不同于以自我为中心的"习心"。就像一块不纯的金属，这颗心必须要经过锻造才能成为"道心"，"习尽则元来

---

① 湛若水：《湛甘泉先生文集》卷一《樵语》，第 11、72—73 页。
② 湛若水：《泉翁大全集》卷九《答杨少默》，第 8 页。
③ 湛若水：《泉翁大全集》卷八《先次与阳明鸿胪》，第 1 页。
④ 湛若水：《湛甘泉先生文集》卷一《樵语》，第 72 页。
⑤ 同上书，第 74 页。
⑥ 同上。
⑦ 湛若水：《泉翁大全集》卷八《复郑启范进士》，第 31 页。
⑧ 同上。
⑨ 湛若水：《湛甘泉先生文集》卷一《樵语》，第 64 页。
⑩ 同上。

本体广大高明，何尝有缺？何尝沾惹？内外合一"①。因此，原本纯粹高明的本体便可完美呈现，借以达到内外合一的境界。

最后，湛若水在西樵山也时常提及"一以贯之",② 他为杨鸾所作的序文中就表达了这种观点。对此，前文已有论述。杨鸾在西樵山从学于湛若水，一年以后准备返回潮州家乡，湛氏在其临行前交代道："一尔心，勿支离尔学矣！"③ 湛若水再一次强调支离就是二元论，或偏于外，或偏于内。然而，现代学者多将前者看作支离，却认识不到后者亦有同样的问题。过于偏重外部世界意味着忘记本原而被生活所束缚，过于强调内心就会导致一种虚无，以及对客观事物的厌恶。两种极端都是病态、分离、不完整的。内外必须合而为一。湛若水将其心学思想置于程颢的学说体系中，认为学子在德性修养的过程中要通晓"君子之学，内外合一，动静合几，体用合原，物我合体"的道理。④

湛若水认为合一之学根源于远古圣人的思想和生活，尧曰"持中"，舜、禹曰"精一"。禹传至汤，汤又传之文、武、周公。周公传之孔子，曰"一贯"。孔子传至颜回，曰"博约"。这种"一贯"是内与外、动与静、物与我、体与用的合一。湛氏进而指出，孔、颜之后，二元论便开始兴起，原本的一体被分裂，直到宋代程颢重新提出"一原"和"无间"，但是此后支离之弊再次出现。因此，湛若水对杨鸾道："内外分而动静判，动静判而体用离，体用离而物我间。夫天之生物，一本也。夫道，一本者也，知不二本。又何有于内外？故一之而后可以入道，道无二也。"⑤ 这种一原，或认知的统一，在湛氏看来，就是古圣人思想中所体现出来的"一以贯之"之学。

湛若水在西樵为学子制定为学纲要和求学目标时，提到了治学修道时遇到的异端思想，他在与同僚论学的信件中也谈及此类话题。此外，在《大科训规》序言中，湛氏概述了学子在求道的过程中应该遵循的行为规

---

① 湛若水：《湛甘泉先生文集》卷六《大科训规》，第194页。
② 参见游腾达《湛甘泉哲学思想的发展与完成》，博士学位论文，台湾师范大学，2012年。
③ 湛若水：《湛甘泉先生文集》卷一七《送杨少默序》，第784页。
④ 同上。
⑤ 同上。

范和学习态度。① 对于这一系列德性修养的方法，他认为："义为志道，为体认天理，为寻乐也实，为求道于人伦之间，为笃实，为言动由中出，为不怨尤迁怒，为事父兄也诚切，为自得师，为传习，为遇长者谦让，为处同门久敬，为约信，为去成心，为二业并，为内外混合，为读书调心合一，为作字也敬，为考业用心也精，为观山水不失己，为博六经以开知见，为作文也发挥所得，为教束家仆"②。

上文所概述的为学之法聚焦了《大科训规》的主要论点，多数与学子端正态度、调理性情、增长学业和个人修养有关，以至于君子人格的形成，进而参透心性之精微义理，体认天理。为学关键在于立志，"志于道"便要时刻保持一种严谨的态度。因此，湛若水规定："诸生为学，必先立志。如作室者，先固其基址乃可。"③ 学子们应该勤于求教、恭敬雅致、保持谦逊、恪守礼教。

勤于自律和恪守日程都是湛若水治学法的重要内容，《大科训规》就规定"诸生进德修业，须分定程限，日以为常"④。他要求学子每日鸡鸣时分起床，即早上 3 点钟，大声诵读经书到 9 点；随后，静默阅读四个小时，直到下午 1 点；其后，则是两个小时的写作时间，直到下午 3 点；再静坐冥思至晚上 7 点；晚上则温习功课，直到 11 点。经过一段时日，学子们便可日渐坚定个人学识和德性修养的提升。日积月累之后，便会"月异而岁不同矣"⑤。至于行为举止的规范，则要求始终坚持内外合一。

湛若水治学法的另一项内容，就是将认真履行训规中各项符合个人社会定位、秉承人际交往规范的条款，作为学子学业进展的考察条件。也就是说，对其学生而言，必须做到恰如其分的顺从和循规蹈矩，以及在处理个人关系中恪守礼仪。此类人际关系则包括与父母、长者、幼童、友人、

---

① 参见肖啸《明代书院与心学践履——湛若水〈大科训规〉所见为学旨趣析论》，《西樵理学名山 500 年暨中国古代书院与社会学术研讨会会议论文集》，2017 年，第481—495 页。
② 湛若水：《湛甘泉先生文集》卷六《大科训规》，第188—189 页。
③ 同上书，第193 页。
④ 同上书，第194 页。
⑤ 同上。

同门、宗亲、乡党和家仆的交往。不言而喻，湛若水对道德规范的要求十分苛刻。学子应该定期回乡省亲，侍奉父母兄长，以示孝诚，"若见父兄愉悦，便是己学进处，不然未见实力"①。为了弥补山中读书不能尽孝的遗憾，学子们便需要加倍努力，勤于学业。② 学子们应该选择一位以德行著称的老师，听从教导，"以自养其恭敬之心"③。至于同门之间的交往，湛若水写道："诸生同门相处，有兄弟之义，要使相爱如兄弟乃可，即此是道。"④ 因此，他们必须要养成恭敬之心，彼此之间真诚交谈，以此面对生活、学业上的困扰，以及观点异同这些问题。最后，对于带小厮家仆来书院的学子，则"须要恩顾之。饮食，寝卧衣服亦须照点，切戒暴怒，即以此做工夫"⑤。

湛若水的治学之法颇多，此处不再赘述。然而，他更进一步的治学目标则在于希望达到《大学》中的"明德亲民"。他在写给陈海涯的信中也是如此回复，并提出仅仅是静坐如何明德，"自少而长，岂有不应事者"？⑥ 一旦睁开眼睛，便须"应事"。湛若水也以此教导其他学子，个人修养的一贯之法也蕴含在《大学》文本中。这并非是某种理念上的支离之法，将明德和亲民分为两段，导致学子循环往复做两段工夫。而是遵循合一之法，在本末一气、物我一体的基础上，将两者合而为一，"若不亲民，则已性分有缺"⑦。

因此，湛若水始终不强调静坐，即便他希望学生修习此法。他在信函中告诉余督学，古人从不说静坐，二程提及，也仅仅将之作为学者在面临具体问题时所采取的一种补充措施。⑧ 实际上，他认为强调静坐的学者都已入禅。再者，孔门学子却在具体事务中求仁，且"动时着力"，静坐冥思时显然不能"着力"。心上着力必须要面对生活，以心为基点，指导日

---

① 湛若水：《湛甘泉先生文集》卷六《大科训规》，第 196 页。
② 同上书，第 197 页。
③ 同上书，第 198 页。
④ 同上书，第 199—200 页。
⑤ 同上书，第 196 页。
⑥ 湛若水：《泉翁大全集》卷九《答陈海涯》，第 5 页。
⑦ 湛若水：《泉翁大全集》卷三《知心后语》，第 3 页。
⑧ 湛若水：《泉翁大全集》卷八《答余督学》，第 11 页。

常具体事务。这种"着力"就是"执事敬"。一味求静容易陷入荒忽寂灭之中，而持敬则可"复见天地之心"，洞悉天理，进入尧、舜之道。因此，善学者以"敬"为准则，坚持动静合一，力求做到非二元与内外合一。但是，湛若水也指出，这个法门"言之易，行之难，非一朝一夕之故也"①。

实际上，湛若水在西樵山的时候，无论是与同僚通信，还是给弟子、学友为学建议，都始终提倡正念冥想。这是一种静观之法，也是最重要的治学之法。通常，这就是"敬"。当学生问他如何方能完全识得本心时，湛若水答道："其敬乎！至敬无累，明鉴无蔽。"② 对于湛若水来说，持敬便可识得如明镜一般的心之本体，通晓心之广大。③ 此外，他亦认为"格物"和"随处体认天理"是必不可少的治学之法。《大科训规》有曰："诸生用功须随处体认天理，即大学所谓格物，程子所谓至其理。将意、心、身、家、国、天下通作一段工夫，无有远近彼此，终日终身，只是体认这'天理'二字。"④

自从弘治十年（1497）湛若水在陈献章门下悟道以来，体认天理就成了他的治学目标。在入住西樵的两年前，湛若水告诉王道（字纯甫），治学的关键在于察见天理，体认这日用常行间识得生生不息的天理，"百姓日用不知，要在学者察识之耳"⑤。这就是学问涵养之所在，关键在于无论动静都须持敬。在西樵山时，湛若水反复与学生、友人讨论"随处体认天理"之说。他对杨鸾道，除此以外，"更无别事"。体认天理就是格物，格物是认识心之本体的必要工夫，而此心则是体万物而不遗者。⑥

综上所述，湛若水在西樵隐居多年不仅仅是为了养病，同样也是为了逃离昏庸的帝王和不可预测的政治生态。他利用这个机会撰写了很多著

---

① 湛若水：《泉翁大全集》卷八《答余督学》，第11页。
② 湛若水：《湛甘泉先生文集》卷一《樵语》，第64页。
③ 同上书，第63—64页。
④ 湛若水：《湛甘泉先生文集》卷六《大科训规》，第193页。
⑤ 湛若水：《泉翁大全集》卷八《寄王纯甫验封》，第2页。
⑥ 湛若水：《泉翁大全集》卷9《答杨少默》，第7页。另外，湛若水这些年的中心议题是与阳明论"格物"，以及二人对心性的不同理解。王、湛的论辩不在本文的讨论范围之内，可参见 Woo, Ann-ping Chin, "Chan Kan-ch'uan and the Continuing Neo-Confucian Discourse on Mind and Principle", pp. 55–79。

作，突出了其为学之本，并将之作为一种教学法，付诸实践。湛若水通过评论《中庸》和《大学》、注解程颢语录和白沙诗作，呈现了其心学思想。为了教导学子，他建立了第一个书院并且亲订训规，同时允许学生整理编纂讲学语录。在这种情况下，他开始将儒家的思想和教法具体化，并与王阳明相抗衡。他的心学思想和治学方法不仅指导学子们通过书院的修身求道以补救场屋之学的弊端，同时还为此后三十年间的书院创建和著作编纂奠定了基础。

（作者单位：美国中乔治大学；译者单位：湖南大学岳麓书院）

明儒罗汝芳的讲学活动与宗旨

王安琪

一 引言

罗汝芳（1515—1588）字惟德，号近溪，门人私谥"明德夫子"，江西南城人（今江西省南城县），是阳明后学中泰州学派的重要儒者之一，与阳明高弟王龙溪并立于世，合称"二溪"。嘉靖二十三年（1544），罗汝芳中会试，但因父亲罗锦患病而告归。他在家一边侍养父亲，一边在其乡从姑山房读书讲学。至嘉靖三十二年（1553），他高中三甲进士，授太湖知县。历升刑部山东司主事员外、福建司郎中、宁国府知府，后又升为云南屯田副使、云南布政使司左参政。其在任上，均以讲会乡约为治，甚至公事都常在讲学时决断。后因讲学得罪张居正而罢官。归乡之后，近溪又与门人走安城、下剑江，前往两浙、金陵，往来于福建、广东，更加热衷于讲学。可以说，罗汝芳一生无论"居庙堂之高"或"处江湖之远"，都致力于四处讲学。所到之处，高朋满座，上到公卿大夫，下至市井百姓，无不闻风而动，影响范围辐射社会各个阶层。正如李贽所说："七十余年间，东西南北无虚地，雪夜花朝无虚日，贤愚老幼、贫病贵富无虚人。"[1]

由于近溪一生师无常师，好学而"善变"，学界对他的讲学宗旨并无定论，长久以来主要提炼出四个关键词："求仁""赤子良心""不学不虑""孝弟慈"。对于这四个关键词的关系，学界也有不同的看法。谢居宪评析了唐君毅、牟宗三、钱穆、杨祖汉、吴震、冈田武彦、古清美、陈来

---

[1] 李贽：《焚书》卷三《罗近溪先生告文》，中华书局1975年版，第124页。

等学者关于罗汝芳学术宗旨的不同观点，他认同杨祖汉将"孝弟慈"视为近溪的思想宗旨，不过对此观点略有修正。他认为罗汝芳是以孔子的"求仁"为宗旨，而以"孝弟慈"为首要工夫，所以"孝弟慈"是近溪学术的嫡旨。① 此外，张学智认为罗汝芳的宗旨在于"赤子之心，有无合一"。② 鲍世斌则认为罗汝芳早年受到颜山农和王龙溪的影响，以"赤子之心"为宗旨，晚年则以"孝弟慈"为讲学宗旨，来补正"赤子之心，当下即是"以作用见性、认欲为理的倾向。③ 虽然鲍世斌已经以思想分期来考察罗汝芳的讲学宗旨，但还忽视了罗汝芳讲学对象也有不同。因为随着讲学活动的开展而提炼出的为学宗旨，既是"其人之得力处，亦是学者之入门处"。宗旨不仅是讲学之人自得之处的提炼，是学习儒学之人的入门之处，也是听众用来学习讲者思想的途径和方法。④ 所以讲学宗旨不会一成不变，往往与讲者思想的变化和讲学对象有关。在不断问学、讲学的过程中，罗汝芳也适时修正、调整他的宗旨。并且，由于他随机点拨的讲学特点，使学习者对其宗旨常常产生似有似无、难以捉摸的疑问。本文通过回顾明代诸儒对罗汝芳讲学宗旨的观点，并结合罗汝芳的讲学活动和对象来具体分析他讲学宗旨的变化。

二　黄宗羲及其他明儒的评价

在《明儒学案》中，黄宗羲曾总结近溪的宗旨是"以赤子良心，不学不虑为的，以天地万物同体、撤形骸、忘物我为大"⑤。此说与周汝登（1547—1629）和王时槐（1522—1605）的观点几乎一致。周汝登在《圣学宗传》中论道：

---

① 谢居宪：《罗近溪学术宗旨理解的一些评析》，《鹅湖学志》2008 年第 41 期。
② 张学智：《明代哲学史》，北京大学出版社 1991 年版，第 391 页。
③ 鲍世斌：《明代王学研究》，巴蜀书社 2004 年版，第 212—223 页。
④ 刘勇详细论述了中晚明讲学宗旨的建构与讲学活动的关系，详见刘勇《中晚明时期的讲学宗旨、〈大学〉文本与理学学说建构》，《"中央研究院"历史语言研究所集刊》第八十本第三分，2009 年，第 403—450 页。
⑤ 黄宗羲：《明儒学案》卷三四《参政近溪先生汝芳》，中华书局 2008 年版，第 762 页。

近溪学以孔孟为宗，以赤子良心不学不虑为的，以孝、弟、慈为实，以天地万物同体，撤形骸，忘物我，明明德于天下为大。①

王时槐也认为：

先生平生，学以孔孟为宗，以赤子良心不学不虑为的，以天地万物同体、撤形骸、忘物我、明明德于天下为大。②

同时，他也认为近溪晚年的《会语续录》所呈现的讲学宗旨是"一本诸《大学》孝弟慈之旨"③。可见，黄宗羲参考了周与王的观点，但不认同"孝弟慈"是罗汝芳的宗旨。他认为许敬庵（1535—1604）对近溪的评价"大而无统，博而未纯"，"已深中其病也"④。黄宗羲一方面盛赞罗汝芳讲学"一洗理学肤浅套括之气"，另一方面又认为罗汝芳讲学"大而无统"，并无一个确切的宗旨。看似矛盾的评价，还应该从他节选的语录来验证。

根据黄宗羲在《明儒学案》的《发凡》中所讲述的文选原则，在传记之后会收录能够表达儒者精神、反映儒者学术的文本，其中多以语录为主。黄宗羲在罗汝芳的传记之后，收录了近溪语录94条，其中关于"赤子良心、不学不虑"的语录有7条，关于"孝弟慈"的语录有4条，关于"仁"的语录有11条。开篇两条都是直接问答讲学宗旨的语录：

问："今时谈学，皆有个宗旨，而先生独无。自我细细看来，则似无而有，似有而无也。"罗子曰："如何似无而有？"曰："先生随言对答，多归之赤子之心。"曰："如何似有而无？"曰："才说赤子之心，便说不虑不学，却不是似有而无，茫然莫可措手耶？"曰："吾子亦善于形容矣。其实不然。我今问子初生亦是赤子否？"曰："然。"曰："初生既是赤子，难说今日此身不是赤子。长成此时，我问子答，是知能之良否？"曰："然。"曰："即此问答，用学虑否？"曰："不

---

① 周汝登：《圣学宗传·罗汝芳》，罗汝芳《罗汝芳集》，凤凰出版社2007年版，下册，第862页。

② 王时槐：《近溪罗先生传》，罗汝芳《罗汝芳集》，下册，第856页。

③ 黄宗羲：《明儒学案》卷三四《参政近溪先生汝芳》，第763页。

④ 同上书，第762页。

用。"曰："如此则宗旨确有矣。"①

这条语录开宗明义地说明近溪的讲学宗旨是"赤子之心，不学不虑"。不过明代儒者提出讲学宗旨的方法有多种，最普遍的途径是重新诠释《大学》的"三纲领""八条目"来提炼自己的讲学宗旨。② 可对校现存的《罗汝芳集》，黄宗羲并没有摘录罗汝芳关于《大学》的讨论，这说明黄宗羲对罗汝芳的讲学宗旨有自己的取舍。他摘录的关于"孝弟慈"的语录只有四条，每一条篇幅都很长，内容上多是回顾治学过程。其中有一条点出近溪提出"孝弟慈"是为"化民成俗之要"：

> 问："古今学术，种种不同，而先生主张，独以孝弟慈为化民成俗之要，虽是浑厚和平，但人情世习，叔季已多顽劣，即今刑日严，犹风俗日偷，更为此说，将不益近迂乎?"③

黄宗羲显然知晓近溪"孝弟慈"的观点，却刻意不提"孝弟慈"，而只将罗汝芳的讲学宗旨总结为"赤子良心，不学不虑"。这大概是出于对泰州学派辩护的需要。他在《泰州学案》的案序中已写道：

> 阳明先生之学，有泰州、龙溪而风行天下，亦因泰州、龙溪而渐失其传。泰州、龙溪时时不满其师说，益启瞿昙之秘而归之师，盖跻阳明而为禅矣。然龙溪之后，力量无过于龙溪者，又得江右为之救正，故不至十分决裂。泰州之后，其人多能以赤手搏龙蛇，传至颜山农、何心隐一派，遂复非名教之所能羁络矣。顾端文曰："心隐辈坐在利欲胶漆盆中，所以能鼓动得人，只缘他一种聪明，亦自有不可到处。"羲以为非其聪明，正其学术也。所谓祖师禅者，以作用见性。诸公掀翻天地，前不见有古人，后不见有来者。释氏一棒一喝，当机横行，放下拄杖，便如愚人一般。诸公赤身担当，无有放下时节，故其害如是。④

---

① 黄宗羲：《明儒学案》卷三四《泰州学案三》，第763页。
② 刘勇：《中晚明士人的讲学活动与学派建构》，商务印书馆2015年版，第40页。
③ 黄宗羲：《明儒学案》卷三四《泰州学案三》，第779页。
④ 黄宗羲：《明儒学案》卷三二《泰州学案一》，第703页。

黄宗羲认为阳明之学，是被泰州和龙溪（1498—1583）传播至天下，但也因为他们传播过广而渐失其传，并且越来越将佛家学说糅合到阳明的学说之中，使阳明之学成为禅学，尤其是泰州的何心隐（1517—1579）、颜山农（1504—1596）最为张皇，甚至超脱了名教。黄宗羲言外之意，泰州学派的观点并不是阳明之学。但是他们的学说，也是一种入门的方法，是一种与祖师禅一样，"以作用见性"的学说。有了这样的定性，那么泰州学案中罗汝芳的学术基调也应该是以"作用见性"。正如黄宗羲在《参政罗近溪先生汝芳》中评价的："然所谓浑沦顺适者，正是佛法一切现成，所谓鬼窟活计者，亦是寂子速道，莫入阴界之呵，不落义理，不落想象，先生真得祖师禅之精者。"① 可是虽然得祖师禅之精，但是黄宗羲为近溪，也为泰州学派辩护道：

> 以羲论之，此流行之体，儒者悟得，释氏亦悟得，然悟此之后，复大有事，始究竟得流行。今观流行之中，何以不散漫无纪？何以万殊而一本？主宰历然。释氏更不深造，则其流行者亦归之野马尘埃之聚散而已，故吾谓释氏是学焉而未至者也。其所见固未尝有差，盖离流行亦无所为主宰耳。②

近溪的学问与佛家有相似的地方，但是又超越了佛家。因此，只有将其思想宗旨定为"赤子良心，不学不虑"才能与泰州"现成良知"，王艮（1483—1541）和颜钧的"平常日用之道"有相通之处，才符合泰州学案整体"以作用见性"的基调。那么，为近溪的辩护也能顺理成章地为泰州学派辩护。

除了黄宗羲的近溪讲学宗旨观，明代诸儒对近溪的宗旨都有不尽相同的理解和认识。刘宗周（1578—1645）认为近溪的讲学宗旨是"明明德"③，万煜在他为近溪写的行状《罗近溪师事状》中，总结其师的讲学宗旨是"求仁"④。赵志皋（1524—1601）在为罗汝芳撰写的墓表中评述近溪学问的核

---

① 黄宗羲：《明儒学案》卷三四《参政近溪先生汝芳》，第 762 页。
② 同上。
③ 刘宗周：《师说·李见罗材》，黄宗羲《明儒学案》卷首，第 21—22 页。
④ 万煜：《罗近溪师事状》，罗汝芳《罗汝芳集》，下册，第 852 页。

心是"现成良知","以孝弟慈为实用"。① 耿定向（1524—1597）在《读近溪罗子集》中总结近溪文字的指归是指明"人之所以同天者，以具此良知也，知之所以为良者，只此赤子良心不学不虑之真机也"②。杨起元（1547—1599）在《近溪子集序》中也持相似观点，他认为近溪"其言一宗孔子，归之于天命，证之于赤子，而无他说焉"③。近溪后学陈起龙和刘宗周一样，认为近溪是以明德为宗，他在《罗近溪先生集序》中云："其说以仁为体，以明德为宗，以孝弟为日用之要，力吹文成之焰而光之。"④ 黄文炳在《明德罗夫子文集后序》中也提及："窃观先师之文，大都关切身心性命，直写仁人孝子之胸臆，观之者无不感动增益。"⑤ 近溪曾孙罗万化等更直接把不学不虑之良，解释为孩提之爱亲敬长，故人人皆可成为尧舜，"夫尧舜之道，孝弟而已矣"⑥。各家观点，不胜枚举。

明代诸儒与近现代学者都对近溪宗旨各有不同理解，这大约与罗汝芳一生学无常师，并由儒近禅、释，学贯儒释道的治学经历有关。罗汝芳曾自述其一生的求学闻道经历颇为曲折复杂，正如黄宗羲在《参政近溪先生汝芳》中总结："十有五而定志于张洵水，二十六而正学于山农，三十四而悟《易》于胡生，四十六而证道于泰山丈人，七十而问心于武夷先生。"⑦ 以及其每有关于"格物"的体会，"则以请正先君"前锋先生。由此可知罗汝芳一生都处于不断反思自己的过程中，这也导致了他面对同一

① 赵志皋：《近溪罗先生墓表》，罗汝芳《罗汝芳集》，下册，第928—929页。
② 耿定向：《读近溪罗子集》，罗汝芳《罗汝芳集》，下册，第934—935页。
③ 杨起元：《近溪子集序》，罗汝芳《罗汝芳集》，下册，第936页。
④ 陈起龙：《罗近溪先生集序》，罗汝芳《罗汝芳集》，下册，第973页。
⑤ 黄文炳：《明德罗夫子文集后序》，罗汝芳《罗汝芳集》，下册，第979页。
⑥ 罗万化：《罗明德公文集跋》，罗汝芳《罗汝芳集》，下册，第977页。
⑦ 黄宗羲：《明儒学案》卷三四《参政近溪先生汝芳》，第763页。黄宗羲对近溪求学经历的描述摘录自罗汝芳之孙罗怀智的《罗明德公本传》："盖公十有五而定志于洵水，二十有六而证学与山农，三十有四而悟《易》于胡生，四十有六而授道于泰山丈人，七十而问心于武夷先生。"程玉瑛通过对比杨起元、周汝登、李贽的说法，核以罗汝芳《泰山丈人》一文，考证出罗汝芳证道于泰山丈人应在1553年，近溪三十九岁时发生。又按，武夷先生具体是谁，暂时未能考证出来。史料中可找到的"武夷先生"，一位是宋代的胡安国，福建武夷人；一位是王朝聘（1568—1647），字逸生，一字修侯，学者称武夷先生，明湖广衡阳人。王朝聘少时从其乡大儒伍定相学天文、地理、经史、财赋、兵戎，后又从学邹守益，承东廓之传，以真知实践为学，提倡以诚意为省察密用，学务克己，敛华就实，不为苟难。但是根据罗汝芳年谱，他七十岁时是1584年，这时王朝聘只有十六岁，学术思想还未成熟，并非罗汝芳所言武夷先生。

讲学对象时，常常不能以同一个宗旨来论学。

三　思想形成期的讲学活动

嘉靖十九年（1540）秋天，二十六岁的罗汝芳在南昌应考不第的归途中，看到颜山农"急救心火"的招牌，向其述说自己生死危机皆不动心的状态。颜山农以孟子之扩充四端来启发他，近溪如大梦初醒，拜山农为师。他从此一切时艺讲章置之不观，专门以孔子求仁、孟子性善质正于四书，偶尔作时文，亦能随笔写就，一气呵成，次年还编有《体仁类格》（未刻，今佚）。自此时起，罗汝芳以"体仁"为宗的思想已渐成体系，他也开始积极参与时下的讲会，详见下表：

嘉靖二十二年（1543）	中乡举，与胡庐山、周洞岩大会于南昌滕王阁数日
嘉靖二十三年（1544）	赴京应试，与徐波石、颜中溪、王西石、敖梦坡、谭二华等举"灵济宫大会"。 秋后，颜山农偕近溪南下泰州、扬州讲学，在安丰王艮祠祷告，悟"大中"之道
嘉靖二十四年（1545）	建从姑山房，以待四方游学之士。接引来学，每日与友论驳程明道、陆象山、王阳明、王心斋义指
嘉靖二十五年（1546）	讲学抚州宜黄
嘉靖二十六年（1547）	往吉安，拜谢颜山农，因遍访聂双江公、罗念庵、邹东廓、刘狮泉，商榷学问
嘉靖二十九年（1550）	至维扬，约王龙溪、钱德洪（1496—1574）会讲于留都天坛道观，可惜二人未能赴约。 与赵贞吉（1508—1576）会于南京。 秋天，在南昌停留月余，又至螺川，会吉安府九县同志①
嘉靖三十年（1551）	春，和王艮弟子董蓉山相邀会乐安，会宜黄。 暮春，回到盱江，建立义仓，创立义馆，兴建宗祠，置醮田，修各祖先墓，讲里仁会于临田寺

---

① 当时罗近溪只是一个与会者而已，门人弟子在传记中书写这些经历时，难免有所夸张。

续表

嘉靖三十二年（1553）	廷试中式。时内阁徐阶、聂双江、欧阳德、周俨山皆以兴起斯学为己任。定会所于灵济宫，近溪集同年顾桂岩、李近麓、柳洞阳、向望山、李一吾，会试同年瞿昆湖、吴泽峰、戴浑庵、贺少龙、王敬所，旧同志何善山、张西吾、何吉阳、张浮峰、王芳麓等数十百人，联讲两月，人心翕然，堪称盛会。 寓北京，与姜宝、胡直、邹善、刘应峰朝夕联同志会。与殿试年友史桂芳朝夕磨切"格物"之说。 六月，赴任太湖令，平蕲黄、英山盗，办湖赋，修庠序，立乡约，饬讲规，敷衍《圣谕六言》

从上表可见，罗汝芳在思想最终定型之前，首次外出一人主讲是去了邻县的宜黄，这也是他在外面的唯一一次主讲。这次讲学，有一定的吸引力，当即就有一位青年拜他为师。其余时候，无论是参加滕王阁的大会，还是灵济宫的讲会，他都是作为参与者，甚至只是听众而已。在这十三年间，除了周游四方，与儒者们论学，近溪完成了思想的两次重大转折。一次是在近溪三十四岁时，拜楚人胡宗正为师。他晚年自述这段经历：

> 某复以师事之，闭户三月，亦几忘生，方蒙见许。反而求之，又不外前时孝弟之良，究极本原而已。从此一切经书，皆必归会孔、孟，孔、孟之言，皆必归会孝弟。以之而学，学果不厌；以之而教，教果不倦；以之而仁，仁果万物一体，而万世一心也已。①

跟从胡宗正学《易》之后，近溪思想日渐成熟，与师从颜山农之后"专以孔子求仁，孟子性善质正于四书"相比，②有了更多自己的体会。

另一次是近溪三十九岁时，证道于泰山丈人的事。其时，近溪北上赴试，舟过临清，忽然患重病。一日倚榻而坐，恍见一老翁自称泰山丈人，

---

① 黄宗羲：《明儒学案》卷三四《泰州学案三》，第790页。
② 曹胤儒：《罗近溪师行实（节录）》，罗汝芳《罗汝芳集》，下册，第834页。

与近溪交谈后，近溪以往的执念渐消而学问益进。① 泰山丈人指出近溪的执念是"操持强力太甚"，说明近溪对"不学不虑"的工夫还未能真正体悟，直到这次证道于泰山丈人之后，他的思想才真正成熟起来。

从这一时期罗汝芳的生平事迹来看，其讲学活动属于缙绅讲学。② 他每日与友论驳程明道、陆象山、王阳明、王心斋义指，讨论比较玄奥、有无定论的学术问题。这种学院式的讲学，注重本体、寂感、已发未发等问题。③ 讲学的过程，也是论学的过程，更是思想逐渐形成和成熟的过程。他先后拜访了王门中江右的聂豹、罗洪先、邹守益、刘邦采等人，又约浙中王门的王畿、钱德洪，虽不得相见，但与文渊阁大学士赵贞吉会于南京，可知罗汝芳在广泛接触王门硕儒的过程中，逐渐形成和传播了自己的思想。

四 出仕后的讲学与论学

罗汝芳的思想日益成熟之后，他开始实践庶民式的讲学。庶民式的讲学是一种以"万物一体""人人皆是圣贤"为宗旨，在平民中积极宣传阳明的良知之说，并且希望通过讲学建立治、教合一的组织，来使平民觉醒的讲学方式。他们通常会将讲学活动更多地与道德建设结合，把讲学的视野转向社会秩序的建设上，以加强对社会下层的思想控制。④ 三十七岁时，罗汝芳在临田寺讲里仁会以淑其乡人，《里仁乡约训语》正完成于这一时期。在此文中，罗汝芳提出"善政"不如"善教"之得民。所谓"善教"虽然从解释明太祖六谕入手，重点则在启发个人的良知。他说：

---

① 对此事，李贽的《理学名臣传》、周汝登的《圣学宗传》、黄宗羲的《明儒学案》中均有记载。上述诸文中所记载的内容与近溪所撰的《泰山丈人》一文完全相同。但是近溪没有说明此事发生的时间。程玉瑛考证为近溪三十九岁时事。不过牟宗三认为泰山丈人不必真有其人，详见牟宗三《心体与性体》第二册，正中书局 1963 年版，第二册，第 125 页。

② 陈时龙将明代阳明学内部的讲学活动分为两个派系，一系自王阳明、王畿、钱绪山、邹守益开始，是精英式、学院式的讲学；一系自王艮而始，是庶民式的讲学。对于他们讲学内容的区别，张涏认为，阳明是从传统理学的背景出发，形上的哲学范畴是其终极关怀；王艮乃是从下层生活去体验，终极关怀是在于个人与其扩及人群、事物的关系上。详见陈时龙《明代中晚期讲学运动（1522—1626）》，复旦大学出版社 2007 年版，第 278—280 页；张涏《从流行价值论王艮思想的历史评价》，《东华人文学报》2002 年第 4 期。

③ 陈时龙：《明代中晚期讲学运动（1522—1626）》，第 282 页。

④ 同上。

吾乡老幼，聚此一堂，有百十余众，即使宪司在上，也不免有些喧嚷。是岂法度不严，奈何终难静定？及看此时，或起而行礼，或坐而谈论，各人整整齐齐，不待分付一言，从容自在，百十之众，浑如一人……此却是何缘故？盖是吾人之生，不止是血肉之躯，其视听言动，个个灵灵明明，有一良知之心以主宰其中。往常乱走乱为，只是听凭血肉，如睡梦一般，昏昏懵懵，不自觉知，以故刑罚也齐一不来。今日大家到此，听高皇帝圣谕，叫起孝父母、敬尊长等事，句句字字，触着各人本来的真心，则谁无父母，谁无兄弟，亦谁不曾经过孩提爱敬境界？今虽年纪或有老的，或有壮的，或尚幼的，固皆相去赤子已久，然一时感通，光景宛然，良知良能，如沉睡忽醒，则中心耿耿，便于血肉形躯顿尔作得主起。虽是旧时耳目，而视听却分外聪明……何况此心良知，人人皆同，处处皆同……①

近溪在里仁会的讲学已经具有了庶民式讲学的特点，他已经默认人人具有赤子的良知良能，因此讲学的重点是要唤醒个人的良知以成为个人行动的主宰，他勉励乡亲们做大孝大弟的圣贤之人。这样的特色在罗汝芳入仕的二十多年里，更加显著。他自四十岁出任太湖令，就在所任职的地方，修庠序，立乡约，整饬讲规，敷衍"圣谕六条"。出任宁国府知府时，他联合士民讲学，敷衍圣谕六言，立宁国府乡约，著有《宁国府乡约训语》，重修宣城县学。起补东昌太守后，他在东昌修学宫及城隍庙，建见泰书院。治理云南时，其在昆阳州举行乡约于海春书院。万历四年（1576），在云南击退莽军后，罗汝芳复集腾越父老子弟在演武厅举行乡约，并有《腾越乡约训语》传世。传世的罗近溪讲学语录，也多是在他出仕云南等地时辑录。近溪任职一方时，通过运用行政力量建书院、立乡约的方式来传播"良知"之学，试图通过"孝弟慈"这样简单可行的工夫口号，向下层民众传递"赤子良心，不学不虑"的理论。

与此同时，近溪也并没有放松与学者的论学。嘉靖三十五年（1556），罗汝芳与宋仪望（1514—1578）、吕沃洲、何迁、胡直、邹善等在京联合

---

① 罗汝芳：《里仁乡约训语》，《罗汝芳集》，下册，第764页。

聚会讲学。嘉靖四十一年（1562），他集合罗一山、万合溪、刘小鲁、李材（1519—1595）、徐用检（1528—1611）等日夜聚论，商榷理学。嘉靖四十三年（1564），其集合宛陵六县的同志，邀请王畿、王襞（1511—1578）主讲。① 隆庆五年（1571），罗汝芳守孝三年后，周游天下，遍访同志，大会于乐安、南丰、广昌、韶州，由郴、桂下衡阳，大会刘仁山书舍。万历元年（1573），他北上南昌，顺大江而东，于饶州、安庆、宁国、留都、扬州会讲不断。其在留都与曹胤儒、焦竑、翟秋潭、甘干斋、李贽等人论学，与王时槐、耿定向、王畿等人亦相互拜访、论学。万历二年（1574），近溪与李同野、方旸谷、顾西岩、张禹江、张浙江、陈一水诸公讲学于云南五华书院，门人辑有《五华会语》。万历三年（1575），其经过武定、昆阳州、澂江、弥勒州、通海、临安、石屏、楚雄、洱海、大理、永昌时一路各设有讲会。近溪与僚友定期相会，集合士子讲学、作文以为常，讲学语录都收入《近溪子集·书卷》。

万历五年（1577），罗汝芳以云南地方官员的代表身份，入京为万历帝祝寿，恰逢该年为会试年，各地学子云集京师，近溪终日与同志讲学。张居正遣子往听之，近溪却赠以《太上感应书》，张居正对此颇为不悦。② 之后江陵"唆使"言官弹劾近溪，责令其致仕。至此，近溪的仕宦生涯结束。在近溪宦游的这二十多年间，他的讲学活动兼具学院式和庶民式，这种情况也是造成听者对近溪讲学宗旨各有理解的原因之一。一方面，近溪要通过敷衍圣谕，宣讲"孝弟慈"的观点，将讲学活动与道德建设相结合，以达到化民成俗、教化一方的目的；另一方面，近溪常与志同道合的儒者们论学，修正自己的学说，这也符合罗汝芳"好学"的性格特点。传世的语录多辑录于这一时期，因此会呈现出兼有形而上和教化性语录的特点。

五　结论

通过回顾罗汝芳的生平，可以看到他的思想形成有几个阶段。罗汝芳

---

① 据《宁国府志·人物志·流寓》王畿条载："嘉靖间，郡守罗汝芳延至，与泰州王襞先后递主讲席，一时士多蒸蒸向学焉。"详见嘉庆《宁国府志》卷三一，江苏古籍出版社 1998 年版，第 318 页。

② 曹胤儒：《罗近溪师行实（节录）》，罗汝芳《罗汝芳集》，下册，第 847 页。

早年读薛文清的书，信从程朱之学，便立簿每日记录功过，独居小楼，对一水一镜自修，日久竟成重病。其父罗锦授以阳明《传习录》，指以致良知之学，才始悟入学之要。近溪也曾自述道：

> 想得无奈，却把《近思录》、《性理大全》所说工夫，信受奉行，也到忘食寝、忘死生地位。又病得无奈，却看见《传习录》说：诸儒工夫未是，始去寻求象山、慈湖等书，然于三先生所为工夫，每有窒碍，病虽小愈，终沉滞不安。①

读了王阳明、陆象山、杨慈湖的书，近溪虽有所体悟，但是还未能完全融会贯通成为自己的思想，所以还是沉滞不安。直到罗汝芳遇到颜山农，他指出体仁并不是抑制自己的欲望，而是"如火之始燃，泉之始达"一般自然而然地"扩而充之"。② 从此罗汝芳开始了"求仁"之学的探索，"朝夕专以孔子求仁，孟子性善质正之于四书，口诵而心惟之，一切时说讲章置之不观"③。罗汝芳会试不赴廷试后的十年，也是他思想形成的重要阶段。这十年间，近溪周游四方，开始了学院式的讲学之路，每日与友人讨论阳明心学。在此过程中，他对阳明学重视直觉、觉悟的精神领会较深刻，主张良知现成，一切放下。在这段时期，近溪学《易》于胡宗正的经历，使他彻底贯通了《易》《论语》《孟子》而提出了"孝弟慈"的观点，从此一切经书皆必归会孔孟，孔孟之言皆必归会孝弟。此时，近溪已经深刻体悟"万物一体"，信服阳明后学提出的"人人皆是圣贤"的观点。于是他的讲学活动越来越走上庶民式讲学的道路，通过讲习太祖圣谕，宣扬简单易行的"孝弟慈"宗旨，以达到化民成俗、教化一方的目的。

（作者单位：香港理工大学中国文化学系）

---

① 罗汝芳：《近溪子集·乐卷二》，《罗汝芳集》，上册，第52页。
② 黄宗羲：《明儒学案》卷三四《参政近溪先生汝芳》，第761页。
③ 曹胤儒：《罗近溪师行实（节录）》，罗汝芳《罗汝芳集》，下册，第834页。

明中期建阳书商刘剡师承考

——兼谈书商的理学化问题

朱 冶

　　"士农工商"四民关系是中国古代帝制社会的阶层基础。研究者的关注热点，在于明代中后期商人群体的崛起，以及王阳明"新四民说"等文献所见商人地位的提升等内容。① 中晚明具有商业特性的士人阶层，亦成为晚近学者的关心所在。"士商"阶层在近世文化传播与知识出版中影响力的探讨，确可补益明清思想文化史的论述。然明代中前期的福建建阳一带，实际还出现了理学化的书商，刘剡是其中代表。以刘剡为例，考述其理学身份之形成与表现，有助于丰富已有的明代四民关系认识，并助益于东亚文化交流史的相关探研。

　　"京兆后人"与"松坞门人"，是刘剡横跨士商阶层的两种身份标识。刘剡出身书商世家，始祖为迁居麻沙的京兆万年（今陕西西安）人刘翱（858—936）。刘剡生平家世、编刊活动及其编刊书籍的东亚影响，已有学者做出初步讨论。② 整体而言，刘剡的书商家世，得到较多关注，然其理

---

　　① 余英时：《中国近世宗教伦理与商人精神》，九州出版社 2014 年版；许敏：《试析明代后期江南商贾及其子弟的文人化现象》，《中国史研究》2005 年第 3 期；梁仁志：《"良贾何负闳儒"本义考——明清商人社会地位与士商关系新论》，《湖北大学学报》（哲学社会科学版）2018 年第 4 期；常文相：《明代士大夫的"商人—商业"观》，《西南大学学报》（社会科学版）2018 年第5 期。

　　② 方彦寿：《建阳刘氏刻书考》（上），《文献》1988 年第 2 期；方彦寿：《建阳刘氏刻书考》（下），《文献》1988 年第 3 期；Lucille Chia, *Printing for Profit：the Commercial Publishers of Jianyang, Fujian（11th－17th centuries）*, Cambridge, MA：Published by Harvard University Asia Center for Harvard-Yenching Institute, Distributed by Harvard University Press, 2002；Kai-wing Chow, *Publishing, Culture, and Power in Early Modern China*, Stanford：Stanford University Press, 2004；정재철（Jae Chul Jung）：《중국도서의 수입과 학문적 수용 -명초 건양의 서림학자劉剡의 편찬서를 중심으로》，《동방한문학》第 66 卷, 2016 年。

学身份鲜少为人所注意。

刘剡的书商背景，在其家族谱系中可得到确证，经他所编刊的书籍种类繁多，有《四书辑释通义大成》《少微通鉴节要》《资治通鉴节要续编》《十八史略校本》《文公先生小学集注大成》《详说古文真宝大全》等多种，涵盖经史子集各部，传播至东亚汉文化圈诸国，均影响深远，形成了中国典籍域外传播的一道景观。刘剡在编刊书籍的题名、序跋处，常以"京兆刘剡"自称，显示其强烈的祖籍身份标识。其同族其他刊书者，也有"京兆刘文寿"等类似署名。与其"京兆后人"身份形成鲜明呼应的是，刘剡还有一重有待查验的理学身份。这突出反映在其编刊书籍的题记中，常以"松坞门人"自居。这实际是他文化身份之自认的体现。松坞，是明初朱子后学王逢之号。刘剡是否真如他自述的那样，具有上接王逢之学的学术传承，乃其"理学化"身份得以成立的关键，本文将对此专作讨论。

王逢是刘剡理学身份建构过程中的核心人物。元末明初有两位王逢，一位是元代著名诗人王逢（1319—1388），字原吉，江苏江阴人，撰有《梧溪集》七卷。① 一位是明初江西乐平人王逢（活跃于永乐、宣德年间），字原夫，号松坞先生，宣德初被荐为富阳（今属杭州市富阳区）县学训导，以明经辟召，皆不就。两位王逢时代相近，易于混淆。刘剡之学，据称传自后者。王逢为朱熹嫡传，沿着"朱子—饶鲁—吴中—朱以实—朱公迁—洪初"的脉络传递，因此《宋元学案》将王逢列入"双峰学案"（饶鲁之号），视为朱子七传。②《宋元学案》中未载刘剡之名，王逢之下仅列有江西鄱阳人何英一人，称何氏"学于王松坞之门，造诣益深"③。何英著作丰富，有《四书释要》《诗经增释》《易经发明》多种。

刘剡从学于王逢的证据，王重民《中国善本书提要》中有所提及。王重民利用同治《乐平县志》卷九收录王逢《主忠信序》一文，根据王逢自

---

① 王逢：《梧溪集》，北京师范大学出版社 2016 年版。
② 黄宗羲撰，全祖望补：《宋元学案》卷八三《双峰学案》，中华书局 1986 年版，第 2836—2837 页。
③ 同上书，第 2837 页。

述永乐十五年（1417）游建阳书林一事，认为刘剡从学王逢之门，必在此时也。① 方彦寿《福建刘氏刻书考》采信此说，辅证以亲身访得《刘氏贞房谱》，其族谱卷一中，载有永乐十七年王逢应刘剡之请，为刘氏重修宗谱所作序跋，证实二人交谊确从永乐时期开始。②

然以上仅能证明王、刘两人在永乐中确有交游，并非刘剡入王逢之门的直接证据，亦不清楚刘剡跟随王氏所学具体内容。实际上，刘剡编校的重要史书《少微家塾点校附音资治通鉴节要附外纪》（本文简称之《少微通鉴节要》)，哈佛燕京学社所藏其宣德三年刊本中，载有刘剡本人记述，披露其从学王逢的过程等细节（见图 1 所示）。

刘剡在《少微通鉴节要》书前按语中，详述他受学王逢的缘起及所受影响。刘氏称："□□□□鄱阳松坞王先生携师垫谷洪先生所受、克升朱先生所著《诗经集传疏义》来书林，而又会聚群书五十余帙，辑而录之，以附益焉……时剡得供审阅之事，而得请学焉。"③ 由是可知，刘剡借由王逢来建阳刻书的机会得以从学。《诗经集传疏义》一书，为王逢师祖、元儒朱公迁所撰，是元代诗经学的代表作，清代《四库全书》馆臣评价此书"虽递相附益，其宗旨一也，其说墨守朱子，不踰尺寸，而亦间有所辨证"④，显示它是一部羽翼朱子《诗集传》的理学著述。刘剡此篇书前按语作于宣德三年（1428）夏，然在哈佛燕京学社刊本中，记载王逢来建阳时间之处有缺漏。所幸，韩国现存抄本《（新刊高明大字少微先生）资治通鉴节要外纪》书前按语（见图 2 所示），载有王逢来建阳的确切时间，可补哈佛燕京学社刊本之缺。

---

① 王重民：《中国善本书提要》，上海古籍出版社 1983 年版，第 42 页；王逢：《主忠信序》，同治《乐平县志》卷九，清同治九年刻本。

② 方彦寿：《福建刘氏刻书考》（下），第 217 页。

③ 江贽著，刘剡增校：《少微家塾点校附音资治通鉴节要附外纪》卷首，哈佛燕京学社藏明宣德三年刊本。

④ 永瑢：《四库全书总目》卷一六《诗经疏义》条，中华书局 1965 年版，第 127 页。

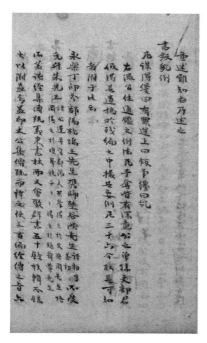

图1 哈佛燕京学社所藏宣德三年
刊本《少微家塾点校附音资治通鉴
节要附外纪》

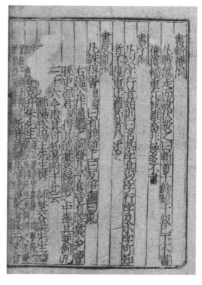

图2 韩国国立中央图书馆所藏抄本
《（新刊高明大字少微先生）资治通鉴
节要外纪》

　　据韩国所藏抄本《少微通鉴节要》可知，王逢于"永乐丁卯冬"来建阳。然永乐二十二年间并无"丁卯"年，此显然为抄者笔误。永乐间有丁亥（永乐五年，1407）、丁酉（永乐十五年），以及辛卯（永乐九年）、癸卯（永乐二十一年）四个年份。结合同治《乐平县志》中王逢自述"永乐丁酉冬，予游建阳书林"之语，以及中国国家图书馆藏明嘉靖二年书林刘氏安正书堂刊本《诗经集传疏义》中何英识语"永乐……岁丁酉，英侍先师馆于叶氏广勤堂（建阳名肆），参校是书"，可证实图1中王逢来访建阳、刘剡跟随从学的时间，应为永乐丁酉（十五年）无疑。

　　刘剡入王逢之门，另有王逢高弟何英之言可证之。何英于正统九年（1444）述及《诗经集传疏义》曲折的刊刻经历，他不仅将刘剡视作同门，且将王逢付出较多心血的《诗经集传疏义》交予刘氏审定。早在永乐十五年，王逢与何英已开始补辑朱公迁《诗经集传疏义》一书，具体做法是

"旁取诸儒之说，节其切要者，录而附之"。稿成未及刊刻，王逢离世，刊刻一事不了了之。时隔二十年左右的正统五年，书林叶氏再次请刊《诗经集传疏义》，何英取王逢旧稿予以修补完善，易名为《诗传疏义详释发明》，并将此书"质诸同门友京兆刘剡，以卒先师之志"①。此外，刘剡的弟子熊宗立（1409—1482），也在相应书籍序跋中追认刘剡的师承脉络，称："先生讳剡，字廷章，受于鄱阳松坞王先生逢者。"②

刘剡于永乐十五年之后得以从学王逢，其所学内容为何？根据刘剡刊刻书籍的多种题记和跋语等，可总结王逢与刘剡共同从事的书籍编纂与研究活动，主要包括如下几方面：

其一，协助王逢、何英审阅校订《诗经集传疏义》，由此跟随王氏学习。刘剡早在宣德三年已提到，王逢因刊刻《诗经集传疏义》来建阳，此书有功后学，"坊中好事者已请刊行"，并提及"时剡得供审阅之事"③。其后正统年间，何英重编《诗传疏义详释发明》，刘剡又参与其中，辅助同门何氏编校此书，以完成王逢遗志。现存明嘉靖二年书林刘氏安正书堂刊本《诗经集传疏义》，卷首题"后学鄱阳朱公迁克升疏义，野谷门人王逢原夫辑录，松坞门人何英积中增释"，刘剡之名不在其列，说明其贡献多在审阅校订层面，对该书内容帮助有限。

其二，与王逢共同参与重编《少微通鉴节要》一书。朱子后学王逢的义理化史学思想，逐渐深入影响刘剡的史书编纂活动，《少微通鉴节要》《资治通鉴节要续编》这两部义理化史书的出版即为例证。刘剡详述王氏史学思想对其感召，称：

> 暇日论及史学，先生尝曰："少微先生《通鉴节要》一书，甚有益于学者，不旬日读之，而数千载兴亡治乱，了然在目，诚为读史之捷径也。然统纪淆混，学者莫知适从。当以文公朱子之例读之，然后进于《纲目》。庶乎三纲五常之道，春秋经世之法，可得而识耳。苟

① 朱公迁：《诗经集传疏义》，中国国家图书馆藏明嘉靖二年书林刘氏安正书堂刊本。
② 熊宗立：《文公先生小学集注大成凡例》，中国国家图书馆藏明宣德九年梅隐精舍刻本《文公先生小学集注大成》。
③ 江贽著，刘剡增校：《少微家塾点校附音资治通鉴节要附外纪》卷首。

字义反切之未详，虽旁搜苦索之劳，未免其意之龃龉也。吾尝将眉山
史氏《通鉴音释》、慈湖王氏《音训音义集览》等及诸书训释而标注
之，以备遗忘，非敢以为学者设也。"请之数四，乃得出示，名曰
《资治通鉴释义》。观其名物制度音义，不待圈点而句读粲然明备，又
补正其脱略凡二十余处。初学得此读之，明白易晓，诚为至宝也。①

　　《少微通鉴节要》是司马光《资治通鉴》的简明读本。王逢采辑史炤
《通鉴音释》、王幼学《音训音义集览》诸书，而成《资治通鉴释义》一
书，以补备《少微通鉴节要》中音释训诂的缺漏。刘剡则遵从王逢之意，
不仅将《资治通鉴释义》编入《少微通鉴节要》之中，还以朱熹《资治
通鉴纲目》的体例重新编纂《少微通鉴节要》，自称"剡敬承师命，正其
统纪，坊间好事者既请板行矣"，同时补充了《资治通鉴外纪》部分。哈
佛燕京学社现存宣德三年刊本《少微通鉴节要》中，《资治通鉴外纪》卷
一首题"鄱阳松坞王逢订正，后学京兆刘剡纂辑"，卷二至卷五首题"鄱
阳王逢释义，京兆刘剡纂校"，《少微通鉴节要》卷一至卷四首题"眉山史
炤音释，鄱阳王逢辑义，京兆刘剡增校"，以上题记清楚表明王逢、刘剡
合作编订《少微通鉴节要》的各自贡献。

　　其三，受王逢启发影响，刘剡接续《少微通鉴节要》编纂《资治通鉴
节要续编》一书。《资治通鉴节要续编》是简明的宋辽金元史书，同样以
朱熹《资治通鉴纲目》体例编成，书中倡议华夷之辨的正统观念，对宋元
史事多有评论。② 韩国中央图书馆藏朝鲜英祖年间金属活字本《资治通鉴
节要续编》，卷首题"建阳知县盱江张光启订正，松坞门人京兆刘剡编辑，
翠岩后人京兆刘文寿刊行"。尽管王逢未直接参与《资治通鉴节要续编》
的编纂，然该书作为《少微通鉴节要》的续编，乃是王逢义理化史学思想
的继承和延续。成书后的《少微通鉴节要》《资治通鉴节要续编》，在明清
中国及东亚诸国传播广泛，对东亚史学思想的形成亦有塑造之功。

　　其四，王逢与刘剡合作编订《重订辑释通义大成》一书，该书是元末

---

① 江贽著，刘剡增校：《少微家塾点校附音资治通鉴节要附外纪》卷首。
② 朱冶：《〈资治通鉴节要续编〉在朝鲜王朝的传播与影响》，《史学史研究》2018 年第
3 期。

明初"四书学"集大成之作。中国科学院藏正统十年詹氏进德堂补修本《重订辑释通义大成》，这部集锦式的明代"四书"学著作，是以元儒倪士毅《四书辑释》为底本，汇集元末明初诸家"四书"疏解著述而成。《重订辑释通义大成》是正统间刘剡增订而成，卷首题"新安道川倪士毅重订辑释，新安东山赵汸同订，鄱阳克升朱公迁约说，新安林隐程复心章图，莆田后学王元善通考，鄱阳王逢订正通义"，除程复心《四书章图》、王元善《四书通考》等书外，朱公迁《四书通旨》《四书约说》也被纳入此书，这显然是王逢、刘剡的编纂用心所在。

另外，王逢、刘剡还合作标题《十八史略校本》一书。《十八史略》是元人曾先之所撰的简明中国通史，在东亚诸国流传广布。① 《十八史略校本》题为王逢点校，刘剡标题，此书于宣德初至宣德四年间完成。一言之，王、刘师徒二人相辅相成，刘剡从王逢之学中获益良多，王逢也借助刘氏家族便捷的出版渠道推广相关著作，两人相互协作，在明中期文化出版中发挥显著影响。

综上所述，明中期刘剡既有"京兆后人"书商世家的身份，还因从学于江西朱子学者王逢而上接朱子学统，他跨越士、商之间，兼具两种身份所长，故能用其所学，充分施展对文化传播的助推力和影响力。刘剡并非刻意附庸风雅，他自永乐十五年起得以从学王逢，不仅学习王氏的史学编纂思想，还受益于王氏程朱义理之学的熏陶。从刘剡其后的编刊表现来看，他所编校书籍种类丰富，涵盖经史子集，且都具有义理化的特点，这与他从学王逢的经历大有关系。由刘剡所见明中期书商的理学化趋向，显示了这一新兴阶层对程朱理学的普及化和通俗化的推动意义。经刘氏编刊的各类书籍远播域外，在东亚汉文化圈诸国传播广泛，实际上影响着近世东亚士人经史认识和历史观念的形成。

（作者单位：华中科技大学历史研究所）

---

① 乔治忠：《〈十八史略〉及其在日本的影响》，《南开学报》（哲学社会科学版）2001 年第 1 期；秦丽：《宋元明普及性史书东传朝鲜——以〈少微通鉴节要〉与〈十八史略〉为中心》，《古代文明》2019 年第 2 期。

试论王船山的解《易》原则

——以泽雷随卦为例

刘永霞

《易经》为儒家的六经之首，其六十四卦，卦卦都寓意深刻，主旨都指向了中国古代的"帝王之道"。相传，伏羲氏创八卦，之后又演绎为六十四卦。到了周朝，周文王和周公又附之以卦爻辞。而后孔子作"十翼"①则是《易经》义理化成熟的象征。可知，《周易》从产生到义理化的定型与成熟，都是古代明君与圣人殚精竭虑而用以治世的智慧结晶。

对于《易经》的解释，历来都分为象数派与义理派两派。象数派的代表人物为西汉的京房，其特点是将术数附会于卦和爻上，宣扬灾变说与宿命论。义理派以孔子为创始人，其后的历代学者都传承了这一理路。魏晋时期的玄学家王弼以儒道交融的方式解释《易经》，但突出了道家"贵无"的特色，因提倡"得言忘象、得意妄言"说，而遭到很多儒者的批评。之后，两宋期间，易学大师辈出。其中，以程颐、朱熹为佼佼者。到了明代，一代大儒王船山站在历史的高度，汇总、分析了先儒释易的优缺点，提出了自己的解《易》原则。本文主要通过王船山对随卦的解释，试图总结出他的释《易》原则，以期使现代人对古老的《易经》原旨有一个比较准确的把握。

---

① 即《易传》，是孔子及其儒家学者对《易经》所做的解释，包括"十翼"，或者说是有十个部分，指《彖传》上下，《象传》上下，《文言》，《系辞》上下，《说卦》，《序卦》，《杂卦》。

一 泽雷随卦的含义

在儒家所有的易学大师中，王船山可谓是独领风骚的一位大家。王船山即王夫之，字而农，号姜斋，湖南衡阳人。王夫之是明末清初的著名思想家、经学家、史学家、文学家。由于他晚年隐居在衡阳石船山，因而被尊称为"船山先生"。他生于明万历四十七年（1619），卒于清康熙三十一年（1692），享年七十四岁。他的一生可谓是命运多舛，自从明亡后，就在颠沛流离中惨淡度日。他还组织过义军抗清，失败后就亡命天涯。最后，在家乡隐居直至终老。作为中国历史上的杰出思想家，他虽然在穷困潦倒中挣扎着生存，但却坚持著述不辍，著有《周易内传》《周易外传》《尚书引义》《诗广传》《礼记章句》《春秋家说》《世论》《续左氏传博议》《读四书大全说》《宋论》《永历实录》《楚辞》《姜斋诗文集》等涉及经、史、文、哲等诸多领域的大作。他是一代大儒，对传承中国传统文化的四书五经都有精深的研究与独具匠心的体悟。

王船山在二十多岁时就对《易经》颇有心得，他的《周易内传》与《周易外传》是解释《易经》的心血汇聚之作，其中，可以说，《周易外传》是对《易经》研究的点睛之笔。船山解《易》，能将理性赋予灵动的万物之象中，往往能将一个卦象解释得出神入化，精辟至极。下面以泽雷随卦为例，来说明他的易学特色。

随：元亨利贞，无咎。

上六：拘系之，乃从维之。王用亨于西山。

九五：孚于嘉，吉。

九四：随有获，贞凶。有孚在道，以明，何咎？

六三：系丈夫，失小子。随有求得，利居贞。

六二：系小子，失丈夫。

初九：官有渝，贞吉。出门交有功。（如图，从下至上）

　　泽雷随卦（如上图），按照《易传·序传》的排序，乃为《易经》六十四卦中的第十七卦。《易经》包括六十四卦，每个卦都由六爻构成。每个卦又分下卦和上卦两个部分，或称为内卦与外卦。六十四卦来源于最基本的八个卦（即乾、坤、坎、离、震、艮、巽、兑）。以泽雷随卦为例，从下至上依次为：初九爻、六二爻、六三爻、九四爻、九五爻与上六爻。实线为阳爻，阳爻都称为"九"。虚线为阴爻，阴爻都称为"六"。要完全、透彻地理解一个卦的含义，必须要兼顾到卦象、卦名及其爻位等多方面的意义。泽雷随卦的卦爻辞如下：

　　随：元亨利贞，无咎。

　　《彖》曰：随，刚来而下柔，动而说，随。大"亨"，贞，无咎，而天下随时。随之时义大矣哉！

　　《象》曰：泽中有雷，随。君子以向晦入宴息。

　　初九：官有渝，贞吉。出门交有功。

　　《象》曰："官有渝"，从正吉也。"出门交有功"，不失也。

　　六二：系小子，失丈夫。

　　《象》曰："系小子"，弗兼与也。

　　六三：系丈夫，失小子。随有求得，利居贞。

　　《象》曰："系丈夫"，志舍下也。

　　九四：随有获，贞凶。有孚在道，以明，何咎？

　　《象》曰："随有获"，其义凶也。"有孚在道"，明功也。

　　九五：孚于嘉，吉。

　　《象》曰："孚于嘉，吉"，位正中也。

上六：拘系之，乃从维之。王用亨于西山。

《象》曰："拘系之"，上穷也。①

随卦要表达的是什么含义呢？先来看看卦辞的含义。

随：元亨利贞，无咎。

"随"即以下从上。随卦的上卦为兑卦，象征着泽，下卦为震卦，象征着雷。下卦一阳在二阴之下，上卦二阳在一阴之下，即代表着阳随阴。元亨利贞为乾卦的四种品德，而随卦也具有此四德。"阳"指舒畅之气，具有刚强、健行的性质；"阴"，一般指凝滞之"形"，万物肇始于舒畅之气而成形。随卦的下卦为震卦，震卦的初九为阳爻，虽然初九上面有两阴爻，但初阳有资始万物之气，因而具有"元亨"二德。"元"，首也，取象于人首。"亨"，古与"烹""享"通。烹饪之事，气彻而成熟；古代用来祭祀的荐享之礼，人神情达而意合，故以"亨"为"通"。随卦的上卦兑卦，二阳盛而九五居中，因而处正而利物，具有"利贞"之德。"利"，指功之遂、事之益也。"贞"，正也。天下唯不正则不能自守，正则固，故"贞"为正而固也。随卦阳皆顺阴，但阳爻只要不失其健行之志，便可无过。"无咎"指无过。反之，如果阳爻受阴爻的迷惑，丧失其健行之志，则有大过。王船山举唐高宗的例子，认为高宗顺从于皇后武则天，此举正如泽雷随卦所表现的情境一样，其目的则在于以史为鉴。

《彖传》是对卦的详细解释。泽雷随卦象征着雷动而泽悦，阳从阴则阳刚者不能自己主事。泽雷随卦是阴上阳下之时，君子必知顺时且不失正义。就如孔子供事于鲁哀公之时一样，哀公顺从于三桓，君权下移，但孔子以忠贞之心为国为君，因而得以无过。随卦由天地否卦变化而来，一阳屈己而处于最下之卑位，象征着阳刚之君子拨乱反正之事，这只有顺天道的圣人可以随时施用，一般人不可能轻易做到，否则容易曲道从人，而丧失礼义廉耻。

---

① 王夫之：《船山全书》，岳麓书社1996年版，第一册，第181—186页。

《象传》是孔子对《易经》的"取象"特征的说明。泽雷随卦雷在泽中，阳从阴，则君子无用武之地，宜于遵照如昼夜迭替般的规律而行动，在夜晚，应知入室宴处而息动。卦辞告诫人们当应时而动静。

以上是王船山对泽雷随卦所做的整体解释，但每个卦都由六爻构成。六爻所反映的是卦内各个爻的含义及其相互间的关系、与整体卦的关系，是对一个人在不同的位子上应该怎样为人处世的具体而微的指导。那每一爻的含义又是什么呢？

> 初九：官有渝，贞吉。出门交有功。
> 《象》曰："官有渝"，从正吉也。"出门交有功"，不失也。

初九处于最下之位，但初九是由天地否卦的上九从上至下而来的，因而说"官有渝"。"渝"指变化。初九变而得正，以从于在上之六二，故"吉"。在《易经》中，阳爻居于奇数位为当位、得位或正位，阴爻居于偶数位为当位、得位或正位，否则便称为"不当位"。初九阳爻得位，六二也处中并得位，故阳从阴，而阳爻不会迷失自己。

在随卦之时，下爻皆随从其上之爻，这是由一个卦的"时义"决定的。"时义"就是一个卦的名称的含义。此卦的"时义"为随时。

> 六二：系小子，失丈夫。
> 《象》曰："系小子"，弗兼与也。

六二爻处中而得位，什么是"处中"呢？一个卦的上下卦皆有中位，即二与五，居中则可少犯错误。六二想追随其上之六三的话，就会失去其下之初九。可将初九喻为"丈夫"，将六三喻为"小子"，二者不可兼得。就如一个人立身处世，必得择善恶两端之一，忠佞之党，道不并立。

> 六三：系丈夫，失小子。随有求得，利居贞。
> 《象》曰："系丈夫"，志舍下也。

六三舍六二而从九四，前往有求于九四而期望有所收获。本来，阴从阳，就如臣从君那样，是正道。但若怀有私心而前往求九四赐予好处，便是失义。因而六三必须坚守正道，才可合于义而有利于奉公。六三不当位，因而爻辞有告诫之语。

九四：随有获，贞凶。有孚在道，以明，何咎？

《象》曰："随有获"，其义凶也。"有孚在道"，明功也。

九四随从于九五，九五得位，九四从之，必获九五之真心。但此卦为随卦，随卦是阳从阴之时，而九四独独从九五之阳爻，它虽然是坚守正义但却悖时而行，因而得"凶"。九四所处之时，暗合了孔融与曹操的故事。孔融为东汉末年文学家，为"建安七子"之一，其家学渊源很深，是孔子的第十九世孙。汉献帝即位后任孔融为北军中侯、虎贲中郎将、北海相，时称"孔北海"。他可谓是忠君爱国，但一味与曹操作对，后惨遭曹操杀害。在孔融之世，时人争相奉承、投奔曹操，而孔融则守着忠于汉帝的臣子本分，舍生取义，与汉帝心意相"孚"，"孚"指诚信。他明晓正道，欲效力于九五至尊而立功，因而无过。

九五：孚于嘉，吉。

《象》曰："孚于嘉，吉"，位正中也。

九五得位居中，又处于尊位。"尊位"，一般指帝王之位。九五前往随于其上之阴爻，不是因为利欲所致，而是阴阳相合以成嘉礼的缘故，因而得"吉"。九五从上六，处尊而得到辅助之人，并不是屈己枉道的行为。"嘉"指美、善。

上六：拘系之，乃从维之。王用亨于西山。

《象》曰："拘系之"，上穷也。

上六被九五所系，使之不与己分离。九五为至尊之位，其上者便为天神，此爻为帝王享神之象。"亨"，通"享"。一般来说，王者正己而无求，并无强求与人相合的道理。惟在祭祀天神时，王者尽诚以期其眷顾，乃为无过。随卦上卦为兑卦，兑卦位在西，因而说"西山"。

二　王船山的解《易》原则

以上是王船山对泽雷随卦的解释，所谓由微知著、由小知大，从以上论述，我们可以归纳几点船山的解《易》原则。首先，王船山的解《易》原则，也是对先儒易学思想的继承。其次，他在继承的基础上，又有自己的独创。大致可分为以下几个方面。

（一）时义说

什么是"时义说"呢？每个卦都有名称，如"屯""蒙""随""遁""大壮""晋""明夷""家人""睽""蹇""解"等，都是卦名。卦名有丰富的含义，它不仅意味着一个卦的上卦与下卦的组合，而且还有着更深刻的取"时"含义。什么是卦名之"时"？即一个卦名，如"随"，表示了一个整体的卦及其六爻的"规格"，或"时局"，对这个卦及其爻的诠释不能不受卦名之"时"的限制。"时"表达的是圣人之学的大义，这是君子学易应该汲取的精华。《系辞上》说："夫《易》，圣人之所以极深而研几也。惟深也，故能通天下之志。惟几也，故能成天下之务。惟神也，故不疾而速，不行而至。"圣人所要把握的这个"几"，就是指时义。随卦所要表达的"时义"就是阴从阳之时。

（二）中位说

"中位说"思想是贯穿于王船山《周易内传》与《周易外传》的一个核心原则。什么是"中位说"呢？简单说，就是每一个卦中的二、五爻，即上卦和下卦各自的最中间一爻。做事处中便不会走极端，因而获得吉利的机会就多。以随卦为例，从下至上依次为（如前图）：初九爻、六二爻、六三爻、九四爻、九五爻与上六爻。实线为阳爻，阳爻都称为"九"。虚线为阴爻，阴爻都称为"六"。就随卦而言，处于中位的爻是六二和九五。九五居中处尊位，做事则无过。六二随从于六三，便得放弃初九，但符合随卦的"时义"，因而也无过。只要处于"中位"，能够谨守"中和"之道，就能够获得吉祥或是化凶为吉。可以说，"中位说"是儒家的"中庸"

思想在易学上的体现。"中"则正，正可不一定就居中，这涉及另一解《易》原则。

（三）当位说

在《易经》中，阳爻处于奇数位为当位或得位，阴爻则处于偶数位为当位或得位。以随卦为例，初九、六二、九五、上六皆当位，那么，六三与九四则不当位。正因为不当位，所以六三与九四或是容易犯错误，或是招致灾祸，这便是处位不正所致。

（四）感应说

《易经》每个卦的六爻之间既有阴阳异性感应，又有同性感应，王船山把同性感应称为"孚"。"孚"指互相信任，待人以诚。以随卦为例，九四与九五便是同性感应而相"孚"，这就如孔融对待汉献帝的衷心一样。但异性感应或同性感应也未必就获吉。如随卦的九四，就是由于悖时而行，最终得"凶"。可见，决定一爻之吉凶的因素是多方面的。

（五）以史为鉴说

任何经典，都是历史的一面镜子，像《易经》这样"弥纶天地之道"的经典之作，其目标仍然指向了对历史的深刻反思与指导。王船山非常重视这一原则，在他解释每个卦时，至少会举三四个历史的事例来说明卦与爻辞深刻的警世含义。以随卦为例，在解释随卦的整体含义以及爻辞意义时，王船山就举了唐高宗与武则天、曹操与孔融等历史事件，以加深学《易》者的理解与体会。

（六）灵动说

王船山解《易》非常生动形象，从来不机械搬用教条，而是活学活用，其易学造诣堪称登峰。以随卦为例，船山释六二与六三爻，与先儒都不同。先儒都以初九为"小子"，以九五为"丈夫"，认为六二若系住初九这个小子，便要失去在上的九五这个丈夫。这种解释的理论来源是"对应说"，即下卦的初、二、三分别与上卦的四、五、六对应，或者说上卦与下卦的相应爻位对应。按此原则，六二还可解释得通，但六三就很难理解了。比如程颐在释六三爻时就认为九四为丈夫，初九为小子，那舍下从上是符合随卦的时义的。① 这时问题就来了，程颐对随卦的"时义"做了单一性的理解，即"随"为"以下随上"，但随卦还有另一更为重要的"时义"，即阳随阴。六三随九四是阴随阳，而有悖于随卦的时义，因而爻辞告诫六三要守正。另外，很多先儒包括程颐在内，对"阴"与"阳"的理解很机械、死板。如随卦的六三爻，程颐认为凡说到"丈夫"与"小子"，则必定是阳爻。殊不知，爻位也有刚柔、阴阳之分。前面说了，阴爻位于偶数位，阳爻位于奇数位为得位，那么，初、三、五为刚位，二、四、六为柔位，刚柔就是阴阳。所以，船山释随卦六二爻时，以六三为"小子"，初九为"丈夫"，因为六三处于刚位，虽是阴爻但处于刚位，当然可喻为"小子"了。可见，船山解《易》真正做到了坚持原则与灵活应用的很好结合。

（作者单位：中国社会科学院古代史研究所）

---

① 程颐撰，王孝鱼点校：《周易程氏传》，中华书局 2011 年版，第 199 页。

社会·文化

MINGSHIYANJIULUNCONG
(DI SHIQI JI)

明代预备仓的再认识

张兆裕

预备仓是明代创设的一种备荒仓储，自洪武时就成为地方州县的基本公共设施之一，它是明代完善的荒政体制的一项重要内容。关于预备仓的研究成果已经非常丰富，这些研究将明代预备仓的基本面貌和发展脉络较清晰地展示出来，为探讨明代荒政奠定了坚实的基础。但观察这些成果，我们感到明代预备仓的研究还有继续深入的空间，值得进一步探讨。

一 预备仓在明代的几个转变

预备仓设立后，有明一代人们对其给予了充分关注，希望通过预备仓的良好发展，实现拯民于灾厄的目标。预备仓实际上也在救荒中发挥了很大作用，但预备仓并未完全按照人们的愿望发展，呈现出兴废无常的状态。明朝中央政府多次对预备仓进行整顿，希望振兴预备仓，有效发挥其功能，但成效往往见于一时，总体上难以持久。虽然预备仓在明代经历了由盛到衰的过程，但却始终存在，非常顽强。

在预备仓的复杂表现过程中，有几个变化值得关注。

其一是预备仓的仓址的迁移。

预备仓是在朱元璋直接关注下建立起来的。洪武二十一年（1388）六月，朱元璋谕户部尚书杨靖，令于山东青州置预备仓，① 随后于洪武二十二（1389）年在北平等北方地区设立预备仓，"诏户部遣官运钞往河南、山东、北平、山西、陕西五布政使司，俟夏秋粟麦收成，则于乡村辐辏之处市籴储之，以备岁荒赈济"②。在这一时期，不仅北方，其他地区的预备仓也基本设立起来。从洪武二十三（1390）年已发预备仓进行救灾的情况看，救灾的目的得到了落实："上以河南、北平陈州、真定、保定诸处水灾，诏免征今年所贷预备粮储，仍赈给之。"③ "令河南等处郡县各置仓庾，于丰岁给价籴谷，就择其地民人年高而笃实者主之，或遇荒歉即以赈给"。④

按照朱元璋的意见，洪武年间各州县预备仓要设有四座，分布在州县的东南西北，而其仓粮由中央政府出资籴买，管理则由仓廪所在地方的老人富民负责巡守出纳，州县官负责监督。这成为洪武时期预备仓的标准模式，其优点在于方便救济，而不足则是难于监管，加之州县官吏的动力不足，因此洪武及其之后这种模式遇到的最大问题，是仓粮管理的不善，甚至仓廪被富民侵占。

为解决这个问题，永乐时期加强监管的一个重要举措，就是将原在四乡的预备仓归并迁移至州县城市内，由官府直接管理。这个转变开始于永乐，一直持续到英宗时期。自此，预备仓正式成为官仓之一。这意味着原有的以民管为主的管理模式发生了重要转变，也表明预备仓的萎缩。

需要注意的是，永乐时期开始的预备仓迁移到城内的做法，但并不是"一刀切"，有些地方仍保持了原来的样子。如保定府至弘治时大部分州县

---

① 《明太祖实录》卷一九一，洪武二十一年六月甲子："上谕户部右侍郎杨靖等曰：曩者山东青州诸郡岁侵，有司坐视民饥，不即以闻。及朕遣使赈济，漕运稍迟，尚有饥死者。盖素无蓄积以备不虞故也。今岁山东夏麦甚丰，秋稼亦茂，尔户部可运钞二百万贯往各府州县预备粮储。如一县则于境内定为四所，于居民丛集之处，置仓榜示民家有余粟，愿易钞者许运赴仓交纳，依时价偿其直。官储粟而扃鐍之，就令富民守视，若遇凶岁，则开仓赈给，庶几民无饥饿之患也"。见台北"中研院"历史语言研究所1962年版，第2881—2882页。

② 《明太祖实录》卷一九五，洪武二十二年三月辛巳，第2937页。

③ 《明太祖实录》卷二〇三，洪武二十三年八月丙寅，第3043页。

④ 《明太祖实录》卷二〇二，洪武二十三年五月壬子，第3025—3026页。

仍是四所预备仓，分布在四乡里社中，① 这些预备仓保持了洪武时期的原始面貌。它们的管理以及运行是否也保持了原来的模式，需要进一步探寻。

其二是预备仓仓本投资主体的变化。

迁址只解决了豪民侵占等预备仓的管理问题，却不能使预备仓更加丰富，因为自朱元璋发宝钞令老人籴买备赈之后，中央政府没有资金对预备仓继续有所投入。永乐时期预备仓的萎缩与此有很大关系，到宣德和正统初年各地预备仓呈现出令人更加担心的状态。宣德七年（1432）六月巡抚湖广御史朱鉴说："洪武间各府州县皆置东南西北四仓已储官谷，多者万余石，少者四五千石。设富民守之，遇有水旱饥馑以贷贫民。今各处有司以为不急之务，仓廒废弛。"② 至正统初大学士杨士奇、杨溥等得到的报告是南方官仓储谷已十处九空，甚者谷既全无，仓亦无存。于是有了正统五年对预备仓的整顿，在整顿中出现了与预备仓直接相关的第二个转变，即投资主体的变化，即由过去的中央直接投资转变为地方政府自行解决。

正统五年（1440）七月，朝廷遣官修理备荒之政，包括整顿预备仓和兴修水利两个内容。英宗在给受派遣官员的敕谕中首先强调了预备仓仓粮的几个来源："见今官司收贮诸色课程，并赃罚等项钞贯、杂物，可以货卖者，不拘稻谷米粟二麦之类，贸易储积"，同时要求："凡丁多田广及富实良善之家，情愿出谷粟于官以备赈贷者，悉与收受。仍具姓名、数目奏闻"③。敕谕中明确了仓本的来源由"官司"解决，具体包括诸色课程、赃罚和富民捐纳。而所谓"官司"，包括地方各级政府，敕谕对此有清晰表述，"本处官库见储钞物不敷，于本府官库或本布政司官库支买"。这就意味着预备仓仓粮的解决由地方政府负责，以往地方财政中不用于预备仓的款项被允许赋予新的用途，而朝廷的财政支持则没有涉及。

此次前往京畿地区整理预备仓的是刑部右侍郎何文源和刑部主事张用瀚，"今往顺天、保定等府州县收籴谷粟储备，惟恐愆期，民用将尽，若

---

① 成化《重修保定郡志》卷五《官寺》，天一阁藏明代方志选刊，上海古籍书店 1966 年影印本，第 4 册。

② 徐学聚：《国朝典汇》卷一〇一《户部一五·仓储》。

③ 《明英宗实录》卷六九，正统五年七月辛丑，第 1323—1324 页。

欲及时，身难周历，请令本部主事张用瀚同往分理"①。他们的具体做法未见更多记载，但当时京畿预备仓得到兴起是可以肯定的，如大名府魏县预备仓，就是正统五年知县俞玉建设；广平府成安县预备仓该年由知县刘亨建设。② 全国其他地区也各派遣了官员，如明代名臣周忱到南直隶、于谦在河南、山西等。这次整顿成效很大，不仅原有的预备仓得到充实，一些州县还新建了一批预备仓。这些在方志中都有反映。

正统初获得的成效，主要是缘于解决了预备仓最关键的投资问题。粮食既是预备仓兴衰的标志，也是左右预备仓存废的根本原因。而粮食来源，说到底就是财政问题，正统五年确定的投资原则，将预备仓建设的责任完全交给地方府州县，这个转变可说是明代预备仓政策中所发生的最重要的变化。但要看到，此次所收到的成效虽然很明显，但并没有给预备仓带来持久不衰的状态，因为地方资金还面临着许多具体政策的约束，及地方官员主观意愿的强弱，而无法保证充分投入备荒之中。

其三是预备仓的管理权限的变化。

预备仓投资主体转变后，其管理制度及方式也相应发生变化。其表现就是发放权下移到巡抚。

预备仓仓粮的发放，洪武时由朱元璋批准，户部等遣人执行。如洪武二十六年（1393）"湖广德安府孝感县言民饥，官有预备仓粮万一千石请以贷民，即命行人乘驿往给之"，为此，朱元璋令："朕尝捐内帑之资付天下耆民籴粟以储之，正欲备荒歉以济饥民也。若岁荒民饥，必候奏请，道途往返，远者动经数月，则民之饥死者多矣。尔户部即谕天下有司，自今凡遇岁饥，则先发仓廪以贷民，然后奏闻，著为令。"③ 这里虽然允许先发仓，然后再上奏，但在实际中这种情况并不多，擅自开仓在法律中是受到严格禁止的。

随着预备仓不再由中央投资，明中期以后发仓的批准权也转移到地方。根据资料，至迟在正德时预备仓的支放，已由巡抚负责。萧县知县王

---

① 《明英宗实录》卷六八，正统五年六月己亥，第1321页。
② 乾隆《畿辅通志》卷三五《仓廒》，文渊阁《四库全书》本。
③ 《明太祖实录》卷二二七，洪武二十六年四月乙亥，第3311页。

毅正德时因该县"偶值饥馑，旁郡多坐视其民之流离，不加赒恤。公独恳抚按发仓赈贷"①。王守仁巡抚江西时的一些批文中就更清楚地显示了这一情况。

> 为照南昌所属水灾尤剧，但居民稠杂，类多顽梗，若赈给之时非守巡临督于上，或致腾踊纷争。为此仰分守巡南昌官吏，即便分督该府县官，于预备仓内米谷用船装运，亲至被水乡村，不必扬言赈饥，专以踏勘水灾为事。其间验有贫难下户，就便量给升斗，暂救目前之急。②

> 据吉安府申，备庐陵县申。看得所申，要将陈腐仓谷赈给贫民，此本有司之事，当兹灾患，正宜举行。……近据崇仁县知县祝鳌申，要将预备仓谷，凶荒之时则倍数借给，以济贫民，收成之日则减半还官，以实储蓄，颇有官民两便。已经本院批准，照议施行。③

而杨一清弘治时巡抚陕西时，除蠲免税粮外，救灾事宜均可自行决定。"与凡救灾恤患事宜，应施行者径自施行。灾重应免税粮并重大事情，另行具奏定夺"④。实际上，巡抚具有这样的权力应更早。正统五年整顿预备仓时，曾令六部都察院推选属官领敕至各地，"总督各布按二司并府州县官处置预备仓粮。仍令巡抚侍郎并都御史等官兼总其事"⑤。

由巡抚掌握预备仓的支放，在预备仓的管理中是一次大的转变，它基本上解决了救灾的及时性的问题。而这是明代救荒中的一个难点，"圣朝预备之设甚善甚美规模之大足以超越社仓之法，但县有辖郡亦有辖当民之告饥，必文书三四交转方得以赈之，彼饥民或已携挈而流徙于道路"⑥。这

---

① 贾廷琳等编：《固安文献志》卷二〇《固安西关王氏祖茔记》，中国方志丛书·华北地方129号，台北成文出版社1968年版，第1237页。

② 王守仁：《王阳明全集》卷一七《别录》九《赈恤水灾牌》，吴光等编校本，上海古籍出版社1992年版，上册，第617页。

③ 王守仁：《王文成全书》卷一七《别录》九《批吉安府救荒申》，上册，第597页。

④ 杨一清：《杨一清集·关中奏议》卷六《为处置灾伤流移事》，唐景绅、谢玉杰点校本，中华书局2001年版，上册，第196页。

⑤ 万历《大明会典》卷二二《户部九·预备仓》，江苏广陵古籍刻印社影印本1989年版，第2册，第406页。

⑥ 刘弘：《社仓记》，见正德《大名府志》卷五，天一阁藏明代方志选刊，上海古籍书店1966年影印本，第3册。

个转变深层次的原因应该是：巡抚作为代表中央安抚地方的官员，最初这个权力只是"外放"，是中央权力的直接延伸，但最后随着巡抚一同实现了"地方化"。另外，预备仓投资主体的变化，使朝廷的管理力度有所减弱也应是一个原因。

预备仓的这几次变化很重要，解决了管理中大的问题，但并没有涉及与预备仓或者说备荒之政直接的关联者——州县官员。明中期以后则在这方面进行了加强，以增加基层官员的责任心和积极性。

二 预备仓积谷数额的调整

朝廷将预备仓的积谷数与官员的政绩考核挂钩，是与中期以后振兴预备仓的重要举措和贯彻始终的。但比较吊诡的是，这个与每个官员息息相关的改变，其实际效果并不理想。地方官员们为定额高而抱怨，较低的定额也没有激发他们的热情，不论朝廷如何调整积谷数额，预备仓的情况仍没有大的改观，没有如明朝统治者期望的始终保持兴旺，而是时有起伏，基本处于不良的状态里。

在正统五年整顿预备仓时，没有规定各地预备仓要存储多少数目的粮食，只是强调"计民多寡，约量足以备用"，但提到要与官员的考核挂钩，"今后府州县官考满赴吏部者，并须开报预备官仓所储实数，及修筑过陂塘堤岸等项，吏部行该部查考虚实，以凭黜陟"①，但这项规定在实践中是否加以实行，未见记载。

成化以后相关规定逐渐明确起来，"国初立预备仓，即古常平仓遗意，盖支给官钞和籴以备凶荒耳。正统后，许将囚罪赎罪米收入，然无定数。成化后，始有每里积三百石或五百石之例，然未有不及数之罚"②。至弘治时则形成完整制度，弘治三年（1490）为保证地方上的积粮数额，确立了各州县预备仓的积粮标准。

---

① 《明英宗实录》卷六九，正统五年七月辛丑，第 1327 页。
② 徐学聚：《国朝典汇》卷一〇一《户部一五·仓储》。

天下州县预备仓积粮，以里分多寡为差。十里以下积粮至万五千石者，为及数。二十里以下者二万石；三十里以下二万五千石；五十里以下三万石；百里以下五万石；二百里以下七万石；三百里以下九万石；四百里以下十一万石；五百里以下十三万石；六百里以下十五万石；七百里以下十七万石；八百里以下十九万石。

同时明确，"及数者斯为称职，过额者奏请旌擢，不及者罚之。各府州正官，亦视其所属粮数足否，以为黜陟"①。《大明会典》的记载是："有司每十里以下务要积粮一万五千石，军卫每一千户所积粮一万五千石，每一百户所三百石，每三年一次查盘，有司少三分者罚俸半年，少五分者罚俸一年，少六分以上者，九年考满降用。"②

这是一个非常重要的规定，它第一次从制度上将积谷数额与州县官的考核联系起来，也就是把官员的个人利益纳入进来，弥补了此前政策中的缺欠。明代的荒政在这里发生了很大变化。

弘治时确定的积谷额数，显然是一个非常高的标准，关于这个额度确定的具体原因，我们还没有弄清楚。这一标准是个什么概念？以大名府为例，该府弘治时共 579 里，按照每十里积谷一万五千石，应积谷 868500 石。而该府每年夏税秋粮米共 285813.28 石，三年为 857439.84 石，比大名府三年夏税秋粮的总和还多。③ 也就是说，地方官在征收国家赋税的同时，还要筹措大体相同数额的积谷，其压力可想而知。

由于所定积谷标准超出了各地所能达到的能力，引出了许多新的问题，使得这个数额受到了质疑。弘治末林俊上疏：

查得近例，一里积谷一千五百石，江西卫所始未概论，就试有司言之。六十九县总计一万四十五里，谷以一里千石计之，尚该一千一十四万五千石，见在所积十未及一，约少九百万石。每谷五石作银一

① 《明孝宗实录》卷三六，弘治三年三月丙辰，第772页。
② 万历《大明会典》卷二二《户部九·预备仓》，第2册，第406页。按，王圻《续文献通考》卷四一《国用考·赈恤》作"州县每十里以上积粮一万五千石"，误。
③ 见正德《大名府志》卷一、卷三，天一阁藏明代方志选刊，上海古籍书店1966年影印本，第3册。

两，该银八十万两，尽括司府库藏不尽一十万两。叅本羞涩，力难求济。是外非重罚重罪囚，则勒劝大户，取彼与此，仁者不为。①

因此弘治以后积谷数额一直在向下调整，嘉靖后期所定额数已照弘治定额减半，隆庆时改为十里以下谷千石，二百里以下三千石，巨郡五六千石而止。至万历五年（1577）将州县分为三等，即使上等州县每年的积谷只以千石为准，下等州县则为数百石，甚至百石。② 后来对那些"疲敝灾伤，及里分虽多、词讼原少者"，再酌量降低。③

标准被降低，但官员政绩与积谷数相联系的做法则没有改变，而且考核范围扩大到知府。嘉靖八年的规定中强调，除州县官外，"知府视所属州县积粮多寡以为殿最"。万历七年（1579）关于各府的积谷又做出了规定，"议准各省直抚按酌量所属知府地方繁简贫富，定拟积谷分数，其积不及数者，与州县一体查参"④。此规定的具体条文和执行情况，未见其详。更大的可能是随着张居正的去世而不了了之。

预备仓积谷数额的确定，是朝廷激发地方官员积极性与责任心的手段。而其数额的调整，是朝廷对原定数额的不适当的承认，朝廷的初衷并未改变，因此才有考核范围扩大的做法出现。但这种降低积谷数额的调整，也意味着预备仓在救荒实践中地位的降低，反映了地方救荒手段多样化并不单纯依赖备荒粮储的事实。

这里要说的是，考核积谷定额原本是中央政府的强制要求，但实际上因积谷不达标而受到降黜的实例很难找到，相反，有材料表明这样的规定可能只是虚文。隆庆三年（1569）户部因一些地方积谷不及数，移文吏部，欲按例将葭州知州尹际可等三十五人降调，但吏部认为："积谷较之正赋不同，况皆出于赃罚纸赎及他设处，所入之数，视地方贫富狱讼繁简为差，若必欲所在取盈，是徒开有司作威生事之端。今宜治其侵渔者，若

---

① 张萱：《西园闻见录》卷四〇《蠲赈前·前言》，哈佛燕京学社 1940 年版。
② 万历《大明会典》卷二二《户部九·预备仓》，第 2 册，第 408 页。
③ 同上书，第 409 页。
④ 同上。

止息玩，仍当分别轻重，明注考语，俟本部劣处，不必遽议降调。"① 吏部的这个意见，实际是认为户部侵犯了吏部的职权，因此要收回这些权力。皇帝批准了吏部的建议，如此则户部失去了对积谷不及数者的直接处罚权，积谷及考核规定实际也就成了虚文。至万历十一年（1583）朝廷规定：三年之内"果有灾荒事故，委不能及原数者，明白据奏，方免参罚，其考满朝觐，俱照例行"②。这就在制度上为官员开了方便之门。考核的虚化，则使地方官员在财政分配上，明显倾向于更有利于自己的正赋的完成方面，甚至是中饱私囊，因此，尽管积谷数额一降再降，各地仍不能达到要求，预备仓仍无法有起色。

三　中期以后的预备仓不振的原因

伴随着管理制度的改革调适，并不是预备仓的日渐振兴，而是时兴时废，此兴彼废。这其中的原因首先与地方财政的利用有关，其次是救荒手段的选择性更强，不完全依赖预备仓的积贮。

地方财政对预备仓的影响。

预备仓的资金变为地方自筹之后，给地方财政造成压力。明代地方府州县在制度上可支配的资金和物资很有限，正赋中存留部分其用途也是非常明确的，此外，就是一部分商税、赃、罚、纸赎等银米，有些地方耗羡也用于补贴财政，这些可视为地方有支配自由权的资金。其中赃罚等银米是最主要的部分。因此，明中期以后预备仓仓粮的主要资金来源是赃、赎、罚等银米。

如京畿地区预备仓的仓粮基本也是出于罚赎和捐纳。成化二十年（1484）青县预备仓的仓粮"官物有可以易谷者易之，富室有可以劝分者劝之，小民干令越期有可以罚者使之买之，数年所积谷粟至五万余石，建仓六十余间以储之"③；成化末霸州预备仓"每仿常平法，视粟价高下为赢缩而出纳之。州藏积有新资，以请于巡抚，出假贫民为本业俾入粟，食盐

---

① 徐学聚：《国朝典汇》卷一○一《户部一五·仓储》。
② 万历《大明会典》卷二二《户部九·预备仓》，第 2 册，第 409 页。
③ 李佐：《青县创建预备仓碑记》，嘉靖《河间府志》卷四《宫室志·公署》，天一阁藏明代方志选刊，上海古籍书店 1964 年影印本，第 1 册。

楮币以请于户部，得折银亦以粟入。有以罪赎米者，米贵久不能偿者，乃为奏请，得以麦代，皆以实预备仓。今其粟在仓者巨万计"①。嘉靖初广平府新建预备仓时"居积辏处，民有犯而愿输粟以赎者，悉听之如制。越期年，计获十万斛，诸庾充满，露积者始多矣"②。

罚赎银米取自违法犯罪，而犯罪率往往与人口数目以及民风、地方发达程度等多方面有关。一些地方官员在积谷定额与考核挂钩之后，为完成指标，对违法加大处罚，"重罚罪囚"，做出"取彼与此，仁者不为"的行为，③ 甚至小有过犯也不能免，造成不好影响。

按照规定，罚赎应以米粟等实物入仓，但有时受政策影响，罚赎需以银代米，严重影响了预备仓的积累。弘治后期杨一清对此就有叙述。

> 近年赎罪纸价俱折银钱，科罚米谷，亦有明禁。初例本为指称修理，防其侵克入己而设。各官缘此，遂并仓粮亦束手不敢措置。今前项州县仓粮放支一空，若不预为之处，向后凶荒，何所仰赖？④

他建议恢复旧制，赎罪纸价收纳粟米谷麦之类，送入预备仓备赈。虽然朝廷因杨一清的建议恢复了原来的做法，但赎罚用银的趋势没有改变。尤其是当白银在经济流通中作用越来越大，白银代替米粟之罚也就成为常态，"春夏纳银，秋冬纳谷"成为政府调节这个矛盾的做法。而白银是否用于预备仓的积贮，则视地方官的意愿了。因此，我们认为这是理解明代中期以后预备仓不能振兴的关键之一。

从宏观上讲，预备仓投资主体转变后，预备仓成为争夺地方官府可支配财政的力量，而且，这力量有中央政府的支持。在这样的格局下，州县官员兴建预备仓要么出自真正的体恤子民之心，要么是出于对考核的畏惧。如果没有这些原因，州县官员们的选择是显而易见的。

---

① 刘吉：《刘侯修造记》，嘉靖《霸州志》卷八《艺文志》，天一阁藏明代方志选刊，上海古籍书店 1963 年影印本，第 6 册。

② 嘉靖《广平府志》卷四《建置志》，天一阁藏明代方志选刊，上海古籍书店 1963 年影印本，第 5 册。

③ 张萱：《西园闻见录》卷四〇《蠲赈前·前言》。

④ 杨一清：《杨一清集·关中奏议》卷五《为急处救荒事》，上册，第 166 页。

救荒中籴谷作用的重要性。

吕坤在《实政录》中总结说"积谷有四：赎、罚、籴、劝"，但他同时主张劝借的方法不能轻易使用："民之好义由感不由劫，官之借民可一不可再，故留富者之力与情，用之凶年，最为吃紧。"① 这实际是说，劝借虽是可以用来平时积谷的一种方法，但不如在灾荒之时再使用，直接用于赈济。也就是在地方官看来，劝借是预备仓之外救灾的手段。

明代为鼓励富民捐纳备荒米谷，实行优惠的捐纳政策，如免徭役、给冠带散官等，这种政策相当于国家的劝借，在明前期很有诱惑力，但中期以后富民捐献的积极性明显减弱。从正统二年（1437）至正统十年（1445），政府给予表彰的富民就达二百一十多人，② 成化以后富民主动捐输的热情降低。京畿地区正统六年（1441）直隶正定府程仲良等六人、保定府刘士名等三人各出粟六百石，受到赐敕旌奖，③ 但此后如全国一样主动捐输越来越少，至嘉靖三十九年（1560）赵州诸县大旱，蝗飞蔽天，"惟宁晋县有御史蔡瑷赈粟三千石，银一千两"④。造成这种情形的原因是复杂的，以京畿而言，则应该与这一地区民众的富裕程度有关，"今也皆不然矣，是故一遇荒歉，虽富室亦称贷以卒岁，他可知已"⑤。

在劝借之外，地方官遇有大的灾荒，最理想的是得到朝廷资金和粮米的援助，或者是向朝廷申请蠲免赋税，但获得批准的难度很大。而地方官最常用的基本做法是，或向本地富民，或官府组织力量到丰收处去籴买粮米，而粮商贩运到境的粮米尤其受到重视。

籴买一直伴随着明代的救荒。景泰六年（1455）浙江、南直隶地区水旱相仍，地方上"乞敕谕各臣，务在权宜赈济。但遇客商装载米麦，听其

---

① 吕坤：《吕坤全集·实政录》卷二《积贮仓谷》，王国轩、王秀梅整理本，中华书局 2010 年版，中册，第 952 页。

② 《明英宗实录》卷三〇、卷三六、卷五六、卷六七、卷六八、卷八〇、卷一一七、卷一三二。

③ 《明英宗实录》卷八〇，正统六年六月癸巳，第 1606 页。

④ 隆庆《赵州志》卷九《杂考·灾祥》，天一阁藏明代方志选刊，上海古籍书店 1962 年影印本，第 6 册。

⑤ 嘉靖《雄乘》上卷《风俗》，天一阁藏明代方志选刊，上海古籍书店 1962 年影印本，第 7 册。

交易，不许禁遏。洪闸过往，亦毋得停滞。帝是其言，命户部即移文所司行之"①，成化末陕西灾荒，秦州官员"乞行各府卫州县，有积粟者不许遏籴，以病邻境。有贩枭者不许抑价，以沮商货"②。这种做法越来越成为官府救荒的重要手段。"合于遇灾地方，随宜设处及无碍官银，给脚价赴有收地方籴粮，以赈饥民"③，万历三十七年（1609）浙江巡抚周孔教救荒时所出的条谕中首先就说：

> 民之积贮有限，而商贾之通济无穷。商贾则米谷多，米谷多则米价自平。故疏通商贾。尤为救荒急务。本院心切济民，先切通商，各属有司，其价随时高下，听商民从便交易，务使商民两得其平。④

至明末商米甚至成为最重要的救灾手段：

> 斗米四钱，告籴无所。若不设法以通商贩之路，则金钱有限，老弱者待毙，少壮者终跳而为盗耳……仍多方招徕米商，使之辐辏而至。此今日秦民续命之膏，舍此别无回生之望也。⑤

外部粮食既然如此重要，所以我们看到，禁止遏籴在明代救荒中是一个被高度重视、屡屡提及的事情。粮食流通的顺畅就意味着救灾的顺利，而事实上，明后期或大或小的粮食流通网络逐渐发达起来，外部粮食的获得是有保障的。

在救荒手段多样化，特别是灾荒时粮食籴买手段的运用和效果，客观上减弱了地方官积谷于平日的积极性。只要有资金，粮食问题总可以解决；积谷虽有政策的要求和考核的约束，但也可以侥幸过关。更何况任期中是否遇到灾荒也未可知，而其间更多的政务需要资金，不要说一些人还

---

① 《明英宗实录》卷二四九，景泰六年正月丁卯，第5395页。
② 《明宪宗实录》卷二五四，成化二十年七月辛亥，第4299页。
③ 《明神宗实录》卷一九〇，万历十五年九月己丑，第3560页。
④ 周孔教：《救荒条谕》，见陈继儒《煮粥条议·附录》，载李文海、夏明方主编《中国荒政全书》第一辑，北京古籍出版社2003年版，第516页。
⑤ 《崇祯长编》卷四五，崇祯四年四月乙巳，台北"中研院"历史语言研究所校印本《明实录》附录，第2661—2663页。

有中饱私囊的念头。这应该就是明代很多地方官的心态。于是，预备仓的积谷"掌印官视为末务，或积而不视，遂致红腐；或放而不收，卒成耗散"①。

三　余言

预备仓不振的原因是多方面的，以往人们关注的那些具体原因是真实存在的，本文的重点是试图寻找那些具体原因后面的其他因素。即如上言，预备仓由地方投资、管理后，由于地方财政中罚赎的折银，以及官员积谷数考核实际上的虚化，加上救荒手段的多元化，特别是粮食籴买的作用突出，使预备仓的发展不断遇到困难，担当救荒任务的能力总体上持续降低。

明代预备仓的复杂表现，成为后世研究明代荒政的一个重要问题。可以确定的是，明代预备仓始终能够存在于荒政体系中，除了有其在救荒中的实际需要和作用这一基础外，更主要的是国家意志的原因。在朝廷看来，祖宗设立的预备仓集中体现了历代救荒仓储的优点，能够实现恤民的初衷与目标，必须坚持下去，预备仓发生的问题原因在于奉行不力。所以，尽管救荒的手段选择已经多样化，但国家对预备仓坚持，对预备仓的存在起到了重要作用。另外，明代社会舆论也基本体现了朝廷的观点，而一些地方官员对这种观点的认可与实践，也对预备仓的延续起到经济作用。

人们对嘉靖以后预备仓的认识往往以"衰"言之，这方面相关记载固然很多，明中期以后各地社仓、义仓建设不断出现，特别是嘉靖以后，在政府的推行下社仓建设成为普遍现象，无疑佐证了预备仓的衰微。但史料中的记录表明，社仓、义仓也面临兴废无常的局面，而另一方面很多地方在嘉靖以后预备仓的建设仍然不断进行，甚至到崇祯时期仍有建设，如隆平县预备仓"崇祯五年知县阎燫创修北厫五间，东厫五间，西厫五间"②。

---

① 吕坤：《吕坤全集·实政录》卷二《积贮仓谷》，第 952 页。
② 乾隆《畿辅通志》卷三五《仓厫》，文渊阁《四库全书》本。

所以，预备仓并不是如一片萧条，如陈龙正所说的"天下皆无预备仓"。实际上，预备仓成为官仓之后，其救荒的功能虽仍然存在，但功能有了一些变化，预备仓的仓粮成为州县财政支出的补充，专储专用的情况改变了，"本县预备仓每年额积稻谷七百石，奉例赃罚改积稻谷四十石，共七百四十石。春夏纳银，秋冬纳谷。今奉文，银两借充辽饷，稻谷改支火夫、孤囚月粮"①。这种改变也使预备仓的表现有异于早期。因此，嘉靖以后的预备仓用"救荒功能弱化"来表述可能更合适。

（作者单位：中国社会科学院古代史研究所）

---

① 胡震亨：《海盐县图经》卷五《食货篇第二上》，浙江古籍出版社 2009 年版，第 159 页。

浅析明末士人对于天主教的负面认知

——以《圣朝破邪集》为例

张玉梦

明朝万历年间，以利玛窦为代表的一大批耶稣会士陆续来到中国传播天主教。士人作为与传教士接触的主要的社会群体，对于天主教的认知各不相同，褒贬不一。而其中对于天主教的负面认知正是中西文化矛盾的集中体现，对于研究明末天主教在华传播有着重要的意义。

长久以来，明末士人对天主教的认识、接受程度都是一个很难准确界定的命题，因为其本身包含的问题十分复杂，涉及历史学、宗教学、文学、哲学等多个探讨视角。由于包含传教士与中西文化交流的问题，外国学者对这个课题很是关注，著名的学者有谢和耐、钟鸣旦等，但他们不可避免地会更多地站在天主教的立场上审视中国文化，更加关注佛教与天主教的纷争，并不是完全以中国士人、中国文化的视角来看待中西文化交流问题。而中国学界对于这个问题的关注点主要集中于中西文化的交流与冲突以及西学东渐之上，通过中西文化的对比研究，阐释西方文化传入给传统中国带来的双面性冲击，并且分析重要的传教士或者中国士人在其中起到的作用。① 这些研究以总结中国士人对于西学传入的种种反应和比较士

---

① 比较有代表性的研究包括陈受颐《明末清初耶稣会士的儒教观及其反应》（《国学季刊》第5卷第2期）；方豪《中国天主教史人物传》（中华书局1988年版）；陈卫平《第一页与胚胎——明清之际的中西文化比较》（上海人民出版社1992年版）；孙尚扬《基督教与明末儒学》（东方出版社1994年版）、何俊《西学与晚明思想的裂变》（上海人民出版社1998年版）；林仁川、徐晓望《明末清初中西文化冲突》（华东师范大学出版社1999年版），等等。

人对待天主教的两种态度为主，重点在于文化交流的层面。总体来说，从思想史角度进行中西文化思想性与哲学性的比较研究已经比较丰富。

然而，探讨中西文化冲突，最不能忽略的一点就是一部分中国士人作为文化接收者对于天主教传入持消极态度，他们的天主教负面认知事实上揭示了天主教文化与中国社会意识的差异性。而到目前为止，虽然或多或少涉及明末士人对天主教认知的研究也有很多，[①] 但大多把天主教归于西学的范畴来进行概括，同时对站在中国文化立场上的负面认识的归纳都不够系统、全面。主要的原因在于，这样的梳理本身是一个很宽泛的命题，难以准确把握浩瀚的史料。因此，本文以明末具有代表性的反教文集《圣朝破邪集》为切入点，尽可能全面地分析、总结其中所涵盖的明末士人天主教负面认知的具体内容，从中国立场的明末士人群体出发，展示明末中西文化交流的障碍，以期更加深刻地理解明末中西文化冲突的内在意义。

一直以来，传统中国稳定的经济结构与政治制度使得中国文化发展的时间长度以及成熟程度都位于世界前列，长时间的独立发展与完善使得中国士人对于外来文化一直抱有一种怀疑、不屑的态度，传教士们几乎不可能用以往生硬的移植西方文化的方法进行传教。因此，从利玛窦开始传教士们在中国实行了文化适应主义的传教策略，重视中国士人在传教中的重要地位。传教伊始，传教士们在学习中国文化的同时积极与士大夫结交，模仿士人的穿衣打扮、行为举止，并且十分尊重中国儒学、顺应中国礼

---

① 具体涉及明末士人天主教认知的研究主要包括：庞乃明《明代中国人的欧洲观》（天津人民出版社 2006 年版）欧洲宗教观一章中，探讨明人对天主教的接受情况以及由此形成的欧洲认知，主要是按照时间的脉络，强调认知逐渐深入的过程，正面与负面观感交织在一起，描绘了明代中国人对于天主教的整体印象；刘耘华《诠释的圆环——明末清初传教士对儒家经典的解释及其本土回应》（北京大学出版社 2005 年版）从传教士对于儒家经典的诠释出发，从总体上描绘天主教传入之后中国各个文化侧面的反应；黄保罗《儒家、基督宗教与救赎》（宗教文化出版社 2009 年版）讨论儒家对于基督教救赎说的认知，描绘儒基之间历史性与现实性的对话；华东师范大学郝志洁的硕士学位论文《明末清初文人士大夫对基督教的认识》（2004 年），通过比较士人对于基督教的两种态度，梳理基督教在华传播的历程与影响；山东师范大学翟杰的硕士学位论文《明末清初南、北方士人对待西学态度之比较》（2005 年），探讨中国南北方士人对待西学的态度差异及其原因；暨南大学林俊敏的硕士学位论文《关于明末对天主教批判与反批判的几点认识》（2008 年），关注明末士人针对天主教而展开的大辩论中所提出的种种问题，更倾向于中西文化差异的方向。

俗，通过种种手段获得了当时一部分有影响力的士人的好奇、同情与支持。同时在文化方面，他们试图将天主教义与西方科学技术融合为"天学"，并努力向儒学靠拢，以求迎合士人阶层的文化需求。

作为两种相对成熟的文化，在相遇的一开始，双方的差异性并没有受到足够的重视，反而会成为彼此文化交流的推动力。在当时"实学"思潮兴起的背景下，糅合了西方奇技的"天学"确实会吸引士人的注意力，一部分好异的士人将"天学"视为儒学的补充，在"天学"的吸引之下认识、信仰天主教，其中比较有名的就属晚明天主教三大柱石——徐光启、李之藻、杨廷筠。但随着中西文化交流的不断加深，传教士对于纯正天主教义的坚持和士人对于中国传统儒家思想统治地位的维护之间的冲突注定无法消融。一部分明末士人在认识到天主教文化传入可能会动摇明朝统治与儒学正统地位之后，他们对于天主教与传教士的态度由好奇、包容逐渐转向了警戒与排斥，从而开始了反天主教的斗争，并爆发了颇有影响的南京教案等反教运动。在中西文化矛盾日益激烈的斗争中，明末文人逐渐形成并发展了对于天主教的负面认知。这些负面认知的直接表现形式就是士人创作的反天主教文章，《圣朝破邪集》是其中具有代表性的文集之一。

《圣朝破邪集》是明朝末年黄贞发起编辑的反天主教文集。黄贞收集了前人"破天主教之邪"的文章，并倡议闽浙地方文人、僧人创作批判天主教之文，后经徐昌治在崇祯十二年整理编订，共八卷，所收文章时间跨度大约自万历三十三年（1605）至崇祯十二年（1639），内容包括万历南京教案、崇祯福建教案的部分官方文书、告示以及各阶层士人、僧人的破邪文章，几乎涵盖了对于明末天主教在华传播全部内容的批判，通过批判天主教不尊儒学纲常、扰乱中国风俗秩序、引诱愚弄士人百姓之邪，试图引起统治者以及其他士人的注意，以求彻底灭绝天主教在中国的传播，是研究明末士人反教思想的重要文献。在此，我们并不讨论《圣朝破邪集》中辟邪之言谈是否符合历史事实，而是将其中的反教言论进行分类、汇总，从构成天主教的三个主体——天主教义、天主教礼以及传教士本身切入分析，总结明末士人对于天主教负面认知的具体表现，从中国立场出发来展示明末中西文化交流的障碍。

一　天主教义与儒家秩序

在中国社会，孔子及古时圣贤一直扮演着偶像的角色，将中国士人的思想文化统一起来，对于儒家偶像的信仰包含在整个明末统治秩序和社会思想文化之中。天主教作为一个外来宗教，在传入中国之时，就面临着这样一个问题，怎样处理儒学在社会意识形态中的至尊统治地位。虽然存在着"儒教"这种称呼，但儒学并不等同于宗教教义，更多的像是一种约定俗成的思想体系。由于利玛窦等传教士给天主教义带上了儒学的面具，明末士人对于其教义的理解在一开始是比较模糊的。这种策略确实取得了一定的成功，但是由于中西文化的差异性实在太过明显，明末士人逐渐看穿了传教士对于儒学浅薄的迎合，对他们试图改变儒学、不遵儒家伦理道德秩序的做法十分愤慨并且满怀忧虑，认为天主教试图媚儒、窃儒而害儒、灭儒。

明末士人认为天主教义的危险性主要在于对儒家思想统治下的封建秩序的破坏，包括君臣统治秩序、宗法伦理秩序和社会道德秩序三方面。维护这三种秩序成为反教士人批判天主教的主要立足点，也因此形成了以下三种主要的负面认知。

（一）天主教废乱儒家伦理纲常

天主教废乱儒家伦理纲常是明末士人最常见的批判立场，这个观点包含的内容很丰富，归根结底是因为天主教义中存在一个超越一切的世俗意识形态的领导者——天主。"天主"是天主教对宇宙创造者的称谓，是"生天生地、生人生物者"①。这一词是利玛窦根据《史记》"至高莫过于天，至尊莫过于主"创译而得的，也是天主教徒的至高信仰。传教士们将天主与传统中国的"上帝""天"联系在一起，事实上是希望将天主教与中国士人的祖先崇拜联系起来，强调两种文化的相似性，进而打消人们对

---

① 黄贞：《请颜壮其先生辟天主教书》，夏瑰琦编《圣朝破邪集》卷三，（香港）建道神学院1996年版，第150页。

于外来文化的野蛮性、危险性的疑虑。但这种尝试却起到了完全相反的效果。在中国士人的认识中，天是最遥远而尊贵的，具有唯一性和独特性，同时也与世俗世界密切相关。因为唯一至上的天是国家政权合法性的来源，皇帝是依靠"天命"来任命和继承的，拥有着统治整个社会的世俗权力，也掌控着人民的思想。在儒家思想统治之下，君臣、父子、夫妻等关系的秩序都是确定的。其他宗教偶像的存在不可干涉天与天子的传承关系，更不能动摇天子在中国传统社会的统治地位。

而天主教义中"宇宙有三父：'一谓天主，二谓国君，三谓家君'"的宗教秩序，[①] 将天主置于天子之上，自然会受到明末士人的激烈反对。"本朝稽古定制，每诏诰之下，皆曰'奉天'。而彼夷诡称'天主'，若将驾轶其上者然，使愚民眩惑，何所适从？"[②] 对于士人来说，传教士所宣称的"天主"不仅是外夷的狂妄之说，更是对于中国传统政治秩序的挑战和威胁。"况莫尊于天，帝中国者称天子，彼乃出于天子之上乎"[③]，反教士人愤慨于"天主"试图凌驾于皇帝之上，甚至认为传教士"兹且捏天主以制天，挟天以制天子矣"[④]，其用心险恶、居心叵测。同时，西方教权独立于皇权的制度体系更让士人义愤填膺，认为其"是一天而二日，一国而二主也"[⑤]。"嗟夫！何物妖夷，敢以彼国二主之夷风，乱我国一君之治统？"[⑥]

天主教不仅试图将外来的"天主"凌驾于整个世俗社会之上，并且宣称所有人对"天主"享有平等的祭拜权力，将祭天权利世俗化。而在中国古代，天子祀天地，士庶祀祖祢，祭祀也存在着严格的等级界限，"天至尊，不容僭也；祀有等，不容越也"[⑦]。祀天是天子的专权，祭天更是明代国家祭祀体系的核心。君主事天常常被类比为子事父，正因为如此，除天子之外的人可以崇拜、敬畏天，但不能拥有与天沟通的权利，天子只可为

---

① 陈候光：《辩学刍言》，夏瑰琦编《圣朝破邪集》卷五，第246、247页。
② 沈潅：《参远夷疏》，夏瑰琦编《圣朝破邪集》卷一，第59页。
③ 吴尔成：《会审王丰肃等犯案（并移咨）》，夏瑰琦编《圣朝破邪集》卷三，第80页。
④ 许大受：《圣朝佐辟》，夏瑰琦编《圣朝破邪集》卷四，第197页。
⑤ 张广湉：《辟邪摘要略议》，夏瑰琦编《圣朝破邪集》卷五，第276页。
⑥ 同上。
⑦ 黄问道：《辟邪解》，夏瑰琦编《圣朝破邪集》卷五，第268页。

皇帝一人，平民祭天即为僭越，"恐不可以尽人而僭为天子也"①。天主为众生共有之天父，人人得以与天沟通、祭祀于天，完全打破了本有的等级秩序，"今欲人人奉一天主，塑一天像，日月祷其侧而乞怜焉，不其邀天、亵天、僭天、渎天者乎？"② 苦行事天的修行方法也被士人认为是媚天之举，"迹其昼夜翘勤，似乎苦行。然其种子无非欲得妖妄之欢心，全不肯依素位之正愿，所谓尊天，实亵天耳！"③

如果以上是士人认为的天主教对于皇帝独尊的政治秩序的破坏，那么天主教对于儒家伦理道德的威胁便属于对宗法秩序与家庭秩序的破坏。士人认为天主教不遵儒家伦理道德主要体现在以下几个方面：1. 天主之下人人平等，破坏君臣、父子的固有服从秩序，"沦中国以夷狄之风"④；2. 以尊奉天主为先，不孝敬父母，"亲死不哀，亲葬不奠"⑤，并严禁祖先祭祀，"使帝王废郊社禘尝之典，士民弃祖宗祭奠之礼"⑥；3. 传教士不遵男女之防，"公然淋妇女之水，而瓜嫌不避"⑦，破坏传统家庭伦理秩序；4. 自称天主且自圣，孔子且不自圣，"独此邪徒，不但称圣，而直称天；又不但称天，且称天主。至于一切愚世之物，并以圣名"⑧，试图凌驾于万物之上；5. 严禁祭拜孔子、圣贤与其他宗教偶像，"佛、菩萨、神仙斥之曰'魔鬼'，言其必入地狱"。教唆毁坏神灵、祖宗牌位，"以大圣、大贤、精忠、仗义之神明，或受人彘之刑，或遭秦火之烈，何惨也？"⑨ 这些文化认识、信仰体系上的差异都进一步降低了士人对于天主教的好感度。

以祭祀祖先问题为例。祖先祭祀作为表现传统伦理文化的核心仪式，是儒家伦理道德传承的重要手段。尘世的人通过祭祀来祈求祖先的庇护，是父子服从秩序的体现，也是儒家道德标准的行为准则。"据彼云：'国中

---

① 许大受：《圣朝佐辟》，夏瑰琦编《圣朝破邪集》卷四，第 197 页。
② 黄问道：《辟邪解》，夏瑰琦编《圣朝破邪集》卷五，第 268 页。
③ 许大受：《圣朝佐辟》，夏瑰琦编《圣朝破邪集》卷四，第 197 页。
④ 徐从治：《会审钟鸣仁等犯案》，夏瑰琦编《圣朝破邪集》卷二，第 111 页。
⑤ 施邦曜：《福建巡海道告示》，夏瑰琦编《圣朝破邪集》卷二，第 129 页。
⑥ 林启陆：《诛夷论略》，夏瑰琦编《圣朝破邪集》卷六，第 283 页。
⑦ 徐从治：《会审钟鸣仁等犯案》，夏瑰琦编《圣朝破邪集》卷二，第 111 页。
⑧ 许大受：《圣朝佐辟》，夏瑰琦编《圣朝破邪集》卷四，第 196 页。
⑨ 同上书，第 210 页。

人父母死，不设祭祀，不立宗庙，惟认天主为我等之公父。薄所生之父母，而弟兄辈视之，不然则犯天主之教诫。'"① 天主教废除祖先祭祀代表着社会伦理秩序的全部错乱，这对于士人来说是难以理解并且无法接受的。

总结来说，明末士人将天主教义视为意图颠覆社会秩序的邪说，"唯此一邪流者，直谓三五不足尊，宣尼不足法，鬼神不足畏，父母不足亲，独彼诓邪为至尊至亲，可畏可谄，是以新莽天生之狡智，肆蛮夷魑魅之两毒者也"②。若是此教得以广泛传播，则会使得"父不父子不子，夫不夫妇不妇，孩童难保其孩童"③。在士人看来，天主教破坏礼教秩序的做法是"欺天侮圣，篾君毁祖"的禽兽行为，④ 进而认为天主教无君之举甚于杨朱，无父之举甚于墨子。

（二）对于天主耶稣的负面印象

鉴于前文所提到的"天主"凌驾于万物之上，反教士人自然对"天主"或者"耶稣"的形象没有任何好感。他们首先怀疑的就是传教士所说的"天主"降生故事。"彼夷自刻《天主教解要略》，明言天主生于汉哀帝某年，其名曰耶稣，其母亚利玛，是西洋一胡耳。"⑤ 汉哀帝时期天主才降生于世，岂非汉之前并无天主，这对于尚古的士人来说是不能理解的，也是传教士无法解释的问题。黄廷师的《驱夷直言》也提到了耶稣的降生，"其祖名仙士习，其祖母仙礁麻里耶，未嫁而孕生一子，名为寮氏"⑥。此条是关于圣母玛利亚以处女之身生育耶稣的记载，这更是触碰了当时坚决反对未婚先孕的社会禁忌。《圣朝破邪集》所收的南京礼部《拿获邪党后告示》中提到，"甚至辨疏内，明言天主降生西国，其矫诬无礼，敢于欺诓天听，岂谓我中国无一人觉其诈耶?"⑦ 既是圣明之主，又怎会降生于

---

① 张广湉：《辟邪摘要略议》，夏瑰琦编《圣朝破邪集》卷五，第 277 页。
② 许大受：《圣朝佐辟》，夏瑰琦编《圣朝破邪集》卷四，第 228 页。
③ 苏及寓：《邪毒实据》，夏瑰琦编《圣朝破邪集》卷三，第 181 页。
④ 王朝式：《罪言》，夏瑰琦编《圣朝破邪集》卷三，第 172 页。
⑤ 《拿获邪党后告示》，夏瑰琦编《圣朝破邪集》卷二，第 116、117 页。
⑥ 黄廷师：《驱夷直言》，夏瑰琦编《圣朝破邪集》卷三，第 175 页。
⑦ 《拿获邪党后告示》，夏瑰琦编《圣朝破邪集》卷二，第 117 页。

西夷之国？这也充分体现了当时士人阶层对于外夷的鄙视与不屑。汉哀帝年间才降生并且身为私生子的西夷天主，却声称高于古时孔子圣贤，"按吾夫子及老聃并生彼前。大易称'昌天下之道，如斯而已'。及弥纶范围等赞，岂更有剩理，反超诸圣之上者？"① 因此士人们很自然地认为"天主"的存在是十分荒谬可笑的说法，传教士们企图超升天主于已有的神明、圣贤之上的想法不仅荒唐，更是狂妄。

而耶稣被钉死于十字架之上的说法更令士人难以理解。作为天主教的至尊宗教偶像，"被恶官将十字枷钉死，是胡之以罪死者耳。焉有罪胡而可名天主者乎？"② 既是被钉死之罪人，又有什么值得尊奉的呢？"今观其尊刑枷之凶夫，贵钉死之罪人，恭敬奉持无所不至，诚为可悲"③。《邪毒实据》甚至认为此类说法是"窃佛忍辱悲愿之说"④，是天主教士编造的故事。耶稣为罪人的看法充分说明了反教士人根本没有理解也不想要理解天主教中耶稣救赎世人的意义。在传教士看来，耶稣牺牲自己而死于十字架之上，使世人从罪的压制中得释放、蒙赦免，是旷古绝世的壮烈、伟大之举。而在反教士人的眼中，那不过是天主教懦弱、无能的表现，是传教士们"矫诬称尊，欺诳视听"的谎言。⑤

出于耶稣为罪人的认识，明末反教士人对于耶稣作为神明的神力充满了质疑。耶稣身为神灵，竟然没有相应的神通与智慧，"被人诬陷莫解，冤极钉死罔脱"⑥，"不能保全一体之伤，又乌有德以及人乎？"⑦ 耶稣身为罪人，既然不能自救，又焉能救世？"是天主天神皆不灵无用之物也，焉能主宰万物乎？"⑧

此类质疑还见于魔鬼一说。天主教教义中，魔鬼是引诱人犯罪的恶鬼，与天主为敌，成为至恶与至善的对立。但在反教士人看来，按照天主

---

① 许大受：《圣朝佐辟》，夏瑰琦编《圣朝破邪集》卷四，第 194 页。
② 《拿获邪党后告示》，夏瑰琦编《圣朝破邪集》卷二，第 117 页。
③ 黄贞：《尊儒亟镜》，夏瑰琦编《圣朝破邪集》卷三，第 161 页。
④ 许大受：《圣朝佐辟》，夏瑰琦编《圣朝破邪集》卷四，第 216 页。
⑤ 沈㴶：《参远夷疏》，夏瑰琦编《圣朝破邪集》卷一，第 65、66 页。
⑥ 戴起凤：《天学剖疑》，夏瑰琦编《圣朝破邪集》卷五，第 255 页。
⑦ 谢宫花：《历法论》，夏瑰琦编《圣朝破邪集》卷六，第 307 页。
⑧ 同上。

教的逻辑来推演，魔鬼的存在则是天主造物的失败，是天主神力不足的体现，不足以使传教士自圆其说。"凡人之智慧有限，所以不奈鬼何。以彼天主之威，魔鬼诱其血胤，而勿能禁。"① "且所谓魔鬼者，非天主亲手制造耶，何为至于此？"②

明末士人对于天主教原罪论也有着同样的理解，认为这是天主神力不足而造成的造人失败。天主教义中，人类始祖亚当与夏娃受到蛇的诱惑，违背禁令犯罪，这一罪过便传给亚当、夏娃的后代，成为人类一切灾难与罪恶的根源，称为原罪。人生而有罪，事实上是要求信众遵从上帝的旨意，以尊奉天主来赎罪。在反教士人眼中，亚当、夏娃作为人类始祖却犯错受罚，正凸显了天主造人的失败之处。"则初造生人之祖，自当神圣超群，何男曰亚当，女曰厄袜，即匪类若此。譬之匠人制器，器不适用，非器之罪也，必云拙匠。岂天主知能独巧于造天地万物，而拙于造人耶？我中华溯盘古氏开辟以来，如伏羲、神农、黄帝、尧舜，世有哲王，以辅相天地，未闻不肖如亚当、厄袜者也。"③ 而亚当、夏娃所犯之错却转移到后世子孙身上，令千百世子孙共受此苦，"姑勿论天主之罚太酷，得无与前说戾耶？"④ 士人将原罪之说归于天主的神力不足、识人不清、惩罚过重，视天主为一切罪恶之始，"还罪天主为是，岂不可为捧腹而喷饭乎？"⑤

（三）天堂地狱之说

天堂地狱之说是天主教的重要教义之一，意为信守天主教义的信教者死后，其灵魂进入天堂，与神在一起，永生不灭，享受着幸福、美好的生活；未遵从天主教义者死后，会受到神的审判，被打入地狱之中受苦受罪。这就提出了一个尖锐的问题，由于天主教义与中国传统世俗道德存在着诸多差异，照此来看，士人们的古时圣贤偶像皆在地狱。按照中国的价值判断，即使有天堂地狱，审判的标准也应是善恶贤愚，仅仅依靠是否信

① 许大受：《圣朝佐辟》，夏瑰琦编《圣朝破邪集》卷四，第202页。
② 同上书，第203页。
③ 陈候光：《辩学刍言》，夏瑰琦编《圣朝破邪集》卷五，第248页。
④ 同上。
⑤ 许大受：《圣朝佐辟》，夏瑰琦编《圣朝破邪集》卷四，第203页。

仰天主教来判定死后的去路，这在反教士人看来不仅是荒谬无理的说法，更是一种对中国传统价值观的严重威胁。即使犯错，只要皈依天主教信奉天主，一切罪过皆可免除。"盖彼教中谓犯戒后，能皈天主，真心痛悔，则地狱之罪亦可免。"① 若依照天主教的审判标准，士人阶层苦心维护的社会秩序就会被打乱。如许大受在《圣朝佐辟》中所言："然则民之登天堂者，每每有之，而孔子反堕地狱，则自有生民以来，未有盛于孔子之赞扬，亦当拔舌矣。"② 同时，"若尔毕世为善，而不媚天主，为善无益；若终身为恶，而一息媚天，恶即全消"③，信教成为邀福避祸之计。

《会审钟明礼等犯案》中记载了中国被捕天主教徒的供词，其中教徒周用交代其入教经过时这样描述："王丰肃雇用刷天主经，因与用说：'你年纪老大，何不从天主教，日后魂灵可升天堂？'用遂入教。"④ 由此可见，事实上，很大部分的信教教徒对于天主教义不求理解，只希求信奉天主能使他们免受地狱之苦，飞升天堂。这也反映了天堂地狱之说确实对于传教士的传教起到了一定程度的帮助，但也成为当时一部分信众避死后受苦的"陋计"。为此，反教士人就这个问题对奉教士人极尽讽刺，"今世俨然儒冠者，宁从文孔入地狱乎，抑随耶稣登天堂乎？虽黄口婴儿亦当识所从违也"⑤。

这样的审判标准同时还涉及了另一个敏感问题，即天主教义对于纳妾制的否定，"无论民庶，不得畜姬取妾，以犯彼二色之诫"⑥。而在明代，纳妾制已经成为稳定的婚姻制度，尤其对于士大夫及贵族阶层来说，纳妾不仅是保证子嗣的必要手段，更是权威与显贵的表现，对皇帝而言更是如此。事实上，对于纳妾习俗的争论也是明末中西文化冲突中的重要一环，纳妾甚至成为一些奉教士人受洗入教的障碍。明末的李之藻、杨廷筠都是虔诚的天主教徒，也都因为纳妾的问题，迟迟没有被利玛窦施洗入教，直

① 黄贞：《请颜壮其先生辟天主教书》，夏瑰琦编《圣朝破邪集》卷三，第151页。
② 许大受：《圣朝佐辟》，夏瑰琦编《圣朝破邪集》卷四，第205页。
③ 同上书，第198页。
④ 吴尔成：《会审钟明礼等犯案》，夏瑰琦编《圣朝破邪集》卷二，第104页。
⑤ 林启陆：《诛夷论略》，夏瑰琦编《圣朝破邪集》卷六，第284页。
⑥ 张广湉：《辟邪摘要略议》，夏瑰琦编《圣朝破邪集》卷五，第276页。

到将小妾的问题彻底解决之后，才正式受洗。对于信教士人来说，纳妾都是如此棘手的一个问题，更不用说反教士人对此的态度了。

反教士人对天主教禁止纳妾的批判也常常与古时圣贤皆在地狱之说联系在一起："又彼教中有十诫，谓'无子娶妾，乃犯大戒，必入地狱'。是举中国历来圣帝明王有妃嫔者，皆脱不得天主地狱矣。"① 许大受在《圣朝佐辟》中还举了这样一个例子，"余友周国祥，老贫无子，幸买一妾，举一子，才二岁。夷教之曰：'吾国以不妾为贤，不以无后为大。'周听而逐其子之母，今不知此子活否"②。纳妾制度的现实性意义也给传教士设置了更多的传教障碍。

从宗教的角度来说，天堂、地狱之说体现的是天主教对于后世之福的追求，将希望寄托于来世，通过一世的信仰以求永世的福乐，宗教大多都存在着这样的意义。但这向反教士人们传递的却是一种仇视本世的信息，变成了一种"如死而邀冥福"的教义。③ 这与儒家思想中重视现世、珍视生命的思想又产生了矛盾。黄贞在《尊儒亟镜》中评论道："妖夷不知真体所在，心惟主是逐，不嫌尽此生而媚之，则生也为抱妄想，生是虚生；志惟天堂是惑，不难舍此生而求之，则死也为抱妄想，死是虚死，生死皆欲也。夫吾人之生死，大事也。妖夷与孔孟理欲相背如此，矧其他乎？"④ 许大受更是讽刺说："而经年重病，谓之天主爱我。福慧之谓何？诘之则曰：'病正所以福之而报在后世。'既曰'后世'，谁人见来？"⑤ 就反教士人们而言，他们不愿意为了所谓的虚无缥缈的后世抛弃现实的人世幸福，相信的是"纵有因缘，如报善恶，安能辛苦今日之甲，利后世之乙乎？"⑥ 信守教义以求天堂之福，在他们看来，是"教人苦生乐死也"⑦。

总结来说，天主教义的天堂、地狱之说本是引导世人信教向善的，但是由于天主教的宗教道德与中国士人的世俗道德难以融合，在反教士人中

---

① 黄贞：《请颜壮其先生辟天主教书》，夏瑰琦编《圣朝破邪集》卷三，第150页。
② 许大受：《圣朝佐辟》，夏瑰琦编《圣朝破邪集》卷四，第207页。
③ 陈候光：《辨学刍言》，夏瑰琦编《圣朝破邪集》卷五，第244页。
④ 黄贞：《尊儒亟镜》，夏瑰琦编《圣朝破邪集》卷三，第159页。
⑤ 许大受：《圣朝佐辟》，夏瑰琦编《圣朝破邪集》卷四，第219页。
⑥ 颜之推：《颜氏家训·归心》，《诸子集成》卷八，团结出版社1999年版，第848页。
⑦ 黄贞：《尊儒亟镜》，夏瑰琦编《圣朝破邪集》卷三，第160页。

起到了完全相反的作用，反而以此为天主教胁迫人民信教的邪说，形成了类似"爱祀天主者，虽贱不肖，必生天堂；不爱祀天主者，即君若圣，必堕地狱"的天主教善恶不分、诱人入教的认知。① 反教士人开始对天主教的判定标准产生强烈的怀疑，"善恶无他分判，只是从天主教者为善，虽侮天地，慢鬼神，悖君亲，亦受天主庇而登天堂；不从天主教者为恶，虽敬天地，钦鬼神，爱君亲，竟为天主怒而入地狱"②。最终，天主教义变成了以地狱之苦恐吓世人、以天堂之福诱惑世人的肤浅之说。

二　天主教礼与邪教、邪术

所谓的天主教礼，是指信教者为对"天主"表示崇拜与恭敬所举行的各种例行的仪式、活动。关于教礼，在《圣朝破邪集》中讨论的并不是太多，更多的是在批判天主教义的时候以教礼的荒唐作为依据，因此史料没有教义方面丰富。依据收集到的材料，可以将教礼分为记录名册、施洗与受洗、集会三个方面。因为明末反教士人并没有直接接触过天主教的宗教仪式，便感觉这些仪式充满着神秘性，又对其存在着消极的认识，很容易将教礼与邪术结合在一起，关于类似天主教邪术的说法是很多的。

（一）记录名册

因为传教士要记录入教人员的姓名在册，以便更好地进行传教和人员管理，其记录名册便被反教士人视为夷人使妖术作法的依据。沈㴶在其上疏之中就写道"尽写其家人口生年日月，云有咒术，后有呼召，不约而至，此则民间歌谣遍传者也"③。"记年庚为恐吓，背其盟者，云置之死。"④《邪毒实据》中也有记载，不同于以名册作邪术的说法，而是将名册视为划定类似于邪教组织的依据。"其妄拟官民之毒法也，数十里为一保，保外不许相通。人授里票为准，票志姓名形貌。有越保而行者，有行

① 虞淳熙：《第一篇明天体以破利夷僭天罔世》，夏瑰琦编《圣朝破邪集》卷五，第261页。
② 林启陆：《诛夷论略》，夏瑰琦编《圣朝破邪集》卷六，第282页。
③ 沈㴶：《参远夷疏》，夏瑰琦编《圣朝破邪集》卷一，第63页。
④ 吴尔成：《会审王丰肃等犯案（并移咨）》，夏瑰琦编《圣朝破邪集》卷三，第78页。

无里票者，皆斩无赦。里中设邪寺，妻女驱入淫。"① 许大受的《圣朝佐辟》也有类似的记录："凡从之者，楣有鳖形标记。其徒之晋见者，必开三代贯籍，缴归夷落，与白莲等何异？"② 把天主教与白莲教等同起来，将其看作一个秘密的邪教组织。

（二）受洗仪式

受洗是天主教的入教仪式，主礼者口诵经文，把圣水滴在受洗人的额上，表示赦免入教者的"原罪"和"本罪"，使其成为教徒。涂圣油是在刚受洗后施行的，以圣油代表"圣灵恩赐的印记"，为使新入教者坚定对"天主"的信仰。在《会审钟明礼等犯一案》所记录的教徒供词中详细地记述了入教仪式的流程。教徒张案供词中提到，"（庞）迪峨即以鸡翎粘圣油，向额上画一十字，谓之擦圣油。乃又持圣水，念天主经，向额上一淋，即涤去前罪"③。教徒余成元供词中提到，"成元跪于天主像前，王丰肃先擦圣油，后淋圣水，令拜天主四拜，并向王丰肃叩头，口称王爷"④。教徒汤洪供词中提到，"率洪到天主堂，先见钟鸣仁，即叩王丰肃四头，擦油淋水如常"⑤。这些供词所提及的入教仪式虽然略有不同，但都提及了淋圣水、擦圣油的受洗仪式。这些闻所未闻、不同寻常的受洗仪式成为明末士人抨击天主教施行邪术之说的依据，"甚至入暗室，洗圣水，佩密咒，如巫祝邪术，考之经书，有是乎？"⑥ 因为无法理解教徒的天主教信仰，士人们甚至对圣水、圣油的来历也进行了妖魔化的想象，认为所谓圣水、圣油是传教士使妖法惑乱民众的工具。《驱夷直言》中就有这样的记载："凡国内之死者，皆埋巴礼院内。候五十年取其骨化火，加以妖术制为油水，分五院收贮。有入其院者，将油抹其额，人遂痴痴然顺之。今我华人不悟，而以为圣油、圣水乎。"⑦

① 苏及寓：《邪毒实据》，夏瑰琦编《圣朝破邪集》卷三，第181页。
② 许大受：《圣朝佐辟》，夏瑰琦编《圣朝破邪集》卷四，第208页。
③ 吴尔成：《会审钟明礼等犯案》，夏瑰琦编《圣朝破邪集》卷二，第101页。
④ 同上书，第102页。
⑤ 同上书，第103页。
⑥ 陈候光：《辨学刍言》，夏瑰琦编《圣朝破邪集》卷五，第252页。
⑦ 黄廷师：《驱夷直言》，夏瑰琦编《圣朝破邪集》卷三，第176页。

传教士对于男女之防不甚在意，女子受洗也同男子一样，"至于擦油洒水，妇女皆然，而风俗之坏极矣！"① 这难免也会引发士人对于天主教男女混杂的激烈批判。"至若从夷者之妻女，悉令其群居而受夷之密教，为之灌圣水，滴圣油，授圣棱，嚥圣盐，燃圣烛，分圣面，挥圣扇，蔽绛帐，披异服，而昏夜混杂又何欤？"② 甚至认为天主教为男女淫乱之教，"然其自处，又延无智女流，夜入猩红帐中。阖户而点以圣油，授以圣水，及手按五处之秘媟状。男女之乱，曷以加诸！"③ 妇女入教即是任由传教士奸淫，"不论已嫁、未嫁，择其有姿色者，或罚在院内洒扫挑水，或罚在院内奉侍寮氏，则任巴礼淫之矣"④。受洗仪式的神秘性、固定性更加深了士人视天主教为邪教的负面认知。

（三）礼拜集会

集会是天主教教会的组织形式之一，在明末士人看来却是天主教与其他民间邪教组织关联最深之处。天主教有七日一礼拜的教会传统，礼拜是天主教重要的宗教活动，"传教士们指派一些首领，各自负责每五十名一组的基督徒"⑤，"七日一聚会，天未明而至，日未出而散，每次或三四十人，或五六十不等"⑥。而固定日期的集会很容易将其与传统的邪教组织集会联系在一起，有些士人便将天主教与其余的民间宗教混为一谈，将天主教会归为一种邪教组织。万历四十四年（1616）八月南京礼部写的安民告示《拿获邪党后告示》中就有这样的观点，"其每月房、虚、星、昂、大小瞻礼等日，俱三更聚集，天明散去，不为夜聚晓散乎？"⑦ 其中所用的"夜聚晓散"一词是描述白莲教的术语。《圣朝佐辟》中也有关于集会的描述，"且旦则聚其徒于斯，讲肤浅之笑柄，夜则挟其尤，混诸妇女，披发

---

① 沈淮：《发遣远夷回奏疏》，夏瑰琦编《圣朝破邪集》卷二，第97页。
② 许大受：《圣朝佐辟》，夏瑰琦编《圣朝破邪集》卷四，第208页。
③ 同上书，第222页。
④ 黄廷师：《驱夷直言》，夏瑰琦编《圣朝破邪集》卷三，第176页。
⑤ ［法］谢和耐著：《中国与基督教——中西文化的首次撞击》，耿昇译，商务印书馆2013年版，第143页。
⑥ 吴尔成：《会审钟明礼等犯案》，夏瑰琦编《圣朝破邪集》卷二，第102页。
⑦ 《拿获邪党后告示》，夏瑰琦编《圣朝破邪集》卷二，第117页。

捶胸于斯，授秘密之真诠"①。甚至有反教士人指出天主教与其他邪教相勾结，"而彼则早虑天下贤愚不一，出入参半，邪毒之流行为未遍未速，所以必后先阴标诸教曰'无为'、曰'奶奶'、曰'天母'、曰'圆顿'，多方笼罩以为羽翼"②，以此指控天主教煽惑人心、愚弄民众。

如今看来，明末士人对于天主教教礼的描述很多都是夸张、妖化的说法，并不符合事实。但是正如谢和耐所分析的，"大部分有文化的中国人都不懂基督教的礼仪与教理的关系，他们仅仅把基督教的礼仪和圣事视为巫教活动"③。正是因为反教士人从来未曾试图理解和接纳天主教，并不了解教礼的宗教意义，才将教礼与教义分离开来判断，最终导致他们对于传教士以及信教者存在着诸多怀疑甚至是恶意的猜测，其中某些对于教礼荒诞不经的解释甚至成为之后天主教在华传播在思想上的阻碍。

三　传教士的负面形象

传教士是明末士人能够直接接触到的天主教的核心人群，士人们对于传教士的印象在很大程度上也决定了他们对于天主教的印象。以利玛窦为代表的传教士结合自己对于中国社会状况的理解，努力将"天学"与儒学相贴合，给自己披上了儒家的外衣，通过加强与士人阶层的联系，为自己赢得了在中国的生存以及传教基础。同时利用士人阶层对于外来文化与科学技术的好奇之心，制定向中国派遣如画家、医生、数学家、建筑家等传教士的计划，进一步扩大了耶稣会在中国文化方面的影响，这也是一开始士人们对于天主教的印象并不太坏的原因之一。

但是随着传教士传教的不断深入，天主教教义开始在更深程度被士人们认识和了解，他们逐渐发现所谓"天学"与儒学矛盾甚深，开始了对于传教士们的文化适应策略的揭露和指控。"由于那些士大夫最早仅仅把传教士们视为严肃的学者和中国传统捍卫的工具，所以他们当时曾支持过这

①　许大受：《圣朝佐辟》，夏瑰琦编《圣朝破邪集》卷四，第210页。
②　苏及寓：《邪毒实据》，夏瑰琦编《圣朝破邪集》卷三，第180页。
③　[法] 谢和耐著：《中国与基督教——中西文化的首次撞击》，耿昇译，第146页。

些人，但当他们更清楚地了解了传教士们的教理之后，便反戈一击转向反对他们了。"① 士人们对于传教士的印象便逐渐从积极转向了消极，而这些负面认知主要表现在明末士人所建立的传教士附儒而非儒的虚伪形象，金钱、奇巧诱惑人心的狡诈形象，窃取情报的间谍形象三个方面。

（一）附儒而非儒的虚伪形象

正如上文所分析的那样，在士人们开始看清"天学"的真面目之后，即使是支持过、接触过传教士的士人也开始倒戈，受夷人蒙骗的事实更加点燃了他们的怒火。南京教案之时，南京礼部主客清吏司郎中主事吴尔成在给南京都察院的咨文中就有提到："乃今又有倡为天主教，若北有庞迪峨等，南有王丰肃等。其名似附于儒，其说实异乎正。"② 黄贞在《尊儒亟镜》之中也反复提到了传教士的虚伪祸心，"然夷固不即灭儒也，而其计先且用媚与窃"③。黄贞认为传教士们媚儒、窃儒以达到害儒的险恶用心可比王莽之恶。"媚能显授人以喜，窃能阴授人以不惊。喜焉从而卑之，不惊焉遂即混之。爪牙备，血力强，一旦相与蹲素王之堂，咆哮灭之矣"④，提醒众人警惕传教士以媚儒、窃儒为手段徐图明朝江山社稷的险恶用心。传教士牵强附会儒学的行为也向士人们证实了他们确实没有脱离天主教教义而在真正意义上理解儒学，只是将儒学作为传教的工具，像利玛窦那样，"玛窦历引上帝以证天主，皆属附会影响，其实不知天，不知上帝，又安知太极？"⑤ 这样的认识自然让反教士人们更加怀疑传教士来华的目的，如此费心费力地媚儒，不是包藏祸心又是什么呢？

在这时，奉教士人对于天主教的维护也显得格外大逆不道。为维护封建统治秩序不被天主教所破坏，反教士人对于奉教士人也开始了攻击，直

---

① ［法］谢和耐著：《中国与基督教——中西文化的首次撞击》，耿昇译，第53页。
② 吴尔成：《会审王丰肃等犯案（并移咨）》，夏瑰琦编《圣朝破邪集》卷三，第78页。
③ 黄贞：《尊儒亟镜》，夏瑰琦编《圣朝破邪集》卷三，第155页。
④ 同上。
⑤ 陈候光：《辨学刍言》，夏瑰琦编《圣朝破邪集》卷五，第249页。

指传教士"窃欲借儒冠儒服者达其教于朝廷，使得以肆其奸毒也"的目的。① 他们痛心于奉教士人受夷人迷惑的愚昧无知，"吾人居尧舜之世，诵孔孟之书，乃欲举忠孝纲常而紊之，而废之，以从于夷，恐有心者所大痛也"②。他们愤懑于奉教士人不能看穿夷人的真实面目，"华人峨冠博辈，读仲尼书者，敢曰'利先生天学甚精，与吾儒合。'呜呼！是可忍也，孰不可忍也！只为太极之乱臣贼子，为素王之恶逆渠魁焉已矣"③，最终得出了奉教士人"欺天诳圣、丧尽良心"的结论。④

（二）金钱、奇巧诱惑人心的狡诈形象

在明末士人看来，传教士诱惑人心的手段还不止媚儒一种，更直接的是用金钱、奇巧引人好奇、诱人入教，这也是《圣朝破邪集》中最常见的传教士阴险狡诈的负面形象。这种给予皈依者金钱、器物的行为是贯穿在整个入教过程中的。沈潅在《参远夷疏》中就提到传教士"从其教者，每人与银三两"的奖励。⑤ 许大受在《圣朝佐辟》中也提到，在入教之后，若是能够拉入更多的信教者，可以得到奖励，甚至拉入信教者的阶级越高，所得到的奖励也会越多。"能劝百人从者，赏自鸣钟、自鸣琴各一，金帛称是。若得一青衿，准十人；得一缙绅，准百人。"⑥ 并且以名利引诱平民，教会阶级甚至可以翻转社会阶级，"汝但从教，即某某大老，某某中贵，亦称曰教兄，礼为上客。虽酷贫者可骤富，功名可掇，患难必援"⑦。

由于传教士有以精巧的器物诱人入教的嫌疑，反教士人将揭露其器物的无用之处作为打击天主教传播的方式之一，其中比较有代表性的器物就是自鸣钟。反教士人极言自鸣钟的结构简单，"不过定刻漏耳，费数十金

---

① 林启陆：《诛夷论略》，夏瑰琦编《圣朝破邪集》卷六，第 283 页。
② 陈候光：《辨学刍言》，夏瑰琦编《圣朝破邪集》卷五，第 247 页。
③ 黄贞：《尊儒亟镜》，夏瑰琦编《圣朝破邪集》卷三，第 163 页。
④ 李璨：《劈邪说》，夏瑰琦编《圣朝破邪集》卷五，第 271 页。
⑤ 沈潅：《参远夷疏》，夏瑰琦编《圣朝破邪集》卷一，第 63 页。
⑥ 许大受：《圣朝佐辟》，夏瑰琦编《圣朝破邪集》卷四，第 208 页。
⑦ 同上。

为之，有何大益"①。又言其本质并无玄妙之处，"此自是人力所能，如古鸡鸣枕之类耳……整时须借日影为准，倘连日阴晦，则无从取定矣，但其法简于壶漏耳"②。类似的西方器物都被反教士人直言并无机巧之处，"俱怪诞不准于绳，迂阔无当于用"③。即使是巧物，也皆是无用之物，"纵巧亦何益于身心"④？需要注意的是，反教士人对于西方器物的批判都很流于表面。原因很简单，明末时期，西方近代科学技术的发展确实是优于传统中国的，在当时的条件下，两种文化的种种差异限制了中国士人对于西方文化的理解。反教士人基于自己的知识储备和理解能力指责西学的荒诞不经，但事实却常常并不能够支撑他们的看法，反而将他们置于一个尴尬的境地。无论如何，他们都不会承认西方器物确实有引人注目的可取之处，反而将此怪罪到传教士诱惑人心的行为之上。

不管是以金钱或是巧物为诱饵，这样煽惑人心的手段可能会导致天主教传播范围的迅速扩大，"惑一人，转得数人；惑数人，转转数万，今也难计几千亿万"⑤，这也不可避免地会引发反教士人强烈的担忧。如他们所分析的那样，"若其为教，最浅陋无味，而人多从之，何哉？盖利欲相诱。夷先以金唉愚而贪者，虽士大夫非无欲，亦堕其术耳"⑥。他们即使已经看穿传教士的图谋，却无法阻止民众因人性中的贪婪而接受诱惑。在他们看来，天主教的传播手段恰恰是一种对于人心世道的揭露，他们更加惊心于民众的愚昧无知与传教士的险恶用心，也将无能为力的痛苦成倍地加诸对天主教的指控之中。

（三）窃取情报的间谍形象

以上两点负面认知都是传教士在传播天主教之时采取了一些在反教士人看来不当的手段而造成的。而这样的文化差异导致明末士人开始思考传

---

① 许大受：《圣朝佐辟》，夏瑰琦编《圣朝破邪集》卷四，第224页。
② 魏濬：《利说荒唐惑世》，夏瑰琦编《圣朝破邪集》卷三，第185页。
③ 吴尔成：《会审王丰肃等犯案（并移咨）》，夏瑰琦编《圣朝破邪集》卷三，第80页。
④ 许大受：《圣朝佐辟》，夏瑰琦编《圣朝破邪集》卷四，第224页。
⑤ 苏及寓：《邪毒实据》，夏瑰琦编《圣朝破邪集》卷三，第180页。
⑥ 周之夔：《破邪集序》，夏瑰琦编《圣朝破邪集》卷三，第147页。

教士不远万里而来并用尽手段传播天主教的目的。类似的思考导致他们又产生了一点对传教士来说更加致命的负面认知——将传教士看作西方派来窃取情报以求吞并中国的间谍。

首先引起明清士人怀疑的就是传教士的来历。因为士人对于西方基本上是完全不了解的,也不能理解传教士千里迢迢来中国传教的行为,再加之对于天主教的反感,由此对传教士所言的大西洋国以及其与中国八九万里的距离都充满了质疑。沈潅在《参远夷疏》中就有提到,"窃照夷犯王丰肃等,诈言八万里之远,潜来南京,妄称天主教;扇惑人民,非一日矣"①。许大受在《圣朝佐辟》中提到:"彼诡言有大西洋国,彼从彼来,涉九万里而后达此。按汉张骞使西域,或传穷河源抵月宫,况是人间有不到者。《山海经》、《搜神记》、《咸宾录》、《西域志》、《太平广记》等书何无一字纪及彼国者?"②古籍中既然没有提到,那么即是虚妄之说。《驱夷直言》有写道,其国事实上临近吕宋,"按此种出于东北隅为佛狼机,亦为猫儿眼。其国系干丝蜡,而米索果,其镇头也,原距吕宋不远。所谓数万里者,伪耳"③。在明末士人看来,传教士诈言其远的原因,不外乎是想要消除他们的戒心,以此达到其不可告人的侵略目的,这样的方法在其他国家已经屡试不爽,"历吞已有三十余"④。

虽然士人并没有搞清楚传教士的来历,但是却认识到他们对于国家安全可能造成的威胁,而这样不远万里前来中国的唯一目的只可能是提前打探中国的情报以谋求吞并中国。在明代海禁的背景下,传教士居住在中国的行为就更为可疑了。同时,传教士的钱财来源也是一直困扰士人的问题,这也给斥巨资来华传教的传教士增加了间谍的嫌疑。"既称去中国八万里,其赀财源源而来,是何人为之津送?"⑤

反教士人在评价传教士时,多次使用了"潜入""潜住""流入"等

---

① 沈潅:《参远夷疏》,夏瑰琦编《圣朝破邪集》卷一,第65页。
② 许大受:《圣朝佐辟》,夏瑰琦编《圣朝破邪集》卷四,第194页。
③ 黄廷师:《驱夷直言》,夏瑰琦编《圣朝破邪集》卷三,第175页。
④ 苏及寓:《邪毒实据》,夏瑰琦编《圣朝破邪集》卷三,第179页。
⑤ 沈潅:《参远夷疏》,夏瑰琦编《圣朝破邪集》卷一,第62页。

带有间谍性质的贬义词语，例如"裔夷窥伺，潜住两京"①；"今考万历二十八年，彼夷始潜入长安"②；"海外极西之国，有夷人利玛窦号西泰者，万历初年偕徒四五人流入中国"③。甚至直接以奸细、间谍为称，"自万历年间，因奸细引入我大明，倡天主之教，欺诳君民，毁裂学术"④；"今且高筑城垣，以为三窟，且分遣间谍，峨冠博带，闯入各省直地方，互相交结"⑤。而对于传教士传递情报的猜测，沈㴶在《参远夷疏》中也有提到。沈㴶称，自己的上疏在七月初才见邸报，而王丰肃等夷人却也能在七月之初知晓，并且全国通达此事。因此沈㴶认为传教士以传教为借口，在全国建立了广泛的情报网，"狄焉丑类，而横弄线索于其间，神速若此，又将何为乎？"⑥ 不仅如此，传教士向西方传递情报的猜测会使其陷入更加不利的境地，"但其各省盘据，果尔出神没鬼，透中国之情形于海外，是《书》所称'寇贼奸宄'者也"⑦。传教士的间谍形象的形成与逐渐深刻也加强了明清反教士人要彻底铲除传教士流窜的决心。

出于维护国家安全与封建统治的考虑，反教士人将传教士可能造成威胁的焦躁不安转化为对于整个外夷民族的深刻鄙视，称呼他们为"狡夷""猾黠小夷""妖夷""碧眼高鼻之狡番"等，并且试图通过说明天主教与传教士的危险性来唤醒整个中华民族，以此提醒统治者防微杜渐，达到摧毁天主教的目的。"是故忧危虑远之士，抱忠君爱国之心，深知此辈出神没鬼，多一月增一月之蠹，宽一日滋一日之毒。"⑧ 若是不能及时制止传教士的行为，他们甚至可能以金钱与邪说毒害汉人，"金多可役鬼神，汉人甘为线索，往来海上，暗通消息"。尽管在当时并没有传教士为间谍的实证，但是为永绝后患，不步吕宋被天主教之说迷惑而被吞并的后尘，严禁天主教在华传播即为必要且要尽快实行的举措了。

---

① 沈㴶：《参远夷疏》，夏瑰琦编《圣朝破邪集》卷一，第 63 页。
② 许大受：《圣朝佐辟》，夏瑰琦编《圣朝破邪集》卷四，第 195 页。
③ 邹维琏：《辟邪管见录》，夏瑰琦编《圣朝破邪集》卷六，第 288 页。
④ 林启陆：《诛夷论略》，夏瑰琦编《圣朝破邪集》卷六，第 282 页。
⑤ 许大受：《圣朝佐辟》，夏瑰琦编《圣朝破邪集》卷四，第 227 页。
⑥ 沈㴶：《参远夷疏》，夏瑰琦编《圣朝破邪集》卷一，第 64 页。
⑦ 吴尔成：《会审王丰肃等犯案（并移咨）》，夏瑰琦编《圣朝破邪集》卷三，第 80 页。
⑧ 王忠：《十二深慨序》，夏瑰琦编《圣朝破邪集》卷六，第 299 页。

结　语

在认识到中西文化的不兼容性之前，很多士人对于天主教以及西方文化十分好奇，并且将其视作儒学的补益之说，这种积极的认知不管是对于天主教在华传播还是中西文化的交流都是一种帮助。而当文化的差异性占据了上风之后，原来正面的认知也开始转变，负面认知的逐渐加深、认识主体范围的不断扩大，也昭示着士人们对于天主教文化威胁性的理解逐渐深刻。出于对自身文化统治产生动摇的担忧，士人们开始贬低西方文化，拒绝与其进一步的融合，开始强调保持儒家文化体系纯洁的重要性。对于天主教的负面认知一旦形成，便很难向积极方向转变，必定会产生长远而深刻的影响。由于明末反教士人对于传教士以及他们所宣传的天主教充满了怀疑和猜测，这种负面认知也逐渐上升为对于国家安全以及封建统治的担忧。

需要注意的是，明末士人形成对于天主教的一系列负面认知的根本原因在于，传教士的传教需求与西方发展经济需求是相辅相成的，而西方殖民势力的扩张对于明朝统治的安定必然造成巨大的威胁。明代中国作为东方经济实力第一的大国，身处东亚朝贡贸易体系的中心。与西方暴力征服的贸易政策不同，传统中国更多的是依靠政府的控制力以及和平的朝贡贸易体系，而支撑中国与周边国家和平共处的理论基础就是对于"华夷"思想的认同。中国士人以自身为正统，需要其他民族的归顺与崇敬来建立以中国为尊的国家关系。而进入中国的传教士却企图与中国士人进行平等的交流，并试图以自身的思想文化、贸易方式影响、改变甚至殖民中国，这也是中国士人所最不能忍受之处。

因此，中国士人在认识到西方传教士对于中国领土、经济可能造成威胁之后，更加开始强调"夷夏之辨"的观念。明末士人们在批判天主教与传教士的时候，都反复提到了孟子的华夷思想，"窃照夷夏之防，自古严之，故'用夏变夷，未闻变于夷者'"①；并以此对奉教士人进行强烈的谴

---

① 吴尔成：《会审王丰肃等犯案（并移咨）》，夏瑰琦编《圣朝破邪集》卷三，第80页。

责，"华夷之防，邪正之辨，自古圣贤，甚峻甚严。今之士庶，奈何从夷教而反为同声之吠耶?"① 对于"夷夏之辨"观念的极力宣传可以看作中国士人想要关上国门的一种努力，试图抹杀传教士对于异质文化的鼓吹，保持国际秩序和中国社会秩序的稳定。但是，他们轻视了西方殖民者的实力和决心，这样的抵抗最终没有抵挡时代发展的洪流，中国还是在之后的中西较量中一败涂地。

（作者单位：南开大学历史学院）

① 黄虞：《品级说》，夏瑰琦编《圣朝破邪集》卷六，第302页。

制造奢香
——明嘉万时期的"经世"热潮与
贵州土司奢香故事的建构

李肖含

自嘉靖中期以降,明初武将马烨"裸挞"贵州水西地区女首领奢香而被太祖朱元璋诛杀的故事就一直广为流传。但这一故事实际上是嘉靖年间曾在贵州任职的田汝成仿《夷坚志》编造出来的寓言。在嘉靖边疆危机和当时"经世"热潮的推动下,经《皇明经济文录》《鸿猷录》等书的收录,这一故事得到了更为广泛的传播,并逐渐成为一个处理边疆问题的"神话",对嘉万时期边疆问题的处理产生了重要影响。

一 马烨"裸挞"奢香故事考辨——问题的提出

奢香是明代洪武年间贵州水西土司霭翠之妻。霭翠去世以后,她代袭土司成为贵州水西地区少数民族的最高首领,为维护祖国的统一与各民族的团结做出了重要贡献。明清史籍中关于奢香的记载颇多,但亦不乏龃龉之处。其中,武将马烨"裸挞"奢香的故事便是明史学界长期争论不休的一桩公案。

据《明史纪事本末》卷十九"开设贵州"载,奢香在其丈夫霭翠死后代袭土司,后受到"政尚威严"的镇守都督马烨的"裸挞"。奢香的部众愤怒之下,欲武力反抗。此时,贵州当地另一位土司宋钦之妻刘氏了解情况后,及时制止了奢香的部众,并亲自进京向朱元璋和高皇后反映。随后,奢香也得以进京当面向明太祖朱元璋告状。朱元璋为了贵州的安定,替奢香诛杀了马烨。奢香则以开通龙场等九个驿站作为回报。①

这应该是明初历史上的一件大事。而谷应泰也在本卷的最后对刘氏与奢香的功绩大加赞扬：

> 乃宋钦妻之乘间奔朝，安奢香之闻呼赴阙，两女子观变决机，勇于丈夫。甚至入见高皇后，使高帝竟斩马都督。蒲伏掖门，瞻仰天日，指陈险阨，立誓河山。开赤水之道，通龙场之驿，智溢唐蒙，功高博望。彼地有此异人，山川岂能再阻蛮方耶？②

然而翻检《明太祖实录》，奢香在洪武十七年春进京朝贡及此后历次遣使进贡的情况均记录在案，上述由朱元璋本人亲自决策、事关高皇后和两位贵州土司、并对明初历史有重大影响的事件却不见任何记载。这不能不让人心生疑窦。而其他明清史籍中关于此事的记载又多有出入，不仅事件发生的时间不同，甚至涉及的人物也不尽相同。如嘉靖三十二年刻本《贵州通志》卷十一中收录的"两京国子祭酒周洪谟撰安氏家传序"载：

> （洪武）二十二年，贵州都指挥同知马烨激变水西头目，奢香与安的阻止，不听。时侍郎郑彦文在贵州公干，奢香窃路走告，侍郎以其事闻，朝廷遣使取烨回，仍宣奢香赴京朝见。太祖高皇帝悦，命内臣引入内官，见太后，蒙赐珠冠钑花金带及彩段筵宴，封贤德夫人以归。③

序文中指明事件发生于洪武二十二年，但事件的主角之一马烨的官职由都督变成了都指挥同知，协助奢香进京朝见明太祖的人也由宋钦之妻刘氏变成了侍郎郑彦文。而更让人费解的是，奢香此行还见到了太后。众所周知，朱元璋的父母早在明朝建立之前就已去世，洪武一朝也并无

---

① 谷应泰撰：《明史纪事本末》卷一九，中华书局 1977 年版，第 1 册，第 310—311 页。
② 谷应泰撰：《明史纪事本末》卷一九，第 312—313 页。
③ 谢东山、张道纂修：嘉靖《贵州通志》卷一一，《四库全书存目丛书》，齐鲁书社 1996 年版，史部第 193 册，第 391 页。

太后。即便是朱元璋的原配马皇后，也已于此前的洪武十五年八月去世，① 此后朱元璋也没有再立皇后。奢香及刘氏曾面见太后的说法实令人费解。

而关于马烨，嘉靖《贵州通志》卷九"名宦"中也粗略记载了其生平：

> 马烨，洪武初置贵州都指挥使司，以烨为都指挥使。时边方初附，烨政令明肃，时称马阎王。贵州诸卫城堡并驿传铺舍桥道皆烨创建，极其坚固雄伟。其他攻击、抚循之绩，尤为茂著。论者以为开创贵阳功居第一。后坐事，南人至今惜之。②

在这里，马烨的官职又变成了都指挥使。而文末仅书"后坐事，南人至今惜之"，至于他是坐何事，又是否因与奢香的冲突而被太祖朱元璋所杀，则完全没有提及。

曾在嘉靖年间担任贵州按察司金事的田汝成，在其《炎徼纪闻》中也对此事做了记载。田氏不仅详细记述了刘氏与奢香面见太祖和高后的过程，还记录下了朱元璋和奢香进行了一番讨价还价后最终诛杀马烨的决策过程。③

关于奢香与马烨之间的冲突，以及太祖朱元璋诛杀马烨以安定贵州的故事，这是迄今所能见到的最为生动、详细的记载。田汝成曾在嘉靖十四年至十六年担任贵州按察司金事，故其《炎徼纪闻》颇为时人所重视。但王世贞在其《弇山堂别集》中已指出："田氏文可谓蒉，而事可谓奇矣。然考之史，有未合者"④，并列出证据说明奢香见高后及马烨为都督等多处记载不符合历史事实。⑤ 明末清初的查继佐在其《罪惟录》中也记载了马烨"裸挞"奢香的故事，但在文末的评论中他又对太祖诛

---

① 《明太祖实录》卷一四七，洪武十五年八月丙戌。

② 谢东山、张道纂修：嘉靖《贵州通志》卷九，《四库全书存目丛书》，史部第193册，第299页。

③ 田汝成：《炎徼纪闻》卷三，景明刻本《纪录汇编》卷五九，《元明善本丛书》第18册，商务印书馆1938年版，第2—4页。

④ 王世贞：《弇山堂别集》卷二一，中华书局1985年版，第1册，第385页。

⑤ 同上书，第385—387页。

杀马烨一事提出了疑问。①

20 世纪 80 年代以来，谢国桢、魏治臻就明万历刻本《贵州通志》中所记载的奢香故事进行了初步的讨论。② 此后，张捷夫、黄彰健等人先后撰文将《明史》、《明实录》、（嘉靖）《贵州通志》等史料中关于此事的记载进行了详细比对与辨析，进一步辨明了事件真相。③ 2006 年，美国学者乔荷曼（John E. Herman）撰文对田汝成《炎徼纪闻》中所记载的奢香故事进行了分析。他认为，田汝成的《炎徼纪闻》反映了当时明朝政府土司政策的转变，同时也促进了这种政策的转变。④ 其后，温春来在对奢香故事进行考辨的基础上进一步对以驿路为核心的贵州水西地区与中央政权的关系进行探讨。⑤ 赵轶峰则在探讨奢香事件真相的基础上，对 14 世纪前后贵州与中央的关系及奢香的角色地位等问题进行了讨论。⑥ 温春来指出，奢香故事的形成是一个不断建构的过程，经过了后世的修补与填充，田汝成所作的《炎徼纪闻》是这一过程中的关键。赵轶峰则进一步明确地提出，田汝成《炎徼纪闻》为奢香故事的底本，田氏的记述中渗透了他个人在边地任职期间的经验。

既有的研究逐步辨明了马烨"裸挞"奢香故事的失实之处，并对故事不断演变的过程做了一些讨论，甚至已经提出田汝成《炎徼纪闻》为奢香故事的底本。但关于田汝成记载明显失实的真正原因，仍有进一步探讨的空间。奢香故事的演变时间跨度大，涉及史料多。很显然，单纯

---

① 查继佐：《罪惟录》列传卷之八中，浙江古籍出版社 1986 年版，第 2 册，第 1437—1438 页。

② 参见谢国桢《简介明万历刻本重修〈贵州通志〉》，《民族研究》1980 年第 3 期；魏治臻《读简介明万历刻本重修〈贵州通志〉一文——并就其中若干问题与谢国桢先生商榷》，《民族研究》1981 年第 2 期。

③ 参见张捷夫《关于明初马烨激变水西土司的问题》，《民族研究》1982 年第 1 期；黄彰健《明史贵州土司传记霭翠奢香事失实辨》，《大陆杂志》（台北）1984 年第 68 卷第 2 期。

④ John E. Herman, "The Cant of Conquest: Tusi Offices and China's Political Incorporation of the Southwest Frontier", in Kyle Crossley, Helen F. Siu and Donald S. Sutton, *Empire at the Margins: Culture, Ethnicity, and Frontier in Early Modern China*, Berkeley, Los Angeles and London: University of California Press, 2006, p. 146.

⑤ 参见温春来《明初贵州水西君长国与中央的关系——奢香故事之考证与解读》，《中山大学学报》（社会科学版）2007 年第 6 期。

⑥ 参见赵轶峰《奢香的遗产——明初政治文化外缘区域秩序建构的一个案例》，《贵州社会科学》2012 年第 2 期。

地对奢香故事本身及田氏本人的经历进行考辨并不足以把握奢香故事演变的时代背景和真正原因。本文则尝试在既有研究的基础上，结合当时的史学编纂潮流，从思想史和史学史的角度进一步探究奢香故事出现明显漏洞的原因，并对完整的奢香故事在嘉靖时期出现并广泛传播的时代背景和影响因素做一探讨。奢香故事的历史记载何以会出现如此明显的漏洞？为何发生在明初的事件到了嘉靖以后才有了完整的记述？这些记述的出现是偶然的吗？隐藏在其背后的真正原因和影响因素又是什么？

二　模仿与建构——马烨"裸挞"奢香故事为田汝成所作寓言

前文已提及，田汝成的《炎徼纪闻》是目前可以见到的关于马烨"裸挞"奢香故事的最为完整和详细的记载。但此处的记载却并非最早的记载。成书于嘉靖三十三年的《皇明经济文录》中亦收录了这一故事，比《炎徼纪闻》的成书尚早数年。经过比对，《皇明经济文录》中所记载的奢香故事与《炎徼纪闻》中的记载几乎完全一致，且亦署名为田汝成所作，则此文的出现当不晚于嘉靖三十三年。

田汝成，字叔禾，钱塘人。嘉靖五年进士，早年曾在南京刑部任职，后因忤旨先后到广东、贵州、广西、福建等地任职。① 田汝成善属文，且颇有事功。在广西任职期间，土酋赵楷、李寰弑主自立，田汝成与副使翁万达秘密起兵，将两人诛灭。其后，努滩侯公丁作乱，断藤峡群贼响应。田汝成又与翁万达一起智擒公丁并发兵断藤峡，最后大获全胜。② 嘉靖二十年，田汝成因故还乡，此后没有再出任任何官职。

还乡后，田汝成盘桓湖山，多有著述，《西湖游览志》《炎徼纪闻》等书均作于这一时期。前文已提到，关于马烨"裸挞"奢香的故事，最早出现于嘉靖年间，且以田汝成的记载最为详细。此记载中的错误失实之处自

① 张廷玉等：《明史》卷二八七，中华书局 1974 年版，第 24 册，第 7372 页。
② 同上。

不待辨，但田汝成因何出现了这些有违常识的错误呢？前辈学者对此鲜有论及，赵轶峰先生在 2012 年的一篇论文中曾指出，田汝成在广西任职期间曾智擒作乱的侯公丁，其手法与《炎徼纪闻》中记载的马烨在贵州鞭笞奢香的故事相似。因此，《炎徼纪闻》中的奢香故事，极有可能渗透了他本人在广西的经验。① 这一说法极具见地，但似乎仍有未尽之处。

《炎徼纪闻》既为田汝成还乡后所作，如果想要探究《炎徼纪闻》中的疏漏，则有必要对田汝成在嘉靖二十年还乡后的活动做一番考察。《明史》中对田汝成归田后的记载仅寥寥数句，好在田氏著述颇多，我们仍能从中发现一些有价值的信息。《田叔禾小集》是田汝成的诗文集，其中收录了田氏诗文 369 篇，不少是嘉靖二十年以后所作。其中的《夷坚志序》与《西湖游览志序》两篇尤其值得注意。

《夷坚志》乃南宋洪迈所撰，所记多逸闻怪事，四库馆臣将其归为小说家类异闻之属，并说"是书所记皆神怪之说，故以列子夷坚志事为名"②。又说"然其中诗词之类往往可资采录而遗闻琐事亦多足为劝戒，非尽无益于人心者"③。田汝成《夷坚志序》作于嘉靖二十五年正月，现仍存世的嘉靖清平山堂本《夷坚志》收录了这篇序文。在序文中，田汝成承认《夷坚志》的内容中多"神怪之事"，但他仍对其价值表示了高度的赞许：

> 或谓：神怪之事孔子不语，而勒之琬琰，不亦谬乎其用心乎？予则谓：宇宙之大，事之出于意料之外者往往有之，若姜嫄之孕，傅嚣之梦，独非大神大怪者哉？而垂之六经，非漫诬以资谈谑者，固仲尼之所存笔也……苟殃可以惩凶人，祥可以凭吉士，则虽神且怪，又何废于语焉？④

在田汝成看来，"苟殃可以惩凶人，祥可以凭吉士"，则虽鬼神之事，

---

① 参见赵轶峰《奢香的遗产——明初政治文化外缘区域秩序建构的一个案例》，《贵州社会科学》2012 年第 2 期。

② 永瑢：《钦定四库全书总目》卷一四二，子部五十二，乾隆武英殿刻本，第 10953 页。

③ 同上书，第 10955—10956 页。

④ 参见田汝成《田叔禾小集》卷一，明嘉靖四十二年田艺蘅刻本，第 50—51 页。

也不必讳言。所谓"世教不无补焉"，正是《夷坚志》的重要价值之所在。田氏的这种看法，本是士大夫阶层的寻常之见，并无特别奇怪之处。但值得注意的是，田汝成在这一时期还创作了不少类似《夷坚志》中篇目的传奇故事。《田叔禾小集》中即收录有《江节妇传》《阿寄》《庾山樵者说》等篇目，皆述节妇、义仆等故事，以劝人向善为目的。由此看来，田汝成《夷坚志序》中对洪迈的赞许，毋宁说是他的自况之语。

田汝成此际又著有《西湖游览志》及《西湖游览志余》两书。① 其书中除了记载西湖一带景物风光之外，对当地的历史变迁、掌故逸闻也颇多记载，甚至不乏一些荒诞乖谬的故事。时人已有"覈实不符"之讥，② 清四库馆臣则在肯定其书价值的同时指出，其"所征故实，悉不列其书名，遂使出典无征，莫能考证其真伪。是则明人之通弊，汝成亦未能免俗者矣"③。而巧合的是，田汝成的名著《行边纪闻》也正成书于这一时期。④ 而《行边纪闻》是《炎徼纪闻》稿本，⑤ 奢香与马烨的故事，最初也正是收录在此书中。

从嘉靖二十五年正月到嘉靖二十六年，在前后仅一年左右的时间里，田汝成先在《夷坚志序》中公开表明了自己对《夷坚志》言神怪之事的认同，继而又写作了《西湖游览志》等一系列记述掌故逸闻，虽"覈实不符"但于"世教不无补焉"的小故事。而同样创作于这一时期的奢香与马烨的故事也出现了非常明显的漏洞。这不能不让人怀疑，所谓马烨"裸挞"奢香的故事，与洪迈《夷坚志》之间存在着某种因袭关系。

---

① 田汝成《西湖游览志序》作于嘉靖二十六年（1547）丁未，国家图书馆藏明嘉靖二十六年严宽刻本《西湖游览志》为目前见到的最早版本。

② 参见田汝成《西湖游览志序》，《田叔禾小集》卷一，第 78 页。

③ 参见永瑢《钦定四库全书总目》卷七〇，史部二十六，第 5672 页。

④ 明嘉靖刻本《行边纪闻》卷首收录有云间顾名儒嘉靖丁巳（三十六年）冬十月所作序，序文中言"儒为诸生时，喜经济大略，得兹帙于十载之前"。见《滇考行边纪闻雷波琐记》（合订本），王有立主编：《中华文史丛书》之二十二至二十四，台北华文书局 1968 年版，第 407 页。如此，则《行边纪闻》之成书当在嘉靖二十六年之前。而《行边纪闻》记事下限在嘉靖二十年前，故其成书当在嘉靖二十年至二十六年。

⑤ 永瑢：《四库全书总目》卷五三，史部九，"行边纪闻一卷"条下言："明田汝成撰，前有嘉靖丁巳顾名儒序……后汝成编次成帙，改易书名，名儒未及见之，故与《炎徼纪闻》至今两行于世焉。"

将《行边纪闻》中所记载的奢香故事与《夷坚志》中的篇目进行对照，二者无论格式行文还是风格字数，均高度相似。再对照作于同一时期的《西湖游览志》，可以说，记述掌故逸闻并希望于"世教不无补焉"，正是田汝成这一时期作品的"主旋律"。故所谓马烨"裸挞"奢香的故事，很可能是田汝成结合了明初马烨与奢香二人的部分真实历史，模仿南宋洪迈之《夷坚志》而加以再创作形成的。它本来就如《夷坚志》和《西湖游览志》中的小故事一样，是田氏借以抒怀的逸闻掌故，出现明显的史实错误，也就不足为奇了。

值得一提的是，洪迈为南宋名臣，曾在福建、浙江等地任职，绍兴年间出使金国，归而著《夷坚志》。田氏在数百年后专门为此书作序，不仅是应洪氏后人所请，① 或亦因其与洪迈有着地缘和经历等方面的种种联结。

总而言之，自嘉靖二十年归田后，田汝成颇留心于著述，而其所撰篇目又多涉前朝掌故、奇闻逸事，奢香与马烨的故事即创作于这一时期。其中虽反映了部分真实的历史，但也存在诸多漏洞甚至荒诞不实的情节。这与田氏在这一时期所创作的其他文章风格一致，奢香与马烨的故事与其说是历史，不如说是小说或寓言更为准确。单纯地考证奢香故事的疏漏，不仅难以看清历史的真相，也不可能把握田汝成写作此文的真意。而对此故事不加辨别，径取以为真实历史者，则又等而下之了。

三　从寓言到神话——嘉万间的"经世"热潮与奢香故事的传播

田汝成笔下的奢香故事依托于部分真实的历史，结构完整、情节曲折，然而，既为寓言，隐藏在其背后的"微言大义"是什么呢？田氏编造此故事，其动机又究竟为何呢？马烨"裸挞"奢香，最后被太祖诛杀的故事，难道仅仅是一个由边疆地区还乡的官员的无聊、猎奇之作吗？

田汝成在自己所作的《炎徼纪闻叙》中阐明了自己写作《炎徼纪闻》的动机与目的：

---

① 参见田汝成《夷坚志序》，《田叔禾小集》卷一，第53—54页。

故先王慎择远方之吏。若谷永守郁林，而乌浒内属；李靖抚岭南，而远夷悦服。若我朝沐黔宁王镇云南，而滇酋按堵；黄忠宣公治安南，而交人不忍遽叛，皆由此选也。……自余涉炎徼，而所闻若干事，皆起于抚绥阙状，赏罚无章。……夫公之有取于是书者，岂直以文字之华哉！无乃以其有关于政纪也。况公行有节钺之赐，万一开府南陲，展是书而览之，则鉴昔慎今之余，或少裨于幕议云耳。①

田汝成曾在西南边疆地区为官多年，且有过镇压土酋作乱和断藤峡瑶民起义的直接经验，对当地"夷情"和朝廷的治理政策自然有着比较深刻的认识与思考。在他看来，"夷情"难治，自然由于土酋犷悍，但远方之吏选任非人，也是一个非常重要的原因。序文中所谓"自余涉炎徼，而所闻若干事，皆起于抚绥阙状，赏罚无章"。正道出了他对于边疆难靖的反思。而这也正是我们理解田汝成编造马烨"裸挞"奢香故事的关键。

本文在第一部分已经谈到，关于马烨"裸挞"奢香的情节，《明太祖实录》中并没有记载。按照（嘉靖）《贵州通志》中的说法，"马烨激变水西头目"的事情或许存在，但此后诸多史料中奢香进京朝见太祖并见到太后，太祖为安定地方而诛杀马烨的情节则与《明太祖实录》中的记载相冲突。事实上，直到洪武二十四年八月，《明太祖实录》中仍有关于马烨活动的直接记载，而关于马烨的间接记载则晚至洪武二十六年三月。②

至于《炎徼纪闻》中马烨"裸挞"奢香，奢香进京朝见太祖，太祖最终诛杀马烨以安定水西的故事，不过是田汝成为了凸显边地官员"抚绥阙状，赏罚无章"，以及太祖英明果决、怀柔远人的高大形象而刻意编造出来的。而其最终目的则是讽喻嘉靖朝边疆政策的决策者，使其接受自己的政策主张。《炎徼纪闻叙》末尾"况公行有节钺之赐，万一开府南陲，展是书而览之，则鉴昔慎今之余，或少裨于幕议云耳"一句，已将这一点明白地说了出来。

---

① 田汝成：《炎徼纪闻叙》，景明刻本《纪录汇编》卷五七，《元明善本丛书》第 17 册，商务印书馆 1938 年版，第 1—3 页。

② 参见《明太祖实录》卷二一一，洪武二十四年八月甲戌；《明太祖实录》卷二二六，洪武二十六年三月庚戌。

事实上，嘉靖中期以降，抱此"经世"目的的士大夫并不止田汝成一人。随着"北虏南倭"等边疆危机的加深，各种"经世"类的著作或文集也开始大量出现，而这也是马烨"裸挞"奢香的故事在这一时期得到广泛传播的一个重要原因。

前文已提及，马烨"裸挞"奢香的故事至迟在嘉靖二十六年前就已经出现在田汝成所撰的《行边纪闻》中。而笔者所见到的最早收录此故事的文集则是由万表编纂，成书于嘉靖三十三年的《皇明经济文录》。万表曾先后在南京、广西等地担任武职，又与田汝成同为浙江人，故其很可能如前文提到的顾名儒一样，早在《行边纪闻》正式刊布之前就已经得到了马烨"裸挞"奢香故事的稿本。① 在嘉靖中期严重的边疆危机中，万表编纂了《皇明经济文录》。是书同样以"经世"为旨归，在序文中，万表提出了书中内容编纂取舍的原则：

> 凡先臣深谋渊虑，忠言嘉猷，久而无弊者则录之；达权处变，安危定乱，保扶社稷者则录之；老成谋识，深达国体，曲当时宜，不恢旧章者则录之；言由深衷，事专毗主，犯颜无讳者则录之；论事必原始，详夫沿革之因，可备征考者则录之；议论剀切，深究时弊，有所建明者则录之；言悉民隐，而处置或未一一尽当者亦录之；若夫繁词泛论，不切机宜，或论事琐屑非关大体，无裨经济者皆略焉。②

很明显，在万表的眼中，事关社稷、切中时弊、有助于治国理政等都是重要的收录标准。而田汝成所编造的马烨"裸挞"奢香的故事，无疑正是符合这些标准的绝佳范例。于是，这则故事便被收入《皇明经济文录》中。而与此同时，这则本由田汝成根据部分真实历史编造的故事也脱去了寓言的外衣，与书中收录的朝廷各部门的公文奏疏一起，成了供官员们尤

---

① 明嘉靖刻本《行边纪闻》卷首收录有云间顾名儒嘉靖丁巳（三十六年）冬十月所作序，序文中言"儒为诸生时，喜经济大略，得兹帙于十载之前"。前文讨论《行边纪闻》成书年代时亦曾提到这一点。另，《田叔禾小集》收录的田艺蘅所作《家大夫小集引》中记田汝成"平时属文毕，辄持其草与人"，亦可证万表可能先获得田氏奢香故事草稿并收入《皇明经济文录》，而田氏《炎徼纪闻》反而后出。见田汝成撰《田叔禾小集》，明嘉靖四十二年田艺蘅刻本，第5页。

② 万表：《皇明经济文录序》，《皇明经济文录》，明嘉靖刻本，第2—3页。

其是封疆大吏们参考的严肃文本。

而对于同一文本，不同的人又往往会进行不同的解释，并赋予其不同的意义。嘉靖三十六年，正当倭寇大掠江北之时，高岱完成了《鸿猷录》一书的辑录，是书卷九"开设贵州"也同样收录了马烨"裸挞"奢香的故事。在书前的序言中，高岱写道：

> 多难兴邦，殷忧启圣，前事之得失，后事之明鉴也。故思创业之艰难，则必严保太之训。睹守成之功烈，则必慎防患之为。赫赫鸿猷，诚万世定保之谟也，录之岂独为识往已哉！①

高岱辑录《鸿猷录》，同样是出于"经世"的目的。从上面序言中可以看出，他认为收录马烨"裸挞"奢香的故事，可以起到鉴往知来的作用。高岱未必看不出其中的漏洞，但仍然收录了这一故事。② 与田汝成及万表不同，在《鸿猷录》中，高岱将太祖诛杀马烨以安定地方的处理方式作为了强调的重点。在"开设贵州"一文的末尾，高岱写道：

> 我太祖抚有滇南，贵州诸夷旋亦服属。暨成祖复郡县其地，任土作贡，服徭役与诸甸服同，其大一统之盛远过三代，何汉唐足云乎！马烨镇贵州功文献无征，独贵人往往能谈其事……高帝斩之诚非得已……大抵夷性嗛怨而恋主，负悍而喜杀，乐纵肆而惮文法，驭之在威信，素孚简静不扰耳。③

至此，马烨"裸挞"奢香最后被朱元璋诛杀的意义，已经上升到如何经略边疆、驾驭少数民族的高度，而朱元璋的做法自然也就成了一种"万世定保之谟"。联系到嘉靖时期边疆的危机状况，高岱的解读自然有其道理和深意。但此后，随着嘉靖以后各种"经世"文集与武功录的辑录以及文人士大夫的传抄、题咏，这则故事也被进一步地神话了。

---

① 参见高岱《鸿猷录》，明嘉靖四十四年高思诚刻本，"序言"，第7—8页。
② 在《鸿猷录》的序言中，高岱还曾提到他所收录的史事文章，"第撰述非一人手，文辞不尽雅驯，或间见错出事，始末不备，其载在刑书者又皆法家语，学士大夫不便览观也"。见高岱撰《鸿猷录》，明嘉靖四十四年高思诚刻本，"序言"，第4页。
③ 参见高岱《鸿猷录》卷九，第463—464页。

曾在隆庆年间任职贵州提学副使的吴国伦的《甔甀洞稿》收录了他自己所作的"次奢香驿因咏其事"，其词曰：

> 我闻水西奢香氏，奉诏曾谒高皇宫。承恩一诺九驿通，凿山刊木穿蒙茸。至今承平二百载，牂牁僰道犹同风。西溪东流石齿齿，呜咽犹哀奢香死。中州男儿忍巾帼，何物老妪亦青史。君不见蜀道之辟五丁神，犍为万卒迷无津。帐中坐叱山川走，谁道奢香一妇人。①

吴国伦以文学的浪漫主义手法，重新讲述了奢香觐见太祖并开通九驿的故事。奢香及奢香故事已经成为一种神话，至于其是否符合历史事实已经不重要了。而至万历时，这一故事已经成为朝廷士大夫认可和接受的"事实"。《万历疏钞》卷四十四中收录了万历三十七年兵科给事中洪瞻祖所上的《蜀黔分界甚明督抚执言互异疏》，在奏疏中洪瞻祖提到：

> 变激而祸成，兵连而不解，不若无事之为福也。蛮夷怀鸟兽之心，政宜荡佚简易，故高皇帝忍除马烨，封疆奢香，而三省至今赖之。督臣何过求也！②

在讨论四川、贵州两省分界的问题时，洪瞻祖援引朱元璋除掉马烨而封赏奢香的故事以为借鉴。这一故事未必是历史上的真实事件，但此时已经成为处理边疆问题时的一个重要依据。马烨"裸挞"奢香，最后被太祖诛杀的故事，已经被"神话"了。万历壬子举人、曾任贵州金事的卢安世曾作有"奢夫人"诗一首，其词曰：

> 都督持威太自轻，翻令顺德据声名。君看九驿奢香路，岂直宜娘解用兵。③

马都督"裸挞"奢香与奢香开通九驿都未必真有其事，但此时的顺德

---

① 吴国伦：《甔甀洞稿》卷八，明万历刻本，第 568 页。
② 吴亮辑：《万历疏钞》卷四四，哱播类，明万历三十七年刻本，第 5769 页。
③ 陈田辑：《明诗纪事》辛签卷二，清陈氏听诗斋刻本，第 4748 页。

夫人奢香已颇具声名倒是实实在在的。①

四　结语

　　奢香与马烨，一个是明初贵州水西地区的著名女土司，一个是镇守贵州的功臣宿将。在明初波谲云诡的政治形势中，他们的一举一动自然牵涉中央与地方关系的大局。马烨与奢香的故事，未必是历史事实，但却为明代关心西南边疆问题的人们提供了绝佳的故事素材。在嘉靖边疆危机的大背景下，士大夫阶层中兴起了一股"经世"热潮。曾在贵州任职的田汝成撷取了历史上关于二人的真实的历史片段，仿《夷坚志》编造出了完整而详细的马烨"裸挞"奢香的故事，其最终的目的在于讽喻当时的边疆政策，并为决策者提供借鉴。

　　此后，随着边疆危机的加深，各种"经世"类的著作开始出现，万表的《皇明经济文录》将田汝成编造的这则故事与各种公文、奏议收录在了一起，马烨"裸挞"奢香的寓言，也变成了严肃的"经世"文本。而其后，高岱更进一步将故事的意义拔高到了边疆经略政策的层面，明太祖与奢香的形象也被拔高和神化了。到了万历时期，马烨"裸挞"奢香的故事已经不仅仅是各种文集或诗稿中的"文本"，而开始成为处理边疆问题时的经典"案例"，并对当时的边疆政策产生了直接的影响。

　　总的来看，马烨"裸挞"奢香的故事在明代经历了一个从半虚构的寓言到严肃的"经世"文本，再到"神话"的过程。这一过程由田汝成启动，且与明嘉万间边疆危机引起的"经世"热潮密切相关。而这一"制造"奢香的过程也为我们全面认识明代中央与西南边疆地区关系的构建，提供了一个很好的视角。

（作者单位：中国社会科学院研究生院）

---

　　①　此处的"顺德"即指奢香，田汝成《炎徼纪闻》卷三载，高祖在诛杀马烨后封奢香为顺德夫人，但《明太祖实录》等未载其事。

社会政治史视阈下的明代兽医研究

——附论明代兽医书目问题

赵士第

兽医又称"医兽",这一称谓,古已有之。《周礼·天官》载:"兽医掌疗兽病,疗兽疡。凡疗兽病,灌而行之以节之,以动其气,观其所发而养之。凡疗兽疡,灌而劀之以发其恶,然后药之、养之、食之。凡兽之有病者、有疡者,使疗之,死则计其数,以进退之。"① 可以说先秦时期或者秦汉的国家机构中,已经有了兽医官职的设置,掌管兽病的治疗,并以兽的死亡数作为其业绩考核标准。魏晋隋唐时期,据《文献通考》载,兽医亦是一种官职。② 《宋会要辑稿》有"将医人、兽医、工匠、行铺户等人预期科差"的记载,③ 说明宋代时兽医已由民人承差,成为一种役。明代兽医制度延续宋代,其不是一种官职,而是民人通过金充向国家服役,其实质相当于吏。

明代是中国传统兽医发展的成熟时期,出现了多部著名的兽医著述,影响深远,如喻氏兄弟所著的《元亨疗马集》是明代乃至中国古代最为著名的兽医经典。学界关于明代兽医的研究,大致分为两个方向。一方面是关于兽医典籍,目前学界多是对《元亨疗马集》的研究,如于船、杨宏

---

① 崔记维校点:《周礼》,辽宁教育出版社2000年版,第10页。
② 马端临:《文献通考》卷六七《职官考二十一·官品》,中华书局2011年版,第2038—2050页。
③ 徐松辑,刘琳、刁忠民、舒大刚校点:《宋会要辑稿·职官三六》,上海古籍出版社2014年版,第3918页。

道、王铭农、冀贞阳、李伟强的论文，① 并有中国畜牧兽医学会编的会议
论文集等相关成果；② 另一方面是对兽医个案的研究，如刘寿山、邹介正、
许长乐、张泉鑫等人的文章，③ 从兽医的疗病特点、兽医著述的版本及流
传、兽医的学术贡献及成就、兽医的生平活动等着手，然对兽医这一群体
的佥充、考核、社会地位、职能等问题，几乎没有提及。综上可知，明代
兽医研究多局限在畜牧农史、科技史方面，今笔者试从社会政治史视角探
讨明代兽医的佥充、社会地位、职能等诸问题，不足之处，敬求教于
方家。

一　明初兽医佥充概况

元末明初时，世人曾将兽医专指疗马者，"世以疗马者曰'兽医'，疗
牛者曰'牛医'。《周礼·天官·冢宰篇》：'兽医下士八人'。按此，则疗
牛者亦当曰兽医矣"④。从明代兽医所撰的医籍看，兽医既指疗马、牛疾
者，又兼有疗驼、象、羊病者，并非单指疗马者，所以明人有言："马牛
象驼皆有兽医"⑤。在明代，从医学上分类，兽医有两种，"马骡驴阳类，
起则先前，治用阳药。牛羊驼阴类起则先后，治用阴药，故兽医有二

---

① 参见于船《论祖国兽医学中一部不朽的著作——元亨疗马集——纪念元亨疗马集付梓350
周年》，《中国兽医学杂志》1958 年第 10 期；杨宏道《〈元亨疗马集〉及其作者》，《兽医科技杂
志》1980 年第 5 期；王铭农《〈元亨疗马集〉的成就及明代的牧政——纪念〈元亨疗马集〉刊行
380 周年》，《农业考古》1988 年第 1 期；冀贞阳《〈元亨疗马集〉校勘拾遗》，《中国农史》1988
年第 3 期；李伟强《明代兽医书〈元亨疗马集〉流传的社会内涵探析》，《河南牧业经济学院学
报》2017 年第 2 期。

② 中国畜牧兽医学会编：《纪念〈元亨疗马集〉付梓 400 周年中国畜牧兽医学会中兽医学分
会 2008 年学术年会华东区第十八次中兽医科研协作与学术研讨会暨兽药发展论坛论文集》，《中兽
医学杂志》编辑部，2008 年。

③ 参见刘寿山《李时珍本草纲目对于畜牧兽医的贡献》，《中国兽医学杂志》1958 年第 2
期；邹介正《明代兽医学术的发展》，《中国农史》1986 年第 3 期；许长乐《喻仁喻杰兄弟生平活
动探析》，《中国兽医杂志》1987 年第 11 期；张泉鑫《明代江西籍畜牧兽医管理专家——杨时
乔》，《农业考古》1993 年第 3 期。

④ 陶宗仪：《南村辍耕录》卷九《兽医》，中华书局 1959 年版，第 113 页。

⑤ 宋诩：《竹屿山房杂部》卷一二《树畜部四》，《钦定四库全书》子部十杂家类四，台湾
商务印书馆 1972 年版，第 10a 页。

种"①；从服务范围分类，有太仆寺兽医和州县兽医两种。有明一代，对兽医佥充较为重视，且制定了一系列的制度。

（一）明代对佥充兽医的重视

马政是明代国家重务之一，明太祖朱元璋通过马上而得天下，曾亲自指示：

> 昔人问国之富，即数马以对者何？盖事在戎。其戎始轩辕。其马载甲士，代涉劳，备边御辱，足折冲，斯力之大，斯功之美，可不爱育乎！所以古人先马而钱粮，故数马而对。
>
> 马之功不但备戎事耳，若使君有道，则马之力牵犁耜，驾粪车，辟土沃田，其利甚焉，所以古重之者为此也。②

按照朱元璋的看法，马既是军事力量强弱的表现，也是国家实力大小的体现。而兽医作为马匹疾病的治疗者，在马政中起到一定的作用。

佥充兽医还体现着明朝对古制的尊崇。如丘浚在《大学衍义补》中认为：

> 先儒谓巫所以通鬼神，医所以寄生死，非但于人为然，而于畜类亦莫不然也。《周官》设巫马之官，专掌疾马而乘治之，乘治云者，盖以马之疾难知，必驱步之以发其疾，而后验而疗之也。其职虽主于乘治，然以其药而攻马之疾者则有医四人焉，巫马不过祷之神以相助之而已，非专主干巫祷也。本朝设马神庙，太仆寺及州县皆设兽医，盖得周人意也。近世有《安骥集》等书，专主马病，乞下太医院校正刻板颁布有司，俾专其业者讲而用之，则马无有不得其死者矣。③

---

① 程林：《医暇卮言》卷上，载《中国医学大成》45，上海科学技术出版社 1990 年版，第 24 页。

② 朱元璋著，胡士尊点校：《明太祖集》卷四《太仆寺卿诰》，黄山书社 1991 年版，第 70 页。

③ 丘濬著，金良年整理：《大学衍义补》卷一二三，《中国经学史基本丛书》第 4 册，上海书店出版社 2012 年版，第 318 页。

他提出"州县皆设兽医"是尊崇《周礼》，并且希望朝廷刊刻兽医书籍，派懂医术者讲解兽医知识则可以减少马匹死亡，有利于马政的发展。

从地方建设上来看，兽医也起着重要作用，如北直隶广平府成安县在建立医学署时曾做如下碑记：

> 太祖高皇帝《教民榜》之条，导民以孝、悌、忠、信、礼、义、廉、耻诸事，欲人常川遵守《周礼》。……《周礼·大宰》有医师掌医之政令，有食医、有疾医、有疡医、有兽医，今之医学乃学此。诊视、丸散、㕮咀、针灸世其业，而拔之太医院者也。夫申明主于导迪乎，民心旌善，主于激劝乎，民性均之，皆所以教民也。①

上述碑文概述了明代自建国后便重视医学，这有利于开启民智、教化百姓，医学署设有医师、食医、疾医、疡医、兽医五厅，而兽医亦在医学系统之中，这说明发展兽医也尤为必要。

（二）明初兽医金充概况

太仆寺兽医和里甲派征到地方州县兽医二者虽服务范围不同，但皆由民间金充而来。明廷从民间培养懂疗兽技术的人，并让其通过承差的方式为国家服役，也因此制定了一系列关于兽医的金充制度。

明代饲养马匹由官府和民间共同承担，且民间养马数量占据主要部分，在明初时便已成为人民的重要义务，《皇朝马政记》载："太祖高皇帝武功定天下……皆民间孳牧"②。民间马匹"起解到部，令医兽辨验明白，具奏送御马监交收，马或不堪，责令差来土官陪纳"③，兽医有辨验的职责，民人养马，而兽医亦出自民间，《大明会典》载："洪武二十八年（1395）……凡儿马一匹，配骒马四匹为一群，立群头一人；五群，立群

---

① 万历《成安县志》卷三《建置考》，载马小林、孟繁裕主编《明代孤本方志选》，全国图书馆文献缩微复制中心2000年版，第17a页；又见嘉靖《广平府志》卷四《建置志》，《天一阁藏明代方志选刊》第四册，上海古籍书店1981年版。

② 杨时乔：《皇朝马政记》卷一《户马》，《玄览堂丛书初辑》十五，台北正中书局1981年版，第35页。

③ 陈仁锡：《皇明世法录》卷三一《马政上》，台北学生书局1986年版，第912页。

长一人；每群长下，选聪明子弟二三人，习学医兽，看治马匹"①，官府通过选民间聪明子弟培养成兽医，并规定在五群（二十五匹马）里要配备二到三人；永乐时改为"每马十匹立群头一人，五十匹立群长一人"②，但兽医配备未变。其中所说群头、群长均为掌管马政的官吏，且群长为未入流的杂职官，群头则为胥吏，而兽医往往作为群长的助手。仁宣时期基本上沿袭洪武、永乐时期的制度。

成化八年（1472）明廷进行兽医佥充改革："奏准各处医兽每州定设二名，每县一名，岁终更替"③，每州设两名，每县设一名，年终更换，根据考核情况"遴其朴实者送（太仆）寺"④，这说明兽医来源于民人子弟，他们通过学习专业知识而为国家服役，并且先在州县服役，这便是州县兽医的来源；如果优秀者则可去太仆寺当差，为太仆寺兽医，《宛署杂记》中将兽医力役分为两种："里外牛房兽医二名，御马监兽医三名"⑤，这说明太仆寺兽医是兽医群体中的精英，经过筛选和考核方可去太仆寺、御马监等处服务。

二　明中后期兽医佥充制度改革及兽医规范

（一）兽医佥充制度改革

明初所定的兽医佥充制度弊端丛生，无论是太仆寺兽医还是州县兽医，到明中期时已出现兽医多数学艺不精的情况，且充兽医者多为狡诈之徒，在起解马匹时从中作弊，收取贿赂。以太仆寺兽医为例，日本学者谷光隆在《明代马政の研究》中提到："太仆寺兽医（医兽）常年多由狡诈之徒担任，如果马头贿赂他，则检验为'齿少无病'，称合格；反之，没

---

① 诸版本《明会典》记载相同，现取万历《明会典》，参见申时行等《明会典》卷一五〇《马政一·民间孳牧》，中华书局1989年影印本，第769页。

② 申时行等：《明会典》卷一五〇《马政一·民间孳牧》，第769页。

③ 杨时乔：《皇朝马政记》卷二《种马二》，第71页。

④ 《明世宗实录》卷二五二，嘉靖二十年八月辛卯，台北"中央研究院"历史语言研究所1962年版，第5062页。

⑤ 沈榜：《宛署杂记》卷六《山字》，载于《笔记小说大观·三十五编·第四册》，江苏广陵古籍刻印社1984年版，第53页。

有贿赂，则检验为'老病不堪'，称不合格"①。当时不仅兽医这一类，阴阳生、医生、工匠、乐工等有一技之长的也多由市井无赖滥竽充数，给朝廷造成了不良后果，以至于成化时期大兴传奉。针对兽医作奸犯科，明廷不断对兽医佥充进行修正补充，以消除弊政。

正德十一年（1516）五月，太仆寺卿何孟春上《议马政疏》，其中提到有不法之徒"收买马贩，兽医、交通作弊及至管解乃佥别人"②，并且要求"将管解作弊官吏、兽医、马户人等通送法司徒，重究治庶罪"③。

嘉靖二年（1523），御史谢汝仪上《救偏弊以裕马政事》，指出马政弊端，其中提到：

> 臣惟祖宗养马之制，虑马之多，水草群盖或不能皆以其时，骑使作践，恐稽察之不及，于是乎量为多少，立有群长，所以督其事而察其弊。又惧乎马之病，如人之病，其弊之多，横死可惜也，于是乎群长之下，又立医兽，所以责其往来治疗马匹，立法之意如斯而已。今有司不能讲求法意，群长常川存留在县，跟同里老人等朝暮打印，中间一年一换者有之，半年一换者有之，甚至三月一换者有之，不才官吏，因是利其交代，以为侵渔之计。医兽人有一番，于兵各官分派，侵占狡猾之徒因而营求差使为业。甚者看马医兽又有一番，额设医兽又有一番，看马者多市井无赖，额设者轮流应当。故小民里长之役方满，群长又及，群长之役未歇，医兽复来，往来奔命，皆马而已，问其本业，茫然不知，有司亦不以其当为者责之，此其弊之在今日者也。④

这说明明中期对养马群长这类杂职官的考核较弱，大多并未经历三年考绩，群长更换频繁，伴随着兽医也更换频繁，且兽医多由市井无赖充当，对百姓造成了较大的负担，兽医亦不知本业，滥竽充数，对国家和百

---

① ［日］谷光隆：《明代马政の研究》，京都东洋史研究会 1972 年版，第 225 页。
② 何孟春：《何文简疏议》卷三《议马政疏》，《钦定四库全书·史部六·诏令奏议二》，台湾商务印书馆 1972 年版，第 39b 页。
③ 同上书，第 40b 页。
④ 谢汝仪：《救偏弊以裕马政事》，载万表编《皇明经济文录》卷一三，辽海出版社 2009 年版，第 316—317 页。

姓均造成很大损失。

针对上述弊端，谢汝仪建议：

> 兽医各肆定业成者一人，专以看治马匹，州县多寡降级，市井无籍与轮流充当等项，一切革去，仍敕各该州县止计朔望点卯一次，于群长，责其半月之中，提调群盖，过定驹马若干，各该作践马匹人户若干；于医兽责之半月之中医过马若干，致倒失马若干，各该官员亲笔填注卯簿，季点时视。若报定驹而致落胎者，罪及马户，若未曾举呈，验其脊破勔伤者，罪及群长。医兽则以疗之多寡，定其勤惰，能修其业，复其本身，若疗无状，另行更换，如此则彼知本分之常为，而咸思勉矣。①

为加强对兽医的考核和管理，朝廷采纳谢汝仪的建议："嘉靖二年议准……习学医兽，定业成一人，专看治马，其市井无籍与轮流充当等项，一切革去，仍敕各州县止计朔望各点卯一次，群长责其呈报半月之中，提调定驹及作践马若干，医兽责其治报半月之中，医疗过并倒死马若干，已报驹而落胎者罪其马户，作践不曾举呈而验其脊破者，罪及群长、医兽疗治无状更换"②。嘉靖时还对金充兽医方面做一定的条件限制，如果地方遭遇灾害，"如有祖父母、祖母及年及七十以上者，府州县官免其养马，及即准除一丁侍养，不许金派医兽等差"③。

事实上，朝廷虽颁布命令，但没有落实到制度层面，并没有真正解决市井无赖充兽医的问题。嘉靖二十年（1541）兵科给事中胡宾言：

> 凡民间输马太仆寺者，多为马医、隶卒。交购马侩夤缘为奸，朘索马户，乞尽驱逐其马医，则取之各州县遴其朴实者送寺，应役每岁更番如成化年例。④

---

① 谢汝仪：《救偏弊以裕马政事》，载万表编《皇明经济文录》卷一三，第317—318页。
② 杨时乔：《皇朝马政记》卷二《种马二》，第87—88页。
③ 孔贞运辑：《皇明诏制》卷七《灾变宽恤诏》，明崇祯七年刻本。
④ 《明世宗实录》卷二五二，嘉靖二十年八月辛巳，第5061—5062页。

对此，皇帝采纳其建议，并"令巡城御史侦察，有犯者捕治之"①，但仍是治标不治本。到嘉靖四十二年（1563），御史吴守又上奏指出：

> 一、定群医。国初养马之制立之群长，金报兽医，即周官趣马简其节，巫马攻其疾遗意也。乃今充以市井驵侩，奸蠹百出，自后宜五年一编，选殷实人户金为群长，里各五人，以次伐役，凡五年一周，而医兽则每里报金一人，定名专役。一酌征派。谓各府州县派取内局牛驴及太仆寺春秋马祭银公用之数无几，而私敛之费常十倍之，宜令如数征解，不得过取殃民。②

从上述可知，直到嘉靖末期兽医金充形成每里报金一人定名，专役一酌征派的定制，这样便有利于节约国家钱财，减轻百姓负担。另外，革去市井无籍与轮流充当等项，严加考核兽医，则有利于解决起解马匹时兽医从中作弊，提高马匹治愈率。

自万历时期张居正推行"一条鞭法"后，兽医由力差变为银差，《客座赘语》载："自条鞭法行，不分银力名目矣，以其银为……太仆寺医兽、狱卒工食之费"③。且太仆寺兽医与州县兽医的征银上有所差别，《重订赋役成规》中规定："太仆寺项下短班兽医银贰两伍分；里甲派征短班兽医壹名银壹两伍钱"④，这说明征银太仆寺下短班兽医要比里甲征派到州县的短班兽医高出近一倍。

综上，明代通过对兽医金充制度的改革，有利于兽医制度的完善，促进马政事业的发展。

（二）明代法律对兽医之规范

明代不仅对兽医金充制度进行改革，而且对兽医有着严格的法律规定，出现医疗事故、徇私舞弊则要受罚。《大明律》规定，"凡养疗瘦病马、牛、驼、骡、驴不如法，笞三十。因而致死者，一头笞四十，每三头

---

① 《明世宗实录》卷二五二，嘉靖二十年八月辛巳，第5062页。
② 《明世宗实录》卷五一八，嘉靖四十二年二月乙卯，第8496页。
③ 顾起元：《客座赘语》卷二《赋役》，中华书局1989年版，第60页。
④ 熊尚文：《重订赋役成规》不分卷，明万历四十三年刻本。

加一等，罪止杖一百，羊减三等"①。并在《大明律集解附例》中解释道："此条专为医兽人役疗养系官瘦病之畜而言。凡瘦病马、牛、驼、骡、驴并须养饲医疗不如法者，笞三十，不计头数之多寡也。惟因而致死者，则计头科罪矣。养疗羊不如法者，减三等，自致死之罪减之也，若未致死者则减无科矣"②。

为惩治不法兽医在起解马匹时从中作弊、谋取好处。成化十八年（1482）规定，如果兽医等起解马匹以次充好，"医兽通事土民人等，通同作弊者，枷号一个月发落"③；弘治十三年（1500）又不断完善："凡司府州县起解备用马匹，各要经由分管太仆寺寺丞等官；验中起解若有马贩、交通官吏、医兽人等兜揽作弊者，俱问罪，枷号一个月，发边卫充军。再犯累犯者，枷号一个月，发极边卫分充军"④。

如果兽医医技不佳，造成马匹大量非正常死亡，亦要承担责任。嘉靖八年（1529）规定："（马）其非时疫而百匹之中月倒死一二匹者，分管人员量行责治，三匹者，内外官军医兽人等通行逮问"⑤。

明代用法律的形式对兽医进行约束，有利于规范兽医群体，增强其责任意识，通过惩戒不法兽医而警示众人，使兽医能为国家更好地服务。

三　明代兽医的社会地位及职能

（一）兽医的社会地位

无论是太仆寺兽医还是州县兽医，兽医的待遇较低。《明会典》载："嘉靖八年（1529）……医兽、乐户、乐工并纪录幼疾军校等项月米，除三斗原支本色，并折色各一半者俱照旧外，其全支本色，并三七、四六、

---

① 怀效锋点校：《大明律》卷一六《兵律三·厩牧·养疗瘦病畜产不如法》，法律出版社1999年版，第122页。

② 《大明律集解附例》卷一六《兵律·厩牧·养疗瘦病畜产不如法》，清光绪戊申年刻本。

③ 《大明律集解附例》卷八《户律·课程·私茶》，清光绪戊申年刻本。

④ 申时行等：《明会典》卷一五三《马政三·禁约》，第781页；同见《大明律集解附例》卷一六《兵律·厩牧·验畜产不以实》，清光绪戊申年刻本。

⑤ 《明世宗实录》卷九一，嘉靖七年八月辛亥，第2539页。

二八本折兼支者，俱要本折色对半支给，永为定例"①。三斗月米，按嘉靖时期的物价，每石米平均折银 0.584 两，② 因此，兽医待遇每月仅 0.1752两，尚不及一般的胥史，薪水很低。

兽医虽跻身国家体制中，但其地位也较低，不被世人所津津乐道。明初文人王行在《半轩集》中曾载："堵郎者，豫章人……与母居家，贫，母死无以自活，为人佣不任，佣作亡去。依父故所使牧奴，奴业为马医，教郎马医术，郎自恨穷苦，甚勤历学"③。从堵郎这一事例可看出，在其家贫无业时，被迫学习马医术而做马医，在一定程度上说明兽医并不被世人所向往，往往是迫于生计。

王阳明"以心学教天下，示之作圣之路，马医、夏畦，皆可反身认取，步趋唯诺，无非大和真觉，圣人去人不远"④，其指出作圣之路，将马医与农人划为一类，皆代指最为平凡之人，可见兽医地位之低。后徐渭受王阳明影响，又言："周所谓道在瓦砾，在屎溺，意岂引且触于斯耶，故马医、酱师、治尺箠、洒寸铁而初之者，皆圣人也"⑤。兽医同酱师等已成为"贱民"的代名词，是明代一种"贱役"。

然而，明中期以后马政的衰微促使兽医地位提高。《明史》称："盖明自宣德以后，祖制渐废，军旅特甚，而马政其一云"⑥。明代马政衰微以及牧业生产的凋敝，促使明廷为振兴马政而开始提高兽医地位。

嘉靖时归有光上《马政议》，指出："官吏之侵渔可黜、可惩也，而管马官、群长、兽医不可省也"⑦，建议增加兽医的人数。"嘉靖间，建三皇庙于太医院北，名景惠殿。中奉三皇及四配。其从祀，东庑则僦贷季、岐伯、伯高、鬼臾区、俞跗、少俞、少师、桐君、雷公、马师皇、伊尹、扁

---

① 申时行等：《明会典》卷四一《户部二十八·经费二》，第 289 页。

② 参见秦佩珩《明代米价考》中《明代米价折银简表》，载《明清社会经济史论稿》，中州古籍出版社 1984 年版，第 207 页。

③ 王行：《半轩集》卷三《三事纪》，《钦定四库全书》，台湾商务印书馆 1986 年版，第 29b 页。

④ 黄宗羲撰，陈乃乾编：《黄梨洲文集》记类《余姚县重修儒学记》，中华书局 2009 年版，第 396 页。

⑤ 徐渭：《徐渭集》卷一七《论中三》，中华书局 1983 年版，第 490 页。

⑥ 张廷玉等：《明史》卷九二《马政》，中华书局 1974 年版，第 2276 页。

⑦ 归有光：《马政议》，《皇明经济文辑》卷一五，辽海出版社 2009 年版，第 1041 页。

鹊、淳于意、张机十四人"①。将兽医的始祖马师皇从祀三皇庙，从礼制待遇上提高兽医的地位。

到万历时期，明代兽医事业发展到顶峰。万历二十二年（1594）杨时乔任南京太仆寺卿，②并支持刊刻《马书》，在序中写道"知马固有政，惟其人举先，今执事南北囹寺，尝预闻其政"③，认为马政要发展，需要选拔人才，兽医亦在其中。于是，一批优秀兽医被推广、医籍被刊刻。如万历三十六年（1608）兽医喻仁（字本元）、喻杰（字本亨）两兄弟所著《元亨疗马集》在太仆寺的支持下刊行，并由当时的官员丁宾作序。丁宾在序中写道："博求名医，以塞瘵旷，久之，乃得六安喻氏伯仲本元、本亨，究师皇、岐伯之经，泄伯乐、宁戚之秘，针砭治疗，应手而痊，不浃月，而马大蕃息"④。丁宾此时已是"南京大理寺右寺丞"⑤，序中肯定二人医术高超，并认其对马政的贡献。从官员的推介及认可，体现出此时兽医的社会地位得到一定的提升，但终明一代，兽医地位比起同为从医系统的医学生、医士、医官依旧相差甚远。

（二）兽医的职能

虽然兽医社会地位不高，但在国家事务的许多方面仍有所为，发挥一定的效用。从总体上来讲，太仆寺兽医主要负责中央各项有关医兽事务，而州县兽医负责起解地方马匹或治愈地方马、牛的疾病。兽医除了验马，还在多项事务中发挥作用，以下分别叙述之。

1. 辨验贡马

番邦进贡马匹，须太仆寺兽医检验合格，方可进入。《明会典》载："凡进马骡，到于会同馆，即令典牧所，差医兽辨验儿骒骟、及毛色齿岁

---

① 张廷玉等：《明史》卷五〇《礼四·三皇》，第1294—1295页。

② 《明神宗实录》卷二七三，万历二十二年五月辛卯，第5064页。

③ 杨时乔著，吴学聪点校：《新刻马书》卷首《新刻马书序》，农业出版社1984年版，第2页。

④ 喻仁、喻杰著，于船、郭光纪、郑动才等校注：《元亨疗马集校注·丁宾序本》，北京农业大学出版社1990年版，第3页。

⑤ 《明神宗实录》卷三二二，万历二十六年五月癸卯，第5990页。

明白，备写手本交收"①。

2. 治疗驿马

明代公文书信以及军机政事的传递、物品的输送均靠驿站完成，而驿马是主要的交通工具。州县兽医有义务治疗驿站驿马，如地方进京贡物时，需配"医兽一人"，② 防止马匹生病。

3. 管疗军马

骑兵是古代战争中战斗力强悍的兵种之一，而军马又是重要的战略物资。《明会典》载："及内外官军医兽，倒死喂养马牛等畜，提督等官，故纵容隐者"，将被言官"指实参奏"③，提督等官隐瞒兽医疗马牛等畜倒死将被处罚，这说明兽医在疗养军马中责任重大。明初对军队兽医已有赏罚制度，《弇山堂别集》载："舍人、力士、军吏、兽医，各以所至之地给赐并与军士同，逃而复征者各半之。"④ 吕坤曾言："行师一万，医生二十人，医兽二十人。常用之药二千斤，丸散十数种，如益元散、刀箭等药，尤宜多备"⑤，大约估算了一万人的军队，需配备二十名兽医。戚继光在其《纪效新书》中将"杂流匠役"单列，并记抗倭军队中"医士二名、医兽一名"必不可少，⑥在蓟镇练兵时军队"医兽一名"并配备"家丁一名"为其服务。⑦ 明末袁崇焕在作战时曾有"人医、兽医随主将"的命令，⑧ 证明兽医在军队中起着重要作用。另外，军队购买马匹也应由兽医检验，"军士置买马匹，务须卖主、买军、牙保、兽医赴该道验明"⑨；军队裁撤残马、病马，兵部要"会同镇

---

① 申时行等：《明会典》卷一〇八《礼部·朝贡四》，第 585 页。
② 申时行等：《明会典》卷一四八《兵部·驿传四》，第 759 页。
③ 申时行等：《明会典》卷二一三《六科·兵科》，第 1064 页。
④ 王世贞：《弇山堂别集》卷七八《赏功考上》，中华书局 1985 年版，第 1497 页。
⑤ 吕坤撰，王国轩、王秀梅整理：《吕坤全集》卷八《计兵费》，中华书局 2008 年版，第 1193 页。
⑥ 戚继光著，盛冬铃点校：《纪效新书》卷一《束武篇第一·杂流匠役》，中华书局 1996 年版，第 30 页。
⑦ 戚继光著，邱心田点校：《练兵实纪》卷一《练武伍第一·骑旗鼓》，中华书局 2001 年版，第 15 页。
⑧ 茅元仪著：《督师纪略》卷九，明崇祯刻本，第 5 页。
⑨ 吕坤撰，王国轩、王秀梅整理：《吕坤全集》卷八《严马政》，第 1179 页。

守总兵官等，督令兽医人等逐一从公看验"①。

4. 王府治马

《续文献通考》中有载"（嘉靖）八年议准，各王府总小旗、校尉、军匠、厨役、乐舞生、兽医……"各项财政支出情况，② 说明各藩王府中也要安排兽医，负责治疗王府饲养牲畜的疾病。

兽医身份虽低微，但利用其专长，在外事、驿递、军事活动等方面发挥了一定的作用，但也不得不承认，兽医亦常有弄虚作假的情况，对明代马政造成不良后果。

四　结语

明代出于马政的需要，从民间佥充兽医，并不断修补制度缺陷，促进对兽医的管理。兽医虽有违法者，但亦有喻氏兄弟这样"隐于医兽也，不矜其功，不计其利，滋滋树德而衡泌自怡"③ 者；兽医虽身份低、待遇差，但在处理国家多项事务中，凭借自己的专长，占有一席之地。明代对兽医施以法律规定，严格规范其行为，一定程度上遏制了兽医违法舞弊的状况，提高马匹的治愈率。兽医群体在以往的研究中没有得到重视，并不是其本身不重要，兽医通过医兽实现了自身价值，可以说兽医在畜牧、马政、军事方面上的作用不可替代，明代社会政治史的研究，兽医这一群体不应被忽视。

附　录

明代兽医书目考订

笔者在阅读有关兽医史料时，有意对明代兽医书目做一收集与整理。关于明代兽医书目，前辈学者已有对其总结。王毓瑚先生所著《历代畜牧兽医

---

① 叶盛：《叶文庄公奏议》，《上谷奏草》卷三《买补马匹疏》，《续修四库全书》，上海古籍出版社 1996 年版，第 475 册，第 528 页。
② 王圻：《续文献通考》卷四《田赋考》，现代出版社 1986 年版，第 65 页。
③ 喻仁、喻杰著，于船、郭光纪、郑动才等校注：《元亨疗马集校注·丁宾序本》，第 3 页。

著述简目》中考证出明代兽医书目有 17 部，① 王铭农先生认为有 23 部，② 王达先生认为有 15 部。③ 前辈学者所作的考证值得借鉴，但笔者认为也有不完善之处。一方面是所考著述不全，有所遗漏。另一方面，王铭农先生文中制的《明代畜牧兽医书目简况》及王达先生收录的著述部分有误。明代兽医既重视总结前人的成果，又不断创新医术，加上明中后期国家大力支持兽医书籍的出版，致使明代兽医著述增多，且因官方作用，影响较大。除上文所提《马书》《元亨疗马集》外，还有多部兽医医籍出现，现做考证如下。

王铭农所收《相马经》《牧养志》应为宋代陈元靓作品，④《官马俸马草料□□》应为《官马俸马草料等式》，乃宋人沈立新修，⑤《驹儿经》应为清人作品，⑥《牧牛图颂》为宋人普明禅师作，《石马记》，查《说郛续》及《说郛》不见，不可考，《人工孵化法》应为《人工孵卵法》，清人杨屾著。⑦ 王铭农及王达二位先生所收《新编集成马医方、牛医方》应为"十四世纪朝鲜人赵浚、金士衡、权仲和、韩尚敬四人集体编写"⑧，非明朝人著，《马经大全》应为日本马师问著，⑨ 亦非明人，但这两本书主要参考了《元亨疗马集》。而且《元亨疗马集》直接影响了清代兽医著述。

经过梳理，现已知的明代兽医著述有 31 部，虽有部分亡佚，但明代兽医书目的学术价值较高，它承接唐宋元时期的医术，又为清代兽医学的发展奠定了基础，可以说明代兽医学著述，起到了承上启下的作用，且以《元亨疗马集》为代表的医籍传播至朝鲜、日本，促进了东亚地区兽医学的进步和发展。

结合前人研究，并查多方文献，将明代有关兽医书目制表，以备参考。

---

① 参见王毓瑚《历代畜牧兽医著述简目》，张仲葛、朱先煌主编《中国畜牧史料集》，第399 页。

② 王铭农：《〈元亨疗马集〉的成就及明代的牧政——纪念〈元亨疗马集〉刊行 380 周年》，《农业考古》1988 年第 1 期。

③ 参见王达《中国明清时期农书总目》，《中国农史》2002 年第 1 期。

④ 黄虞稷撰，瞿凤起、潘景郑整理：《千顷堂书目》卷一五《类书类》，上海古籍出版社2001 年版，第 406、402 页。

⑤ 脱脱等：《宋史》卷二〇四《艺文志三·史类》，中华书局 1985 年版，第 5140 页。

⑥ 牛家藩：《现存清代兽医古籍书录》，《中国农史》1987 年第 1 期。

⑦ 罗振玉主编：《农学丛书·初集》，第 15 册，清光绪石印本。

⑧ 郭光纪、荆允正、荆秀魁、王俊校释：《新编集成马医方牛医方校释》，农业出版社 1985年版，第 1 页。

⑨ 崔秀汉编著：《朝鲜医籍通考》，中国中医药出版社 1996 年版，第 288 页。

明代兽医书目统计

书目名称	著者	备注	存佚	来源	参考文献
《痊骥真经》 《马经歌括》 《牛经方》 《橐驼医药方》	不详		佚	《文渊阁书目》	据王毓瑚编著《中国农学书录》，农业出版社1964年版，第127—191页整理
《臞仙神隐书》	朱权	《牧养之法》及《医六畜诸病法》部分	存	《明史·艺文志》	
《类方马经》	官方编辑		佚	《四库全书总目》	
《便民图纂》	邝璠	《牧养类》部分	存	《明史·艺文志》	
《多能鄙事》	假托刘基，不详	《牧养类》部分	存	《明史·艺文志》	
《本草纲目》	李时珍	畜牧相关部分	存	《明史·艺文志》	
《墨娥小录》	不详	《禽畜宜忌》部分	存	《格致丛书》	
《宋氏树畜部》	宋诩	《畜类》部分	存	《文瑞楼藏书目录》	
《马书》 《牛书》	杨时乔		存 佚	《千顷堂书目》	
《元亨疗马集》	喻仁、喻杰		存	《四库全书总目》	
《牛经》	贾□□		佚	《千顷堂书目》	
《农政全书》	徐光启	《牧养》部分	存	《明史·艺文志》	
《陶朱公致富奇书》	不详	《畜牧》部分	存	康熙三十六年郁郁堂重刻本	
《养馀月令》	戴羲	《畜牧》部分	存	《四库全书总目》	

续表

书目名称	著者	备注	存佚	来源	参考文献
《牧民政要》	不详		存	崇祯金陵书坊刻本	中国科学院图书馆编：《中国科学院图书馆藏中文古籍善本书目》，科学出版社1994年版，第144页
《蠛衣生马记》	郭子章		存	《四库全书总目》	(清) 永瑢、纪昀主编：《四库全书总目》卷一一六，中华书局1965年版，第1005页
《图像马经全书》	官修		存	嘉靖年刻本，藏北京图书馆	吴枫主编：《简明中国古籍辞典》，吉林文史出版社1987年版，第671页
《医牛药书》	不详		存	嘉靖抄本	夏亨廉、肖克之：《中国农史辞典》，中国商业出版社1994年版，第174页
《养马经》	杨健		佚	《柏乡县志·艺文志》	民国《柏乡县志·艺文志》

续表

书目名称	著者	备注	存佚	来源	参考文献
《名马记》	李翰		存	《说郛续》	《说郛续》目录
《太仆寺志》	顾存仁		佚	《四库全书总目》	《四库全书总目》卷八〇，第689页
《南京太仆寺》	雷礼		存	《明史·艺文志》	《明史》卷九七，第2395页
《皇明马政志》	陈讲		佚	《续文献通考》	《续文献通考》卷一六八《经籍三》
《皇明马政记》	杨时乔		存	《明史·艺文志》	《明史》卷九七，第2395页
《相马书》	徐咸		存	《古今图书集成》	《古今图书集成·博物汇编·禽虫曲》卷四五
《沈氏农书》	涟川沈氏	养畜部分	存	《四库全书总目》	《四库全书总目》卷一〇二《子部十二·农家类存目》，第1328页
《兽经》	黄省曾		存	《持静斋书目》	《持静斋书目》卷五《广百川学海一百三十七种》，第499页

（作者单位：东北师范大学历史文化学院）

史料·史考

MINGSHIYANJIULUNCONG
（DI SHIQI JI）

念初堂遗稿

陈嘉谟　著　陈时龙　标点

　　按，晚明江右阳明后学陈嘉谟著有《念初堂遗稿》，传本颇稀见。是书为其二十三世孙陈绍彝于民国年间搜集陈嘉谟所遗诗文而集成，"民国二十八年岁次己卯□月之吉乐巷子鑫治冈诣毂捐资□刷"，首有周鉴冰序，次诗文目次，次陈绍彝识语，次诗文正文，次附录。今录全书，稍加标点，以便学者研究陈嘉谟及晚明江右王学使用。

念初堂遗稿序

　　余族先达周贞毅公序孙氏谱曰：尝观古今天下名门右族显祖宗者既创业垂□于前，莫不待于贤子孙者继志述事于后以传之无穷。余读之，辄掩卷而叹：古今来名门右族，后世式微，其业其统其志其事荡然无存者，比比皆是，吁可慨也。桐井陈氏，吾乡右族也。有绍彝表侄者，素好搜罗古籍，表彰文献，曾印其先人遗集《浣花草》，又编辑其族诗文曰《桐井陈氏遗集》。兹复以纂修清溪派族谱之后，鼓其余勇，编其族明理学登嘉靖进士湖广左参政蒙山先生诗文，名《念初堂遗稿》，请序于余。自维碌碌，不敢赞一词，然以绍彝承先启后之心，又乌可无言？先生为古庐陵营前人。念初堂者，即其村之堂名也。生平著作等身，如《周易就正稿》《四书就正编》《四书释疑》《二程要语》《朱陆摘要》等书，不下十余种，曾采入四库书目及府县志，惜世远年湮，兵燹迭经，类□散佚。绍彝苦心孤诣，旁搜远绍，得成遗稿，洵可谓善继善述者矣。《诗》曰：无念尔祖，聿修厥德。又曰：靡不有初，鲜克有终。绍彝日以念祖为心尚，其树德务滋恢宏先烈，以期贯澈始终，则今日之编遗稿，直继志述事之滥觞耳。抑犹有感者。余族先达文集颇多，如贞毅公著述尤富，安得有如绍彝其人者，一一为之搜罗，以广为流传也哉？是为序。中华民国二十八年己卯大暑节　泰和周鉴冰谨识　螺江彰训书塾

念初堂遗稿目次

龙窟

文氏自言龙窟宅边有秀水井，甘洌异他泉，因汲井遗予，予饮之，果胜。归其家谱，谢以是诗。

东昌父老尝语予信国文公生于永和石窟，予自香林访其地，有文姓者，公远孙也。石窟之东南，章水环之。水外五凤山，高出汉表，莫与并秀者。

苏黄台

舒家企望苏黄台，台在冈北金钱池东。苏公旧有谢道士赞秧马歌二石刻，存清都道院。

永和以儒林名乡，以儒户注籍者三家。其地有夫子庙、讲经台，皆宋时遗址。金钱池以苏黄名。龙窟一名石窟，以文信国降神之地名。春日自舒家企之，清都道士乾元为予指点遗迹云。再过清都观，观有念庵先生题门屏四大字。

惜阴会

西台寺

初秋西台寺

南塔寺

时雨楼记

重修永和古佛堂记

福善亭记

白鹭书院庐陵号房记

高城永恩堂记

清溪陈氏族谱序

节妇萧氏传

高祖母阳孺人墓志

右诗文若干篇，明进士湖广左参政吾族蒙山先生著也。先生吉庐陵营前人。其文章道德已为当世重，所著见于《庐陵县志》者有《周易就正稿》《四书就正编》《四书释疑》《二程要语》《朱陆摘要》《道德经注疏》《阴符经注疏》《贺沚阴符经释义》《念初堂稿》《长春堂集》《山斗云居集》等书。惟《念初堂稿》四库存目。至先生事迹，具详《明史》《明儒学案》及《江西通志》《吉安府志》《庐陵县志》，兹不备嚺。因忆往岁丁丑，吾族诸父老以吾祖承进公之弟承逸公为柳溪派始祖，已有专祠祀之。吾祖为清溪派始祖，旧亦有绍休堂祀之。堂久废未复，怃然于怀，遂力谋重建。明年寝成。又明年再议修清溪宗谱。予承诸父老命，得与纂辑事，检阅各支谱牒，在明朝则有嘉靖谱，在清朝则有乾隆谱、光绪谱、宣统谱，而民国则有予桐井与治冈联修之谱。参互考订，寻本溯源，莫不昭穆犁然，有条不紊。先生之世系载于嘉靖谱中，考之不但与予同出清溪派，且与予同为六世祖南安教授亿公之裔。公生七子，次曰清贵，贵生朝芳，芳生弘仁，仁生云崇，崇生守道、原道。原道生文则、正则。正则生万卿。万卿至先生，又七世，是先生为教授公之十五世孙。予则后先生十二世，以谱事有所咨询，得谒先生之故居，登先生念初之堂，缅怀遗风，景仰曷已。独怪为先生后者，于天启六年自修支谱，竟以历代世系窜入柳溪派。厥后嘉庆谱、咸丰谱、民国谱俱承讹袭谬，不加纠正。其谱例故有云数经火灾，文籍已亡，岂后之人无从考证，不得已而为之欤？殊不知吾嘉靖支谱，实与先生合修，虽棠居茂才竹月公主之，盖承先生之命也。读先生谱序，一则曰若吾清溪自教授公而后，再则曰余壮其词，亟欲取吾家先世之以文学德义显者及登甲第历任籍有声者汇成若干卷，另为列传，以告后人而谱之，告成在即，不能久待，取其生平之区区自动者详而授之。于此可见先生之出清溪无疑也。柳溪故多显达，盛于有明一代，谱牒业经八修。万卿公果出柳溪，又得先生之科名仕宦烜赫于时，方借以增重族庭，何柳溪不与之合，其谱竟无万卿公之名？即万卿公以上之世系核之，亦不相符，其非柳溪所出者更彰彰明矣。源流具在，反复可案，故此次联修，核前人之误而正之，期无负万卿公之所自出，而先生念初之心亦庶几稍慰矣。窃念先生著述宏富，历年既久，流传绝少，予当谱事纂辑之余，有先生之诗文杂见于家谱故籍中者，辄录之，积久成卷，名曰《念初堂遗稿》，而以先生之事迹见于史志者另为附录于后。欲谋付印，力所弗逮。乐巷子鑫、治冈诒縠两族彦，皆情笃宗支，慷慨好义。吾族建祠修谱，又各捐巨金以为之倡。知予有是编，亟捐赀付诸铅印。先生之文，从此不朽矣。先生之家世，亦洞若观火矣。是为跋。时己卯中秋节三十三世族孙桐井绍彝谨识。

龙窟

距香林东南三里，曰凤冈。冈之下，曰龙窟，今土人呼为石窟。文山先生生龙窟，长于富田。予为童子时，闻故老说如此。隆庆壬申，曾一过龙窟，以为先生降神地也，瞻望久之。万历庚寅秋，再访其地。其远孙出家谱示予，则先生五代祖已徙富田矣。事远不可考，岂两地互借为重乎？夫先生奚啻为两地重也。感之，赋二首。

先生生为一代重，先生死为百世师。空余两地留乔木，传信传疑未可知。

三百年收养士功，一身四海自孤忠。我来无地万苹藻，剩水残山感慨中。

文氏自言龙窟宅边有秀水井，甘洌异他泉，因汲井遗予。予饮之，果胜。归其家谱，谢以是诗：

凤冈秋冷几家烟，龙井香分第一泉。已有文章传世业，不妨耕凿读遗编。

东昌父老尝语予信国文公生于永和石窟，予自香林访其地，有文姓者，公远孙也。石窟之东南，章水环之。水外五凤山，高出汉表，莫与并秀者。

庐陵有砥柱，可心障百川。降神在何许，乃在五凤前。峨峨五凤山，秀色横南天。正气川岳合，孤光日月悬。成仁与取义，至今顽夫廉。杖藜访遗址，野屋栖寒烟。拜我几代孙，力耕十亩田。大贤固有后，所贵淳风全。我老与世辞，荷锄理荒阡。愧公之闾里，三谢为潜然。公灵耀箕尾，千载当来旋。

苏黄台

苏黄何处所，空有水心台。景是穿云入，春因过雨开。石牛真浪迹，金马尚遗才。流落成千古，浮荣安在哉。

舒家企望苏黄台，台在冈北金钱池东。苏公旧有谢道士赞秣马歌二石刻，存清都道院。

苏黄一载后，山水九秋长。名姓儿童识，烟霞词赋香。金钱留翠壑，鸣凤在高冈。剩有风云护，藤萝暗自芳。

永和以儒林名乡，以儒户注籍者三家。其地有夫子庙、讲经台，皆宋时遗址。金钱池以苏黄名。龙窟一名石窟，以文信国降神之地名。春日自舒家企之清都观，道士乾元为予指点遗迹云。

选胜白云隈，寻春花裹来。杏红夫子庙，草绿讲经台。池水金钱满，山泉龙窟开。废兴人世事，千载一徘徊。

再过清都观，观有念庵先生题门屏四大字。

石莲洞主旧题字，千载苏黄名并高。池上金钱金碧草，江山似欲愧吾曹。

惜阴会

郡西能仁寺，唐吉州司户杜审言诗社也。隆庆丁卯，能仁再兴惜阴会，予偕凤冈子九日入山中，迎周罗山、刘见川二先生主席，郡邑缙绅仕而归者暨国学、两庠之彦先后来会。安成两峰先师、刘师泉先生时一枉教焉。久之，先辈凋谢，聚首者益落落。万历庚辰秋九月，议置会田合馔，兹会复振。凤冈子赋诗志喜，予感而和之。

旧游早已悲迟暮，重到那堪忆岁年。聚散几陪莲社侣，招邀仍是菊花天。独怜华发承先进，忍向多岐待后鞭。此日情知难再得，一谈忘食一潸然。

当年莲社开诗社，想见唐时亦盛时。异代风流今论学，几人归咏更裁诗。朋来正喜簪频盍，身退原非道可私。龙井口幢禅榻畔，高谈仁义是吾师。

西台寺

古西台寺，今惠佑庙也。以其高平，在章江之西，故名。南朝陈吉郡守刘公竺生祠，今西台寺也。公守郡时，政暇自郡治登山习静，有二白鹿随车。生祠即公习静处。公既没，助国福民，灵爽大彰，郡人名山曰神冈，以不忘公，而拓生祠为庙。久之，闻于朝，以其隘也，于是移寺于今地，而敕有司庙于高平之处。嘉靖初，尚有庙祝周姓者，家寺之东、庙之西。予售周氏地，重建亭堂。颜鲁公尝一游青原山，山谷赋之云：事如飞鸿往，名与南斗偕。矧公赏胜兹山久矣，公固存也。

修竹西台寺，前朝太守祠。我来寻胜迹，事往见残碑。旧赏青山在，仙踪白鹿随。空令人代裛，怀古有余思。

初秋西台寺

十年手种当窗树，半掩寺前临水山。自喜秋来无落叶，谁能老去有愁颜。帆樯远影疏枝外，枕簟新凉细雨间。筋力情知难久健，得闲且向石林间。

南塔寺

塔出万家烟，迢迢俯大川。江光低应鸟，磴道上盘天。竹暗读书处，山明落照前。堪怜苍藓合，犹记赤乌年。

时雨楼记（万历七年）①

庐陵儒学之卜迁于仁寿山也，太仓起潜张公自天官大夫来守吾吉，时时以训迪诸士临学宫，则谓兹学也背乾冈以负重，面巽流而受秀，美哉江山之映带，其人文之奥区乎！顾巽流发自章、贡，其源远矣，距郡南十里合泸、禾二江，逶迤荡漾于烟云缥缈之际，而淳涵泂洑于几席指顾之下，独其所负乾冈蜿蜒平夷，若有待于予之增而高者。万历丙子夏，公既为楼于学宫之西北，而又亭于楼之左右，以壮负重之具瞻，而增山川之高明。于是兹北之胜，薄星辰，临风雨，而乾冈之峙若云拥而山出矣。丁丑，公觐还，再视学宫，则顾谓谟曰："子卢陵人也，楼成且一年，其为我名之。"谟惶恐无以应命，乃退而思之，辄拟今名以进。盖是时夏不雨，公祷而雨，雨且沾足遍公之属邑。自公属邑之外，虽其土壤接连，竟不雨。是年吉大有秋。吉民歌舞欢呼，思以报公之德，而公适有兹命，事固有不偶然者。辱公不鄙弃，因取而名兹楼。越二年己卯春，署学谕海阳陈君志颐、司训南海颜君绍美、署司训全州唐君民敏，相与属谟记其事。谟辞谢不文，至于再三，而三君则顾谓谟曰："命名者子也，其无以让。"于是拜手记所以名斯楼之本末如此，而因以请于公曰：昔者孔子不得位，以其道受授于洙泗之间。其门人高第弟子，有颜氏、曾氏，其用力于学也劝矣，其授之无弗受也，语之无弗悦也。兹孟氏所谓时雨化之者欤？谟尝申绎其义，窃以谓孔子之善教，颜氏、曾氏之善学，不独谓其学之之勤、教之之时也。时雨者，天地之仁也。求仁者，孔门之教与学也。克复，仁也。一贯，亦仁也。何则？一也者，心之体也。心之所以为心者，仁也。大德曰生，仁莫仁于天地也，故曰复见其天地之心。不曰见人之心，而曰见天地之心，人之心即天地之心也。兹天地之心也，人皆有之，不独圣人有之。故曰，仁者，人也。又曰，人者，心也。人弗勉于仁，于是块然视其心，若与天地不相谋，而独以合德归之圣人，不思夫圣人之所谓合德者第不失其天地之心而已，而非有加也。圣人之所谓见天地之心者，第不失其人之心而已，而非有取诸其外也。孔子勉人进于是也，往往合而言之，其示无

① 民国《吉安县志》卷四《舆地志·古迹》载陈嘉谟《时雨楼记》，末署"万历己卯仲春"，江苏古籍出版社 1996 年版，第 68 页。

言之教也。子贡疑焉，则曰：天不言而四时行、百物生。其系乾之象则曰：云行雨施，天下平也。夫云行雨施者，天也，何与于家国，而均天下平。无言者，教也，何与于四时行、百物生？由孔子之言观之，心非形骸之内也，天地百物非心之外也。夫是之谓天地之用皆我之用，兹孔子所谓仁者如是而学之之勤、教之之时，兹孟氏所谓时雨化之者也。今夫草木之生也，人力之浸润，孰与雨露之荣滋？然则物固有与天地相通者矣。此义不明，而仁道晦。守无言之教者或专寂以自全其天，不知四时百物皆天也。平天下者，或矜智力以求胜，不知云行雨施而后天下平也。教者以是淑人，学者以是淑于人，虽学之之勤、教之之时也，吾见其益远于人也矣，比于孟氏之所称引者如何哉！公奉天子命以尊临九邑，邑之事，邑人为之，不必公身为之也。乃公于兹楼，不曰邑之事也。工告成而民不知劳，又名之昭示于久远，俾后之登览者有考焉，而又不择谟之鄙贱，俾为之名以重辱公之宠命。盖公之心，天地之心也。尝观公之治吉以推公之所用心，一昆虫，一草木，有不得其所者，公且为之改容而动心，而况于士，有不与闻其教者乎？今士之游息藏修于兹楼者，奚事事也。师所程业而督课，弟子所咨疑而问难，非克复之训，即一贯之旨也，必不曰此颜氏、会氏之所有事，非士之所急也。公平昔称述孔氏，以教诸士，所谓天地之心者，人人有之也，而况于士乎？诵其诗，读其书，低徊想象，思以友其人于千载之上，异时出而际云龙之会，以雨露于四方，必士人能之也。一有让时雨之化，归颜氏、会氏，而曰吾且为成德达材，吾且为答问，必非公之意矣，况于悖孔氏之旨，岐心与事而为二，卒俾遗亲杂霸之学业榛芜吾之仁道者乎？又况窃其言以文其身，曰吾始为是阶荣进干爵而已乎？此士之所必不为，公之所日夜望之者也。谟衰病，屏息林邱，不获数数谒见公，冀邑之事，述公之教，以敬发于谟也。是以因三君之命而有请焉。

重修永和古佛堂记（万历九年）

邑先辈周罗山先生读书其里第之东古佛堂，吉水念庵罗先生自青原徒步访焉，留语旬日而后别。别辄赋诗以写缱绻不能别之怀，又间一道古佛之胜绝以夸于郡先辈之有意于选幽者。久之，安成东廓邹先生、师泉刘先生岁一至焉。又久之，雩都洛村黄先生间岁一至焉。至必偕罗先生，留必旬日而后还。三先生又皆先后赋诗，感朋来之难得，志江山之明秀。当是时，吾吉先辈以讲学风四方，岁一集九邑之士，大会青原山中。及罢而归，则又移舟渡江而西，留聚古佛。于是古佛萧然在章江之滨，而其幽胜乃与青原埒。其时予方窃禄中外，未之从也。嘉靖丙寅，予为先封君卜邱陇，数数过古佛堂。夜则榻古佛之前。颓垣败壁之间，冻雨霜叶，时时飞堕，追忆诸先辈选幽胜而甘阒寥，为之咨嗟踟蹰，思从曩人，杳不可得。友人凤冈钟子访予古佛，因相与言吾郡先辈凋落尽矣，顷一邑之士，月一集能仁，胡不期能仁诸君间一历西台，集古佛，低徊遗踪，俾感而兴。顾兹堂岁久不葺，奈何。道人海际继其师如净主堂事，闻予两人言，力任新堂之役。隆庆戊辰，予为题其敛金之籍。越二年，而堂新。又若干年，堂完且美。中奉像教，仍堂之旧而增饰焉。泰和卢山胡子题其楹曰"福聚海"。予榜其门曰"香林院"。观察鹏峰吴公书其对峙之屏曰"莲池旧社"。柏青桂馥，松倚如盖，藻绘蔚然，堂以大备。海际再拜乞予言纪其成事。予惟堂肇基元大德间。永和之盛著于宋，其时未始有堂也。吾郡先辈聚讲时，堂之幽胜与青原埒，其时未始蔚然大备如今日也。堂之有无废兴，于江山之秀美弗为重轻，重不以其人乎？其人在宋，益国周公以相业著，信国文公、监丞欧阳公以殉节死难著，苏子瞻、黄鲁直两公以流寓著。两公文采风流，照耀后世。相国死难，诸公勋烈，昭灼如揭日月，行中天，故里巷之谈，谓永和山之秀大发于崇宁、绍兴、宝祐之间，胡今之寥寥也！余窃以为未然。余尝语卢山胡子，永和清都道院之西、金钱池之东，旧有苏黄台，今遗址存耳，盍相与图之。胡子叹曰：为苏、黄，孰与为邹、罗诸公？存苏黄台，孰与存阳明先生祠？盖是时有议建阳明先生祠配以邹罗诸公于清都道院之南者，故胡子以为言。予悚然无以应也。罗山先生家古佛之西，其力学好古，足以重永和。其与师泉先生切磋于卫武之年，一主于阒然自修，不一求之于时人，时人亦未有知先生者。然则世俗之低昂，宜无以当兹地之盛衰，故予于记古佛之新有感焉。① 君子之重于世，惟其人，弗惟其逆顺隐显之遭，奈何谓今之永和寥寥也。可以贱贫弗怨者，则亦可以富贵弗淫。能不枉生以重吾行者，则必能不苟免以重吾死。予故曰：群口之谈，非所以究盛衰之理也；一堂之废兴，非所以系重轻之数也。或曰：若是，则海际勤勤兹役，不足多乎？予曰：吾侪栖息古佛，追攀旧游，以毋忘先进之遗风。闽好事之商、三市四遐礼佛之士，庶贺堂之新。顾瞻徘徊，思以远不善而为善，是则海际之功也。新堂之赀，合捐金之籍，积之得若千金。儿所蕴捐三十金于海际云。

福善亭记

郡郭门西青坪里之南，为福善桥。桥西为福善亭。亭上为观音阁。阁右为僧庵。郡侯钱塘云台张公允别驾婺源见东胡公议，举侵桥地者罚四十金备其制。别驾胡公暨庐邑侯漳浦瞻明胡公捐薪俸二十金赞其成。桥跨郡南东西两市。其下为上游界流之水。水自东南趋西北。春涨，桥没水中，行人引绳以济，肩相摩也。万历初，市民有凿桥南石驾屋，掘十坎积潢其中，以博取农家灌田之利者，潢浸镇桥，石沸水不得自东南下，横流激射，桥坏，久溺死。邑父老言于先任别驾大仓孙公。公治市民以法，撤屋平坎。当是时，今知靖江县致仕儿所蕴合郡力大修之。孙公擢任去，市民横益甚。戊戌秋，事闻别驾胡公，治之益严，而有今议。邑侯胡公廉得市民环四面侵地状，亟下令撤屋平坎归地。其里之司版籍者仍给帖，俾世执以杜后侵。别驾长垣瑞庵唐公、司理慈溪行素刘公咸谓兹亭之建，桥若益而广，若增而高，于王政氏命有裨也。于是邑人病休参政谟耆坚砥纪成事，俾吉人歌咏覆我载我者之功德于无穷，而因以贺兹桥之有遭云。亭工三阅月告成，费出官给，合民间乐助者九十金。督工钟尉梦麟，管工耆民刘贤五，均有劳于兹役者。

---

① 按，民国《吉安县志》卷四《舆地志·古迹》"古佛堂"条载其记文，然至"有感焉"而止，参见第74页。

白鹭书院庐陵号房记

章贡合流千里，自东南逶迤于吉。鹭洲起郡治东北，若迎若挹，故吉之形胜以鹭洲重。洲突出中流，势不得独高，以吞吐东南千里之层波。故洲之形胜，以书院重。书院之兴废，与吉之人文相与为盛衰。郡侯黄梅静峰汪公以秩宗大夫临吉。于是书院久废而屡迁，地余瓦铄，遗址几不可考。公慨然大息，而力复之，则又计以为书院之兴以造士也。堂宇带山川，楼阁凌霄汉，惟兹形胜，足以坐收东南千里之秀，称伟观矣。顾横经者肄业无地，奈何？乃出其匠氏砻斫之余，为十学髦士藏修之房舍若干。庐陵侯沈君推广公意，增建三楹，以居附郭多士，而房舍比屋鳞次，称号房，于是书院之制井然大备。公不以谟之早衰，负疴十年，曾不得一瞻望棨戟以为简，且引而进之，若俾之附姓名于书院作者之末，有荣耀焉，乃属谟记其庐陵所谓号房者。谟亦不自以栖迟病榻，曾未一仰睹书院之雄深宏丽，与夫号房之千门万户，多士相与揖让游息其中者为何如，而窃为之计其大略如此。公又下教曰："造士，有司之责也，毋侈谈，其为我述作人之意。"谟拜手言曰：号舍，书院一事耳，一邑增置若干楹，又号房一事耳，恶足以侈公千载一时之盛，独念公于邑之才一子弟视之，交相观以相成，易兑丽泽之象也。假令庐陵士私其习以自贤，罔所观于胸臆之外之胜己者，则直谅多闻之益寡，临下为高之弊滋，孰与夫比屋而执业以相摩者之丽泽迩也。庐陵士之游于郡邑庠也，孰不名师名弟，子午卯酉升散之外，弦诵之声无闻焉，抑亦有题姓名之志，道依仁之籍，终岁不一睹圣人之宫墙者，孰与夫比屋而执业以相摩者之名实称也！士有所尊，而后敬心生，有所亲，而后爱心生。宋古心先生创建书院，当是时庐陵挟策来游者多至二三万人。先生常亲为诸生讲授，载色载笑，忘其为今太守古诸侯，语在欧阳巽齐《书院山长厅记》。史公既慨然中兴书院，尤嘉惠于庐陵之挟策来游者，而坦夷乐易，使人亲己。士啧啧颂公，以为古心先生再见于今日。夫士奉公之教，尊亲合而爱敬生，其导之易从，其教之易入，自非比屋而执业以相摩恶睹其能久而有成也！兹举也，奚俟谟侈言之而后见公之功？虽然，士攻文章，取巍科，登显仕，声利在前，人人艳而称之，即稍抑之，俾少从容以俟其自至且不可得。然则谓公汲汲乎庐陵，不令有一士遗者，第举士所处处自汲汲之时艺加督勉焉，必不然矣。易乾九三曰：君子日乾夕惕。孔子赞之曰：君子忠信以进德也，修辞立诚以居业也。公所以作人之意，不专在修辞以立其诚耳。士诵法圣贤之言，而文之以待主司之选，一孝慈友恭忠信廉洁节烈之旨也。不骄富贵，不羞贫贱，人知之不以盈，人不知之不以歉。士所修辞，人人能也，而出处一、言行顾者鲜矣。如是而正学以言，如是而矢志以行，则君子进而治日多。兹公于吉士勉之、望之之殷乎，奚啻望一庐陵而已乎！书院大揭绰楔三，曰理学，曰名臣，曰忠节。庐陵人文，莫盛于宋。迨其末造，有为状元宰相以一身收三百年养士之功者，文文山先生其人也。养之二三万人之中，积之三百年之久，而得此一人，亦足以重当时而启来代，庶几哉书院不为无补于世，矧进于理学，所谓希圣希天者耶。此在庐陵士勉之，以副公之望于无穷也。日乾夕惕之学，阒然潜修者当自得之，一时挟意气以相矜高弗与焉。谟不肖，辱授简之命而益惭，尚欲师公而友多士于门墙之外，以自振厉于日是夕之颓阴也，于是乎书。

高城重修永思堂记（万历四十二年）①

《下武》之诗曰：永言孝思。孝思者何？思其世德也，思其所以作求也。德永以世，思亦永以世。思永则求永，求永则孝永也。吾宗前休，皆相绍以德，克昌厥后。后之人思而求之，不有子孙绳绳永无有极者乎！我朝正统间，芳洲宗先生名吾宗高城祠堂曰永思，而为之记，记其基祖三益公之隐行与其居之依于祖所城者特详，意盖大可见焉。今夫地由人兴，人由德聚，德由祖培。培之也崇，故其积之也厚，而兴之也长。高城之宗，祖于征士公三益，益祖于清溪教授公亿，亿祖于始迁西昌评事公晖，晖祖于义门监官令公褒，褒祖于宜都王叔明，叔明祖于武帝霸先。霸先祖于梁大宝元年以讨贼筑城白口，即三益翁所宅高城也。历千数百年，古堞依然，佳景如故。公初卜宅于斯城之山麓，赋诗志胜，颜其寺额，怀先世义举，取以自号。芳洲先生故尝与吾房叔祖中正公同往凭眺之，其记之叙之

① 按，此处标注的"万历四十二年"似有误，陈嘉谟卒于万历三十一年。

也，备不忘吊祖遗迹惓惓之意，而因以思远来孝为公称。记公之祠，还以表公之行，长言之不足则叹嗟之也，固宜。独是人情鲜不欲显而恶隐，而公特高尚其事，泥涂轩冕，忍而与此终古者。公非不能显也，公盖自有所思也。思夫显而表德，无宁尊德而隐耳。彼帝王卿相，显矣，而或德之不臧，位虽至贵，亦祖宗之不才子，识者必以为辱。若耕筑钓贩，隐矣，而果德修罔觉，身虽至微至贱，亦祖宗之肖子，识者必以为荣。辱非其显之谓也，由其弗德也。荣非其隐之谓也，由其有德也。然则宗先生所称公为思之远者，并示其后人以思之永者，均大可见矣。今以其堂历百十余年而将圮，子姓仍其旧址而重建之。栋宇既新，房侄照万等乃揭前人之记以告余而复请余记以缀其后。余既览宗先生所述，而略举其意之所存，又概论夫隐显殊途，要惟树德务滋者是贤，以为承三益公祠者勉，俾知后之思当无违于前之思，而以聿修为无忝，以果于善为贻令名，斯显则加于民，隐则见于世，为绳武之肖子，不为坠绪之不才子。作求惟一，德亦永言，惟一孝也，自足以昭来许而受天祜，如《下武》之五章所云，岂徒堂构之永垂勿替于兹，思其居处已哉。至于是役之经始落成，与夫规制寻尺之琐末，则在尸其事者备以镌，余亦如前记所云焉耳。

清溪陈氏族谱序 （嘉靖四十三年）

人贵识其所本。不识所本，而徒博拾远取，欺人闻见之所不及，张皇其词，故自侈大以诧异于里党，遥遥华胄，能无令识者齿冷，且亦适自外于野鹤之枝也。盖人视自立何如耳。贾充之先，屡世行德，觇者以为有充闾之庆。已而生充，遂以名之，且字之曰公闾。庐弈身死王事，忠勤慷慨，大节炳然，而纪承其后，附会奸邪，夤缘入阁，貌丑心毒，至今人犹呼为蓝面鬼。吾家蓄潜读一室，秽污不除。郡守薛勤往候之，其父闻而出迎。守曰：闻足下有不凡子，非为卿也。由此观之，子孙而不贤，虽令行义如充之祖，尽忠如纪之父，亦不能为之盖也。不然，则固未尝不可为仲举之克自振也。已以予鼻祖晖避行密之召，由金陵潜徙西昌，生子二。长承进，次承逸。逸基城西，居柳溪，进传至亿，以明经起家，任南安教授。归基城东，居清溪，而两溪之派遂因之以始焉。其派之衍于柳溪也，文章节义，后先辉映，其载在乘志固历历有可考矣。若吾清溪，自教授而后，其间举于乡者有若舟之、耀先诸先子，登于甲者有若晓堂、愚翁诸先子，他如怀珍孕玉、负义行仁，或嗣经书之传，衣染芹香，或司郡邑之铎，庭紫草绿，或长才短用，屈身蓝田一尉，借啸吟以自发其郁抑，或轻财好施，乐给因缘善果，恤穷乏以大施其康济。至其由制科而升也，出作屏藩，万姓仰一路之福星；入任谏垣，群僚凛九秋之霜隼；分符河阳，继潘花而耀采。振藻木天，嗣苏湖以扬波。此其硕德重望，接迹比翼，虽以视韩家维纬、崔氏瑶璠何多让焉？吾固知吾祖宗之足以庇荫后世于无穷矣，而为其后者又何至舍自己之根蒂，博拾远取，致以取识者一噱哉！谟不敏，虽幸联翅鸾凤，窃禄左参，每愧不能为魏之誉、王之献，以嗣前人徽，然而夙夜勤勉，垂老不倦，在官则因事效职，求仰报于主知，在家则明体究用，求自完其性真，诚恐稍自颓废，即不免于贾之充、卢之纪，不惟自累，且以累我先人也。嘉靖甲子秋，家侄载以书达于余，谓家谱之修，虽自幼公晚年继明淑公而续之，然传记散轶，所遗缺者多矣，叔固以经术显，且多著作，素为当世士所脍炙，宁不为前人嚼一词乎？余壮其词，亟欲取吾家先民之以文学德义显及登甲第历仕籍有声者汇成若干卷，另为列传以告后人，而谱之告成在即，不能久待，取其生平之区区自励者，详而授之。噫，后之人读余文者，其亦可以知余志之所存欤？且亦可即余志之所存而将皆以余志为志也欤？载侄而不以余言为妄也，其尚假诸剞劂氏，以附于谱之末。

节妇萧氏传（嘉靖四十二年）

节妇萧氏，名清洁，余族兄文学敬亭公元配也，系出城西翰林主事古心先生之孙女。年十六，归陈。相夫子勤事灯窗，遂得弱冠入庠序。正德辛巳岁，公病笃，氏虽闺闱，曾作金縢之祷，奈胡香难买，遽尔捐馆，氏年十八也。一子在襁褓，宁割其爱，哀痛哭泣，竟乘间投缳，命几绝。姑嫂急救，始活。姑曰："尔欲同死，其如呱呱遗雏何？"宽慰再四，方留其生。乃咬指以代殉身，憺仆地，踰时救醒。于是矢冰雪志，聿殚妇道，食茶茹荤，捐簪珥弗饰，惟机杼为伴，其俭朴固堪矜式者。且孝事姑，菽水承欢，无敢少怠。姑抱病，朝夕侍侧，汤药必亲尝，食不甘味，衣不解带，真心所感，姑不觉沉疴去体，年过古稀而终。令子名载，字竹月，与子同庚。嘉靖甲午，余过沙溪，与肄业琴书齐后，复同学鹭洲书院。其补弟子员，因叹竹月克绍箕裘，实赖慈帏训迪。至丙午，余领乡荐，遂捷南宫，屡荷拔擢，不暇载笔，因病上疏，乞休解组，卜于神冈山，结庐翠峯，披阅古今典籍，慨然有感氏之节孝凛凛如昨，而序传述之意益迫。嗟乎！青年矢志，节烈严如酷日；白首完贞，冰操辉映彤史。世所仰为曹令女，不是过也。况高堂隆洗腆之文，庭闱有豫顺之象，其天性纯孝，千载一日，即令唐夫人复生，宁能独擅其美哉？邑侯冯公具匾旌曰：德耀彤史。氏之坚操，不俟余言而阐然。谊属一本，能无举昔所见传之以垂诸不朽哉！

高祖母阳孺人墓志

高祖母阳孺人，高祖讳志彪陈公配也。其生殁年月不可考。嘉谟独追忆太父寿宰洁庵公偕太母王孺人年最高，喜谈往事，时时语嘉谟："岔路口辰向，为汝高祖墓，其左园临通衢茅丛中，尔高祖母在焉。曾祖食贫，未封树，缺墓门，莫如其向。尔曹岁时登垄挂楮钱其上足矣。"嘉谟不孝，因仍四十余年，未卜迁。今年秋，自翠峰归营前念初堂。季弟嘉谋以为言，将启以合高祖墓，而旁无余地。于是谛观祠东三世祖思诚公墓其左有余地，乃奉以祔焉。思诚公为四世祖荣祥公之父，高祖之祖。阳孺人，孙妇也。墓地自翠峰之西刘家岭迢迢行五里水合于此，盖萃东南之秀钟焉。墓首庚趾甲兼卯。其附之年月，为万历丁亥十月二十八日。是日，元孙嘉谟偕弟嘉谋、男所蕴、侄所见、所性、孙应凤，含悲书石，置于墓中。曾太父讳颖。太父讳恒铦。父縠泉府君讳汶，封文林郎直隶泸州府推官。嘉谟嘉靖丁未进士，湖广左参政。嘉谋府学生。所蕴，隆庆庚午举人。所见，县学生。

附录

敕（嘉靖四十三年二月二十日）

四川按察司副使陈嘉谟：四川行都司建昌等六卫并黎州安抚司远在西

南极边，番夷杂处，叛服不常，官吏玩法，奸弊滋甚。今特命尔分巡上川南道，驻扎卬州，专管眉、卬、雅三州八县，雅、大等所，天全、黎州等土司，兼管建昌六卫，操练军马，问理刑名，抚治番夷，除奸革弊。凡有军务边情，尔与分守官及建昌兵备公同从长计议停当而行，不许偏执违拗，有失事机，仍听按官节制。尔为宪臣，受兹委任，务在尽心竭力，济理边务，以固地方。毋或因循怠忽，乖方误事，责有所归。故敕。

《明史》

卢陵陈嘉谟，字世显，与王时槐同年进士。为给事中，不附严嵩，出之外。历湖广参政，乞休归。专用力于学，凡及其门者，告之曰："有塘南在，可往师之。"塘南，时槐别号也。年八十三卒。

《江西省志》

陈嘉谟，字世显，卢陵人。与王时槐同年举进士，俱师刘文敏。为给事中，不附严嵩，出之外。历湖广参政，乞休归。家居三十余年，专用力于学。凡及其门者，告之曰："有塘南在，可往师之。"塘南，时槐别号也。年八十三而卒。著有《四书、周易就正稿》《续稿》《道德、阴符经注疏》《朱陆摘要》。

《吉安府志》

陈嘉谟，字蒙山，卢陵人，嘉靖丁未进士，历泸〔庐〕州推官、户、吏、兵三科给事中，不附严嵩，出为四川副使。擒高酋，平白莲教，平凤士官，皆有功绩。任湖广参政，乞休归。卒年八十三。少与王时槐师刘文敏，一时同志邹光祖、敖濂、王时松、刘尔松十有七人同门墙，吉安人士益知向学。归田后，常与时槐相印正。凡来及门者，告之曰："学非一家之私，有塘南在，盍往师之？"塘南，时槐号也。其忘人我如此！

《庐陵县志》

陈嘉谟，字世显，号蒙山，举嘉靖丙午乡试，明年成进士。授泸州府推官，奏最，擢户科给事中。历吏、兵二科，弹劾不避权贵，以直言被敕奖赍。充益府册封使。以不附严嵩，出补四川按察副使，转湖广右参政。丁父忧。服阙，起湖广左参政，恳辞乞休，得致仕归。家贫，公庭不投一刺，当路有司罕识其面。专用力于圣贤之学，结庐翠峰、莲塘间，与学者讲诵不辍。常师事彭炳文、刘文敏，发明师说，而以躬行心得为尚。述彭之言曰："学贵不言而躬行，恶在以门户相诩？言孔孟周程之所言，行孔孟周程之所行，畴非学乎？"述刘之言曰："学者当思勉为圣贤。圣贤首格物。不偏物而格之，求之于吾心也。"又尝训学者曰："今之讲学者，聚徒数百，说敬说静说诚说一，而不实砥之行事，要知说食终不饱人。"又云："学莫大于变化气质，而变化必本于乾道。圣贤变化其气质之偏长，学者变化其气质之偏短，一本之乾道也。"与王时槐同年进士，又同师文敏，讲学深相契合。凡及其门者，告之曰："有塘南在，可往师之。"塘南，时槐号也。鳏居三十九年，祇一苍头给樵爨。年八十三卒。自书墓石曰"蒙山居士息邱"。所著《周易就正稿》《二程要语》《朱陆摘要》《念初堂》《长春堂》《山斗云居》诸集，《道德、阴经注疏》。

嘉州凌云山寺览陈蒙山宪副题刻和韵怀寄

江头岩壑翠参差，洞里乾坤日月迟。三水烟涛天际渺，九峰春树雾中疑。青帏正带昙花卷，斑鬓羞同石发垂。坐看皇人仙室迩，思君那共采金芝。

自峨眉远眉州，陈蒙山丈从锦城以诗讯问登山，辞甚清妙，依韵酬答

名山几向望中登，御气乘风恨未能。春日偶然成独往，阎浮从此不堪凭。眼观大地原非相，身到参天别有灯。为问浣花溪上客，几时还得其骞腾。

飞霞阁追陪陈蒙山和韵因怀庐阜

瑶草空阶秋自青，碧飞霞阁带昏星。仙关已觉无尘想，泽畔应知有独醒。坐久溪山唯落叶，醉来天地一浮萍。相逢等是烟萝境，断望还思九迭屏。

陈蒙山官舍后新创小楼，名曰瞻峨，且云是东望之意也，予为书之而识以诗

仙人早自好楼居，缥缈俄惊百尺余。高揖群峰当户出，静看修竹隔帘疏。图书晓映流霞外，尊俎秋临落月初。共道主人心独远，峨眉东望接匡庐。

蒙山丈从武阳驿放舟见忆春日同游奉答二首

平羌江上放孤舟，想见峨眉景素秋。正是谪仙吟自好，那因相伴下渝洲。

春日曾同听棹讴，青杨白舫共夷犹。秋来依旧峨眉月，独羡纶巾照白鸥。

中秋同王未庵、周贞夫、王执之访陈蒙山翠峰别业，是暮王塘南、刘述亭同集，酞月山岭，和周生韵。翠峰一名集仙台

元龙结构傍仙台，翠满群峰挹斗台。佳节正同泉石赏，高朋还趁雁鸿来。风传岩桂千林馥，月抱江光百里回。庾亮登临何足拟，应知人世有蓬莱。

右诗七首，皆从《衡庐精舍藏稿》《续稿》录出。稿为泰和胡庐山枭宪直著也。

《理学事实》

陈嘉谟，字世显，号蒙山，卢陵人，嘉靖丁未进士。筮泸州推官，擢户科给事中。历吏、兵二科，出补四川按察副使。大有廉能声，寻转湖广左参政。丁父忧。服除久之，以病未起。万历甲戌，廷议起官湖广布政使司左参政，盖是时不在职者十年矣，竟以病上书乞休。公向历仕途，潜心理学，至是超然远引，奉其身如九霄之鹤，可望而不可拔。当路有司罕观其面，被接遇者如登龙门。四方之士，咸愿受学。公独切齿晚近虚声滥收门墙，反亏实履，故务择人而交，所容执贽及门之士盖寥寥矣。自是深心修证，日有孜孜，克己省躬，常若不及。万历丙子，自叙墓志，略云："进无以补于朝，退无以式于乡。于邦不能必达，于家不能无怨，于事父母不能一举足不敢忘于礼，于昆弟戚属不能如父母所以付讬于我者以慰其无穷之心，吁可愧也已！其手录有《易学庸语孟就正稿》若干卷，藏之箧

笥，用俟其来者。不得已应酬而有文，与夫感时抚景、怀人寄赠而有诗，皆率意为之，无可采者。其窃食于中外也，于人不敢阿附，于法不敢深刻，于非廪禄之入不敢苟取，大率故常，非有奇节。其再用而休也，不缘衰病，非以知止。平生措履，颓靡缺略，于今回思，实以自惭。异时嗣人，不略厥衷，或加润色，妄希表著，非蒙山子之志也。"吁，此可以窥公真诣矣。孔云"愦愦"，曾言"若无"，阁然好修，不愧幽独，公之谓也。越二十有八年，癸卯，公病笃。同邑潞安太守曾公皋就榻，执手而谓："我公把柄在手，自有主张。"复论及公平日所讲析孔门一贯、天下归仁之旨，公举首再颔之，拱手而别，不移时而端逝，得年八十有三。尝师事彭公炳文、刘公文敏两先生。其述彭先生炳文曰："学贵不言而躬行，恶在以门户相夸诩？言孔孟周程之所言，行孔孟周程之所行，畴非学乎？"又述刘先生文敏曰："学者当思圣贤，毋徒一日讲论。"贼射隼高堙，先生乘间与言前贼为计，推法诛，而后行者安于途，居者安于枕，至今赖之。大江以西故不惯用钱，在卢陵更不愿。及当万历辛丑，突下行钱令，上檄邑以必遵，邑峻法以责民办本银赴会城守铸买领。邑发钱俵乡都，沿门责买，并金点富民任。如领不及期，发不及数，有毙杖下，虽老病难免。先生泪沾襟，倡乡绅致公书，无和者，专具启恳请院司道府顺人情，而停罢。今又开钱局卢陵（下阙）

（上阙）科左给事中，充册封益府副使。升湖广布政使司右参政，上书乞休。诏起左参政，再乞休，是年四十有一。记其实，先生年三十而出仕，四十一而休官。自是家食四十二年，绝迹公庭。鳏守三十九年，义不再偶。惟以撰述为务，著有《存词稿》《念初堂》《长春堂》《山斗》《云居》《修西方大意》文集、诗集及诸记序，各成卷传世。奉郡侯汪公复修鹭洲书院，特属为记。首倡西原会讲堂。享年八十有三。自书墓石六大字，"蒙山居士息邱"。未几厌尘，于是缙绅、孝廉及两学公呈道府院台查考名实舆论无间，先奉郡守杨公特立理学志传，复奉兵巡道冯公概、郡侯吴公士奇崇举，传详院道批允，加议补为卢陵理学之宗，奉祀三祠，配享景贤堂、王阳明先生祠及鹭洲青原山。蒙恩世袭衣衿，入府儒学，以垂不朽。

重修理学神冈山碑记（雍正六年）

金滩丹凤

南唐大理评事陈公讳晖，自金陵徙泰和。生子二：长承进，官评事，传五世至亿公，任南安教授，居清溪，是为清溪祖焉；次承逸，任泰邑令，勋猷丕著，名宦祠位置第一，居柳溪，是为柳溪祖焉。二祖子孙蕃衍，郡邑都省理学名臣科第指不胜屈，而清溪理学蒙山先生讳嘉谟，支分营前，登嘉靖丁未进士，屡为先朝所擢显仕宦，俱系宠任。年四十余，官左参政，上疏乞休。潜心理学，结卢翠峰、莲塘诸胜，启迪后贤。班班大儒，文行兼优，诏祀鹭洲、景贤、青原。县、府、省志具载甚详。其结卢翠峰时也，独自捐金重修神冈山西台寺等处，有《益社记》、神冈复兴西台寺祀匾额碑文，刊刻详验。同郡后学立主其中祀焉。又治杨夫人享堂于东偏，盖仿宋人墓院讬诸永久之意。每年八月廿九，先生诞辰也，历来僧人供奉无异。讵康熙二十八年住西台寺僧清印毁主灭祀，当经卢陵两学鸣于邑宰，惩僧治罪。僧立承管，并两学判约，于今现存，彼此相安，更无他言，已三十九年矣。乃僧人弥界，系清印徒孙，陡起无良，蹈前故智，又复毁主灭祀。呈县究治，奉批责令僧会司立主藏经阁以妥幽灵，遵法奉行。第藏经阁无祀而有主，西台寺有主而无祀。僧人诡变不测，异日恐又生祸端，是以集族众公议，备述巅末，勒之碑石，以垂永久，使先人祀典长存不朽。若夫福善桥、广藏庵及城西之能仁寺、吉水之宝城寺、永和之古佛堂，皆买有田亩赡养庵僧，其契券与先太祖批据付各寺主持僧收管，其中皆有主祀焉，亦当附勒于石，以防不测。青龙庵、荷莲庵买田与祭事实，应俟另立碑注记。

明代题本创设时间献疑

陈晓东

题本是明清两代最为重要的上行文书，自明代初年创设，至清代光绪二十七年（1901）废题改奏，存在五百余年，历经明清两代二十余位皇帝，几乎涵盖两代所有的军国之事，有着举足轻重的地位与作用。以清代为例，有学者统计，在顺治、康熙时期，臣工上报政务的公文中，题本占 90% 以上；雍正至道光年间，题本约占上报文书的 70% 以上；咸丰至光绪中期，题本所占比重仍在 50% 左右。可见在清代统治全国的 260 余年中，有 250 年左右是以题本作为上报政务的主要文书。① 长期以来，学界对于明清题本的研究，无论是文书制度方面，还是档案内容方面，成果颇丰。但其中明代题本相关研究，或由于典章制度记载较少，或由于档案存世数量稀少，故成果不多，基本处于清代题本研究的点缀或从属地位。对明代题本创设时间的研究亦是如此，长期以来，诸种论著中只将其作为结论叙述，而甚少辨正者。

明清两代诸种文献中，对于明代题本创设时间一直未有确论，皆以"国朝""国初""明朝""明初"等表述之。如正德《明会典》载："国初定制，臣民具疏上于朝廷者为奏本，东宫者为启本，皆细字。后在京诸司以奏本不便，凡公事用题本，其制比奏、启本略小，而字稍大。"② 明人

---

① 江桥：《从清代题本、奏折的统计与分析看清代中央的决策》，中国第一历史档案馆编《明清档案历史研究——中国第一历史档案馆六十周年纪念论文集》，上册，中华书局 1988 年版，第 533—550 页。

② 正德《明会典》卷七五《礼部三十四·奏启本格式》，文渊阁《四库全书》，第 617 册，台湾商务印书馆 2008 年影印本，第 715 页上栏。此则内容亦见于万历《明会典》卷七六《礼部三十四·奏启题本格式》，《续修四库全书》，上海古籍出版社 2002 年影印本，史部第 790 册，第 381 页上栏。

叶盛《水东日记》载："国朝之制，臣民奏事称奏本。后以奏本用长纸，字画必依《洪武正韵》，又用字计数。于后舍郑重而从简便，改用题本，则不然矣。"①

将明代题本创设时间确定为具体年份者，皆为当代学者所提出，就笔者所见，有两种说法：一、洪武十五年（1382）说；二、永乐二十二年（1424）说。②

一、洪武十五年说。此说首倡自单士魁先生，他在《故宫档案》一文中提出：题本"古来未有以之作为文书名称者，有之自朱明始，此为洪武十五年所定制。"③ 其后赵彦昌《论明清题本的格式》等论文采用了单先生的观点，认为"明代早期是以奏本作为正式的上奏文书的，后来因为奏本的规格、字体等过于烦琐，使用很不方便，所以在明朝洪武十五年出现了题本"④。曾斌《从明档到〈中国明朝档案总汇〉》亦引用了单先生的说法。⑤ 但总体来说，持此说者不多。

此说所据单先生并未明确指出。但笔者在其另一篇文章《清代题本制度考略》中发现单先生引用了一条史料："《明会典》卷七十六：凡启、奏、题本事例，洪武十五年定。"⑥ 如此说来，单先生的论据来自万历《明会典》卷七六。但据笔者核对会典原文，却发现并非如此。

> 凡启、奏、题本事例：洪武十五年定，凡奏、启本内官员正面真谨金名，当该吏典于纸背书名画字。……又六部等衙门，凡差人有事公干，所在府州县止是具奏、启本，付差去人回还复命。……永乐十

① 叶盛：《水东日记》卷一〇《奏本题本》，中华书局1980年版，第114页。
② 赵燕《清代题本处理和运转制度的发展》："到了永乐二十五年，明政府正式确定了题本用于公事，奏本用于私事的制度。"（《兰台世界》2013年10月下旬。）考永乐一朝仅有二十二年，此处之"永乐二十五年"当系笔误。
③ 单士魁：《故宫档案》，《故宫博物院院刊》1983年第1期，另见《清代档案丛谈》，紫禁城出版社1987年版，第1—12页。
④ 赵彦昌：《论明清题本的格式》，《兰台世界》2010年12月下旬刊。该作者在此文中采用了单先生"洪武十五年说"，但其在《奏本制度考》《题本制度考》等文中又采用了"永乐二十二年说"。
⑤ 曾斌：《从明档到〈中国明朝档案总汇〉》，硕士学位论文，东北师范大学，2012年。
⑥ 单士魁：《清代题本制度考略》，《文献论丛》，故宫博物院十一周年纪念刊1936年，另见《清代档案丛谈》，第24—36页。

年定，凡诸衙门于皇太子前具启或敬奉过事件，其本内及行移文书内，止许写启本敬奉令旨……永乐二十二年令，诸司有急切机务不得面陈者，许具题本投进。……嘉靖八年奏准，本式遵照《大明律》后附写尺寸，参以近年适中式样。题本每幅六行，一行二十格，抬头二字，平行写十八字。①

可见，"启、奏、题本事例"为该部分的标题，而洪武十五年所定的，只是"奏、启本内官员正面真谨金名"的问题，并非"启、奏、题本事例"全部。规定题本格式的，是在其下文所提到的嘉靖八年（1529）。据此则不难看出，因为单先生对《明会典》原文的误读，造成了对题本创设时间的错误判断。②

无独有偶，台北故宫博物院的庄吉发先生在其著作《故宫档案述要》中，亦谈道："明初定制，臣工具疏，其上于君主者，称为奏本，上于东宫者，称为启本，至于公事，则用题本。洪武年间，议定奏本与题本的格式［注二］。"其后注明"注二：李东阳等奉敕撰《大明会典》，卷七十六，页一至页三，新文丰出版社"③。看来，庄先生似乎与单先生犯了同样的错误。

二、永乐二十二年说。此说首倡自何人未详，但持此说的学者众多。就笔者所见，最早者为著于20世纪六十年代殷钟麒的《清代文书处理工作述要》，其内载：光绪二十八年裁撤通政使司，改题为奏，"题本自明永乐廿二年起行伇至此，已有四百七十多年历史，现决心废除，省去内外衙门繁重的字处理手续，无疑地会提高办事效率，实属近代文书史上改进的大件大事"④。此外，如裴燕生主编《历史文书》："题本起自明初永乐年

① 万历《明会典》卷七六《礼部三十四·奏启题本格式》，《续修四库全书》，史部第790册，第382页上栏。
② 此"事例"与下文连排格式为万历《明会典》所改体例，正德《明会典》中"事例"作为三级标题单独成行，则当不致造成误读。
③ 庄吉发：《故宫档案述要》第二章《宫中档的由来及其史料价值》第一节《宫中档的由来》，台北故宫博物院1983年版，第9、108页。
④ 殷钟麒：《清代文书处理工作述要》（初稿）上册，第一编《公文处理》第七章《清末文书处理的改进》（一）《废止题本和撤销经办机构》，中央档案馆明清档案部1963年油印本，第184页。

间，永乐二十二年，明廷令诸臣有急切机务不得面陈者，许具题本投进。
……自此之后，题本便成为法定文种，和奏本一起使用。"① 朱金甫、张书
才主编《清代典章制度辞典》："（题本）始行于明代永乐二十二年，至嘉
靖八年规定了题本的行款格式。"② 中国第一历史档案馆官网："题本，亦
称红本，始于明永乐二十二年（1424），是中央及地方高级官员向皇帝陈
述公务，投送内阁转呈御览的官文书。"③ 胡元德《古代公文文体流变述
论》："明代沿用奏体文书，洪武年间定名为奏本。永乐二十二年又创设题
本，与奏本分工并行，奏本陈私事，题本陈公务。"④ 胡明波《明清题本文
书研究》："题本最早出现于我国封建社会后期的明代，产生较晚：明永乐
二十二年规定，'诸司有急切机务，不能面陈者，许具题本投进'。自此开
始使用题本。"⑤ 此类论述，所在多有。比较这些论著，大致有一个共同特
点，即引用《明会典》"明永乐二十二年规定"作为立论基础。

辨析这一问题，我们首先需回到《明会典》原文。现存《明会典》的
版本，有正德朝纂修本和万历朝纂修本两种。查阅正德《明会典》，相似
内容凡两见，即卷四三《礼部二·诸司奏事仪·事例》：

> （永乐）二十二年，令诸司有急切机务不得即面陈者，许具题本
> 封进。其余大小公私之事，并于公朝陈奏。⑥

卷七五《礼部四十三·奏启本格式·事例》：

> （永乐）二十二年，令诸司有急切机务不得面陈者，许具题本投

① 裴燕生主编：《历史文书》（第二版），第九章《上奏文书》第一节《本章》二《题本·题本的产生》，中国人民大学出版社 2009 年版，第 200 页。

② 朱金甫、张书才主编：《清代典章制度辞典》，中国人民大学出版社 2011 年版，第 778 页。

③ 中国第一历史档案馆官网"知识集锦·历史文书·清代题本"，http：//www. lsdag. com/ nets/lsdag/page/article/Article_915_1. shtml？hv＝，2018 年 11 月 11 日。

④ 胡元德：《古代公文文体流变述论》，博士学位论文，南京师范大学，2006 年。另，陈龙：《明代公文变革论》（博士学位论文，南京师范大学，2007 年）、陈丽萍《谈明清题本文书》（《秘书》2007 年第 12 期）与此论述基本相同。

⑤ 胡明波：《明清题本文书研究》，《兰台世界》2011 年 5 月下旬刊。

⑥ 正德《明会典》卷四三《礼部二·朝仪·诸司奏事仪》，文渊阁《四库全书》，第 617 册，第 512 页上栏。万历《明会典》卷四四《礼部二·朝仪·诸司奏事仪》文字与此大略相同。

进。若诉私事、丐私恩者，不许。①

此二条规定所述文字与叙述角度虽略有差异，其主旨则是完全相同，皆是以事例角度规定了题本的使用范围。据此推论明代题本创设于永乐二十二年，虽不免有武断之嫌，但亦应去事实不远。且《明会典》作为一代官修志书，其权威性毋庸置疑，其史料价值也历来为学界所重视。如此看来，这一结论似已牢不可破了。

但笔者在《明仁宗实录》中发现另一条史料：

> 永乐二十二年十月庚戌，上谕鸿胪寺臣曰：故事，视朝后，诸司有急切机务不得面陈者，许具题本于宫门投进，冀得速达。今诉私事、丐私恩者，亦进题本，掩奸欺众，以图侥幸，坏法乱政，莫甚于斯。今后惟警急机务不得即面陈者，许封进题本，其余大小公私之事，并令公朝陈奏，违者论以重罪，仍令三法司知之。②

比读这三则史料，我们不难看出它们之间存在传承关系，无论从内容抑或遣词用语，《明会典》两条规定明显是从《明仁宗实录》中仁宗皇帝上谕转化加工而来。且《明实录》作为《明会典》的重要史料来源，因其较《明会典》更少人为加工痕迹，故往往较后者保留较多的原始信息，在厘清事情本来面目方面，必然具有更为重要的价值。

此外，《明宣宗实录》中的一条史料，亦可对题本的产生及作用等情况做一辅证。

> （宣德四年六月）壬辰，北安门守卫百户杨清奏："昨夜一更初，府军后军指挥李春进题本，臣递至北中门，守卫官不肯传达。"上命

---

① 正德《明会典》卷七五《礼部三十四·奏启本格式·事例》，文渊阁《四库全书》，第617册，第716页上栏。万历《明会典》卷七六《礼部三十四·奏启题本格式》文字与此大略相同。

② 《明仁宗实录》卷三上，永乐二十二年十月庚戌，台北"中研院"史语所1962年校印本，第103页。亦见于《明仁宗宝训》卷二《革弊》（台北"中研院"史语所1962年校印本，第99页）、雷礼《皇明大政纪》卷八（《四库全书存目丛书》，史部第8册，第45页）、朱国桢《皇明大训记》卷一三（"皇明史概"本，《续修四库全书》，史部第29册，第617页）。清人龙文彬所撰《明会要》卷三九亦转引此条，文后注明"已上《大训记》"，或系转引自朱国桢撰《皇明大训记》，但龙氏误将时间载为"洪熙元年"。

取所进本视之，谕行在锦衣卫指挥王节等曰："祖宗成法，朝罢，外廷有事急奏者，不问晨夜，即具本进，守门者即为上达，所以通紧急、绝壅蔽。今敢若此，不可宽贷，其执付法司罪之。"①

综合以上诸则史料，可以看出：

（一）自正德《明会典》起，将《明仁宗实录》中的"永乐二十二年十月庚戌"简化为"永乐二十二年"，这一做法甚为武断，极易造成混乱。永乐二十二年是个较为特殊的年份，是年八月初一日明成祖朱棣去世，八月十五日明仁宗朱高炽即位，故虽同属一年，但前半部分为永乐朝，后半部分为洪熙朝。而实际上也的确如此，很多学者直接将"永乐二十二年"等同于"永乐朝"，进而提出"题本自明永乐年间使用，延续至清光绪二十七年被废除，有近五百年的使用期"②。也许综合来看，此结论与事实相去不远，但这种建立在错误史料基础上，经过错误分析而得出的结论，只能是沙上筑塔，经不起任何推敲。

清人龙文彬在撰写《明会要》时，转引了此条上谕，但未详何故，误将时间记为"洪熙元年（1425）"③，又在一定程度上加大了这一混乱。以《明会要》的相关论述，再结合《明会典》中的规定，恰恰形成了一个相对合理的逻辑环，即永乐二十二年创设题本，洪熙元年进一步言明了题本的使用范围。如郦波、陈丽萍《明清题本文书考辨》："明产生题本后，规定'凡公事用题本，所诉私事、丐私恩者，不许'。洪熙元年进一步规定'今后惟警急机务许进题本，其余并令公朝陈奏。违者论罪'。"④ 这样的论证结论具有很强的迷惑性，也加大了辨误的难度，如果未能仔细研读仁宗皇帝上谕等较原始史料，很难发现其中的悖谬之处。

（二）《明仁宗实录》中，仁宗皇帝上谕严格题本使用范围之前，"许具题本"有几个限定语：1. 故事；2. 视朝后；3. 诸司有急切机务不得面

---

① 《明宣宗实录》卷五五，宣德四年六月壬辰，第1315页。
② 胡明波：《明清题本文书研究》，《兰台世界》2011年5月下旬刊。
③ 龙文彬撰：《明会要》卷三九《职官十一·鸿胪寺》，中华书局1956年点校本，第680页。
④ 郦波、陈丽萍：《明清题本文书考辨》，《兰台世界》2008年4月下旬刊。

陈。这一点，在《明宣宗实录》中之史料可为其佐证。但正德《明会典》纂修者将前两个限定语全行删去，尤其是"故事"这一限定语的缺失，必然造成时间纵向沿革上的缺失，直接导致时间判断的错乱，这也是产生"永乐二十二年说"错误最直接的根源。纵观前后两版《明会典》，对题本及相关制度的叙述，错误、前后矛盾之处甚多。此类问题的产生，当系会典纂修时，距题本文书创设时代已久，修纂者对此问题亦不甚了解且撰文不严谨之故。然平心而论，这主要是因为时人更关注的是文书的使用范围及作用，对于创设时间等问题，并非关注的要点。

（三）永乐二十二年十月庚戌规定的是什么？从这条上谕中，我们可以看到，题本创设之后，使用渐趋混乱，诉私事、丐私恩者甚众，诸臣利用题本掩奸欺众，坏法乱政，有鉴于此，明仁宗进一步严格了题本的使用范围，从原来的"急切机务不得面陈者"到"警急机务不得即面陈者"，而对于其余大小公私之事，则一律于朝堂陈奏，并规定了违制使用题本的惩罚措施。而《明会典》中，将题本使用范围进一步严格这一递进关系去掉，便抹杀了题本使用的纵向沿革，也在一定程度上加深这一混乱。

据此可见，在《明会典》编纂过程中，编纂者的编辑加工失误，造成了对题本文书有关规定的叙述错误，而当今学者以之作为基础论据，故在题本创设时间这一问题上做出了错误论断。

那么明代题本究竟产生于何时？就目前所掌握资料来看，尚难断定。正德《明会典》卷四三"朝仪·诸司奏事仪"载："凡奏启限制。……洪武三十年令，通政司许早晚朝奏事，及有军情重事，其各衙门凡有一应事务，止于早朝大班内奏启，不许朝退又将琐碎事务于右顺门题奏。"[①] "永乐六年奏准：在外军民官司及各王府公差人员、在京公、侯、驸马、伯、都督，及内官出使随带人员，并各卫所等衙门公差人等到京，除例该引见者照旧外，其不在常例者，俱赴鸿胪寺报名。谢恩见辞，本寺将各人姓名

---

① 正德《明会典》卷四三《礼部二·朝仪·诸司奏事仪》，文渊阁《四库全书》，第617册，第512页上栏。

附簿，仍将各起总数，每日早另具题本进呈，及引各人于承天门外行叩头礼。"① 虽见"题奏""题本"之名，亦很难将题本产生时间确定为洪武三十年或者永乐六年。

此外，笔者在中国第一历史档案馆所藏明代档案中发现了一件档案，抄录了弘治朝时通政司左通政宋沧等所上"修职业申旧规以新政令事"奏本，其中述及"臣等翻阅永乐、正统年间题本、奏本、词状、副抄，词语不繁，事理自明"等语句，② 或亦可作为永乐朝时题本已创设之旁证。不过如此模糊的叙述，实在称不上什么的证，题本创设时间问题的最终解决，仍有待于新史料的发现。

综上所述，明代题本创设时间，现在学界所采用的"洪武十五年说"与"永乐二十二年说"皆不准确，或因误读《明会典》，或因《明会典》本身存在错误。但具体是何年份，因文献中尚未发现相关记载，现阶段还难以判断，然早于永乐二十二年则属必然。在明清两代文献中，多用"明初""明朝"等语言之，在现有资料下，当为更稳妥的说法。

（作者单位：中国第一历史档案馆）

---

① 正德《明会典》卷四三《礼部二·朝仪·诸司朝见仪》，文渊阁《四库全书》，第 617 册，第 504 页上栏。
② 中国第一历史档案馆藏："明代档案全宗·北大移交·杂项类·明代档册"，第一函第二册，第 24 页。

《明史·吕坤传》纠误

曹江红

　　《明史》卷二二六《吕坤传》载："二十五年五月，疏陈天下安危……臣敢以救时要务，为陛下陈之……以采木言之，丈八之围，非百年之物。深山穷谷，蛇虎杂居，毒雾常多，人烟绝少，寒暑饥渴瘴疠死者无论矣。乃一木初卧，千夫难移，倘遇阻艰，必成伤殒。蜀民语曰：'入山一千，出山五百。'哀可知也。至若海木，官价虽一株千两，比来都下，为费何止万金！臣见楚、蜀之人，谈及采木，莫不哽咽。苟损其数，增其直，多其岁月，减其尺寸，而川、贵、湖、广之人心收矣。"①

　　这段记载，有两处错误。《吕坤传》中所记吕坤上疏时间"五月"应更正为"四月"，疏中"海木"应更正为"每木"。

　　吕坤《去伪斋集》载万历二十五年（1597）所上《忧危疏》云："内府宫廷，自须大木，而采木之苦，陛下闻之乎？臣自采木言之：丈八之围，非百年之物，或孤生万仞厓边，或丛长千重岭外。蟒蛇杂居之处，毒雾常浓；岩谷寂寞之间，人烟绝少……一木初卧，千夫难移……每木一根，官价虽云千两，比来都下，民费不止万金。臣见川、贵、湖广之民谈及采木，莫不哽咽。"② 又，《明神宗实录》万历二十五年四月辛酉载："刑部左侍郎吕坤言收拾人心数事……以采木言之……每木一根，官价虽云千两，比来都下，民费不止万金。倘少其数目，减其尺寸，而川、贵、

---

　　① 张廷玉等：《明史》卷二二六《吕坤传》，中华书局 1974 年版，第 5937—5943 页。
　　② 吕坤：《去伪斋集》卷一《忧危疏》，见王国轩、王秀梅整理：《吕坤全集》上册，中华书局 2008 年版，第 11 页。

湖、广之人心收。"① 其上疏时间则在万历二十五年四月，不在五月。

吕坤《去伪斋集》和《明神宗实录》均作"每木"，《明史·吕坤传》之"海木"误。查万斯同《明史》、王鸿绪《明史稿》及《四库全书》本《明史》之《吕坤传》，② 各传均作"五月""海木"。则此误始于万斯同《明史》，王鸿绪、张廷玉等因袭未改。

吕坤的这道《忧危疏》，颇中时弊，在万历时也很有影响。但因触怒明神宗，加之政争的激烈，他的这些主张未被采纳。上此疏不久，"坤遂称疾乞休，中旨许之"，③ 由此结束了他的仕宦生涯。

（作者单位：中国社会科学院古代史研究所）

---

① 《明神宗实录》卷三〇九，万历二十五年四月辛酉，"中央研究院"历史语言研究所1966年校印本，第5777—5778页。

② 万斯同：《明史》卷三三五《吕坤传》，《续修四库全书》第330册，上海古籍出版社2002年版，第49、51页；王鸿绪：《明史稿列传》卷一〇五《吕坤传》，周骏富：《明代传记丛刊》第96册，明文书局1991年版，第473—474页；张廷玉等奉敕撰：《明史》卷二二六《吕坤传》，文渊阁《四库全书》第300册，上海古籍出版社1987年版第714—715页。

③ 《明史》卷二二六《吕坤传》，第5943页。

书　评

MINGSHIYANJIULUNCONG

（DI SHIQI JI）

深化晚明政治史研究的力作

——评《沈一贯执政与万历党争》

张献忠　朱　彤

　　楚宗案、续妖书案和乙巳京察是内阁首辅沈一贯执政期间发生的三起重大政治事件，且均在朝堂上引发了剧烈的政治斗争。这三大事件不是孤立的，而是彼此紧密相连，不仅完整地展现了万历三十年代初朝堂之政局，而且深刻影响了此后晚明的政治走向。因此凡治明代政治史者，无不对这三大政治事件予以重点阐述。但是，绝大多数相关论著，对这三起事件的论述都是泛泛而谈，内容也基本上与业师南炳文和汤刚先生《明史》（下）的相关论述大同小异，究其原因，乃在于撰者所依据的史料基本都是《明神宗实录》《明史》以及《先拨志始》《定陵注略》《石匮书》《罪惟录》《国榷》等私家著述。严格地讲，无论是《明史》，还是这些私家著述，都只是二手资料，即使是《明神宗实录》，其所录奏疏也都进行了大幅度的裁剪。仅仅依据这类资料，虽能廓清三起事件之大概，但却很难关注到历史发展的细节，因此也就不可能深入探究事件的真相。

　　鉴于此，学术研究杂志社的杨向艳研究员在前人研究的基础上，充分利于近年新发现的日本名古屋市蓬左文库藏孤本《刑部奏议》以及时人记录续妖书案的原始资料《万历三十一年癸卯楚事妖书始末》，撰成《沈一贯执政与万历党争——以楚宗、妖书、京察三事为中心的考察》（商务印书馆 2018 年 6 月版，以下称"杨著"）。杨著详细阐述了三起政治事件的来龙去脉，深入剖析了沈一贯的执政风格及其对晚明政局所造成的影响，进而揭示了晚明复杂的政治生态。

读罢全书，收获颇丰，感觉杨著有以下四个突出特点。

第一，选题上具有创新性。学术界对于晚明党争的研究，成果不可谓不丰，因此从表面看，杨著的论题似乎是一个老生常谈的话题，但如前所述，学界关于晚明政治史的论著，在涉及楚宗案、续妖书案以及乙巳京察时，大多或为泛泛之论，或袭前人窠臼，以至于迄今竟没有一部将楚宗案、续妖书案和乙巳京察作为一个整体进行系统深入研究的专著，仅就此而言，杨著的创新性、开拓性就不言而喻。又因围绕楚宗案、续妖书案和乙巳京察的斗争是晚明党争的发端，故杨著是对晚明党争研究的重大突破。另外，对万历年间政治人物尤其是内阁首辅的研究，学术界大都将关注点聚焦于张居正，而对后张居正时代首辅的专门研究非常薄弱，笔者检索中国知网，发现在杨著之前，关于沈一贯的学术论文仅有 4 篇（其中 2 篇是硕士学位论文），分别为王克婴的《明末浙党领袖沈一贯简论》（《南开学报》1999 年第 3 期）、孙立辉的《沈一贯与浙党研究》（吉林大学硕士学位论文，2005 年 4 月）、黄红兵的《沈一贯的庄学思想研究》（《江汉大学学报》2010 年第 1 期）、胡晓利《沈一贯〈老子通〉研究》（华中师范大学硕士学位论文，2015 年 4 月），而专著则一部也没有。

第二，① 由此可见，在沈一贯的研究上，杨著亦有开拓性贡献。没有对后张居正时代重要政治人物的深入研究，就不可能深入揭示晚明政治生态的复杂性。从这个意义上讲，杨著有助于将晚明政治史引向深入。

第三，史料上有新发现。对历史学来说，学术研究的创新性主要体现在选题、观点和史料三个方面，而且前两个方面也往往取决于新史料的发现。如前所述，迄今有关楚宗案、续妖书案以及乙巳京察的论著，依据的大都是二手资料，其中主要原因是原始资料匮乏。杨向艳研究员和郑洁西博士发现了日本藏孤本《刑部奏议》，并进行了点校整理，从而解决了三大事件特别是续妖书案资料的匮乏问题。续妖书案发生时，《刑部奏议》的作者萧大亨为刑部尚书，他亲自参与了该案的调查和审判工作，而《刑部奏议》共有 12 道奏疏，皆是关于妖书案的，且其中 9 篇"分涉各涉案

---

① 与杨著同时的专著有宋立杰博士的《理身理国：沈一贯研究》（吉林大学博士学位论文，2018 年 6 月），该学位论文亦参考了杨著的前期成果，并共享了杨向艳研究员提供的原始资料。

人员"，详细记录了"当时案情及其调查、审讯、审判经过"，从中还可以看出其分案的归并分合情况。这些无疑是关于续妖书案难得的原始资料。正是由于作者对新史料的敏锐性，所以才有数篇相关的论文相继刊发，并在此基础上撰成了这部专著。除了《刑部奏议》外，沈一贯的党羽、续妖书案的亲历者康丕扬辑录的《万历三十一年癸卯楚事妖书始末》（以下简称《楚事妖书始末》）也是关于楚事和妖书案的原始资料，收录了部分与两案相关的奏疏。该书为明刻本，藏国家图书馆，1988 年收入由书目文献出版社影印出版的《北京图书馆古籍珍本丛刊》第 13 册中，但该书并未引起学界的充分关注。

第四，注重对史料的考辨。考据是历史学的生命，没有对历史资料的校勘和考辨，就不可能接近历史的真相，甚至有可能南辕北辙。具体到杨著的论题来说，考据方法的运用和史料的辨析能力尤为重要，因为《刑部奏议》和《万历三十一年癸卯楚事妖书始末》虽系第一手资料，但其作者皆为沈一贯的党羽，尤其是康丕扬的《楚事妖书始末》，撰写的目的就是给自己辩诬。在这种情况下，就更需要结合其他文献，对史料进行深入辨析。杨著在充分利用《刑部奏议》和《楚事妖书始末》这两部第一手资料的同时，又查阅了《明神宗实录》以及时人的文集、奏疏、笔记等大量的相关资料，并将这些资料互相比对，精心考证，最终使其立论可靠，从而很大程度地还原了三大事件的真相。

第五，注重探求历史的细节。杨著对楚宗、妖书、京察三案的研究可谓精细，对案情发展的每一处细节以及每一位涉案人员都做了大篇幅的研究论述，特别是对每一位涉案人员的审讯过程以及他们如何被定罪均有详述，为此，作者还不厌其烦地大量引用原始文献，从而全方位地展现了这三起政治事件的来龙去脉，揭示了沈一贯及其党羽们是如何通过案件的审判来轮番打击沈鲤、郭正域这些与自己政见不一致的朝廷重臣。这种对历史细节的关注，无疑更能揭示晚明政局的复杂性，也更能体现历史的丰富性、立体性。

以上是杨著的几个突出特点，也是其价值所在。当然，任何佳作都会有美中不足。具体到杨著，笔者认为主要有两点缺憾。一是个别地方由于大段引用原始文献，难免给读者以繁杂冗长之感，如能将引文另起一段并变换字体，或者做其他技术处理，相信会提升读者的阅读体验。二是个别地方存在笔误或者编校错误，如第 136 页的"申惟敬"当为"沈惟敬"之误，第 226—227 页"胡化由此被牵连续进妖书案中"文字颠倒，当为"胡化由此被牵连进续妖书案中"，第 232 页"真可罗爵"当为"真可罗雀"。这两点都是技术性和编校问题，属于白璧微瑕。

综上所述，杨著利用新发现的原始资料，并结合其他相关文献，对楚宗案、续妖书案和乙巳京察进行了迄今最全面、最系统的梳理和研究，揭示了三大政治事件，特别是其操纵者沈一贯及其党羽对晚明政治生态的影响。杨著必将深化和推动晚明政治史的研究，具有重要的学术价值。

（作者单位：张献忠，天津师范大学历史文化学院；

朱彤，天津师范大学历史文化学院）

"流动"的信仰

——14—19 世纪京杭运河沿线水神信仰空间与时间的演变

沈胜群

　　京杭运河作为中国古代著名水利工程与交通要道，一直为学界所重视，研究成果亦层出不穷。近年来，随多学科交叉与研究内容的深入，发掘地方文献、线索，关注运河群体、民间信仰，及其与地方社会的互动等，成为漕运史与运河学研究的重要内容。

　　2018 年岁末，由江苏凤凰科技出版社出版的胡梦飞博士的《明清时期京杭运河区域水神信仰研究》（2018 年 12 月版）一书即是其一。该书分为九章，运用文献资料与田野考察相结合的方式，系统研究运河沿线水神信仰问题，并从国家和民间两个层面探讨了水神信仰与政治、漕运，以及民众生活之间的联系。换言之，作者采取长时段的研究范式，论述了 14—19 世纪京杭运河沿线水神信仰情况，内容与结构上，不仅包含诸多空间（地域）特色，而且囊括时间（王朝）的演变性，并表现出"流动"性的特征，这种"流动"有空间上水神信仰沿运河南北传播的趋势，亦有时间上随王朝更迭重构的变化过程。

一　空间与时间：地域与王朝更迭下的水神信仰

　　大凡民间信仰的存在，从运作空间角度看，不外乎两类：地域空间与制度空间，前者培植了萌生的土壤，后者则提供了成长"环境"。水神信仰亦不例外，胡梦飞《明清时期京杭运河区域水神信仰研究》（以下简称

《水神信仰研究》或本书）一书在不遗余力爬梳档案、方志等传统文献之余，还充分利用考察碑刻、口述访谈等方式，探讨了水神信仰地域性特征与发展过程。此方面集中表现在本书前半部分，即第二章对金龙四大王信仰、第三章对妈祖信仰、第四章对晏公信仰，以及第五章对龙神信仰的研究等诸多章节。

这些较系统而充实的文字，一方面展示了民间信仰在地方社会中的生存条件，亦能从中窥视出基层百姓精神领域的变迁，另一方面也暗含了礼制或祭祀制度运作中的张力，这种张力逐渐抹去民间信仰中的"棱角"，促使其成为国家祭祀体系中的一部分。众所周知，民间信仰复杂多样，或随时间推移渐趋消亡，或随着信仰群体的流动而重建、演变。对于地域中的水神信仰，作者非常成功地为我们描绘了复杂而有序的水神信仰社会场景，纠正了我们原有对民间信仰错综无序，无法系统整合的印象。

王朝更迭不仅有政权上的变动，又有民间信仰上的变化。与政权更替时腥风血雨不同，民间信仰的变化多悄无声息，部分情形下，甚至较隐晦掩饰了其变化过程。胡梦飞《水神信仰研究》一书，在观照王朝更替大环境的同时较全面地回顾了水神信仰兴起的过程与缘由（见第一章）。作者试图找寻诸如水、旱等自然灾害在治水神、祈雨神信仰之间的联系。并分析漕运、河工等政府活动在水神信仰萌生中的地位和作用，意在强调民间信仰形成中的自然和社会因素，呈现各时段水神信仰的内在连贯性。

沿着这一脉络，作者采取逆向思维的研究方式，从水神信仰形成机制过程中体悟民间信仰中的自然和社会因素，构成了本书第六章与第七章的主要内容。此过程中，作者分析了儒、释、道思想对信仰的影响，亦以治水功臣宋礼、白英为研究对象，追溯了明清两朝治水人格神的建构过程，为民间信仰中国家或地方政府的介入做出铺垫。与之相应，运河沿线水神信仰对象的多元性，促使作者对信仰神逐个爬梳、对比，明晰运河水神、漕运水神、区域水神，以及治水人格化神之间的共性与个性，进而阐释水神信仰群体普遍性与信仰目的功利性等问题。

在此基础上，作者站在理论层面，分析了水神信仰不仅没有因王朝更迭而消亡，反而表现出开放性与包容性的特征（见第七章），具体表现在信仰群体的开放性，从运河沿岸百姓到漕运丁舵，再到封疆大吏，乃至文人学者，都是拜祭者。而祭祀主体人的社会性，又决定信仰的包容性，同一水手，既可以是龙王庙的焚香人，又可以是船舱内部晏公像的供奉者。此外，诸神合祠现象，虽掺杂官方意志，却诠释了民间信仰中多神崇拜的观念，亦从侧面说明了信仰的包容性。这一层面，作者在理论上的深化，既是书写前文水神信仰内在连贯性的补充，也是对民间信仰承继性的另一种解读。

二　流动与传播：商帮与运河群体中的水神信仰

漕运是国家工程，也是地方事务。每年运漕之季，上到明清帝王，下到漕船丁舵、脚夫，都在忙碌着。这种兼具流动性与群体性的运输活动，不自觉成为民间信仰的传播者。相应，各省商帮亦活跃于京杭运河沿线，或寻觅粮艘捎带货物，或囤货于运河市镇，积累经商资金，甚至以捐助银钱方式，修建庙庵，直接参与到水神信仰活动中来。

对于这种流动性与特征，胡梦飞《水神信仰研究》一书虽未开辟专章讨论，但却能从叙述逻辑与部分结构、内容中反映出来（详见第二章与第八章部分章节）。本文所用"流动"一词，涵盖两个层面：其一，水神信仰空间上的流动，即传播过程；其二，水神信仰时间上的演变，即不断重构的过程。作者在讨论水神信仰传播时，沿着这两条主线，呈现了信仰传播的网络，无论是发源于江西，带有地方特色的晏公信仰（见第四章），还是沿运河走势传播的金龙四大王与妈祖信仰等（见第二章和第三章），都随着王朝更替不断被建构、强化。此过程中，来往运河之上的群体成为重要传播者，如作者所言："信仰具有很强的流动性，漕军运丁、商人商帮成为信仰传播的重要媒介。"（第77页）

事实亦然，卫军、运丁肩负明清两朝运役，其不仅常年行走于运河之上，而且又是运河沿线庙庵的主要祭祀者，每年运漕之时，即是祭祀繁盛之季。尤其进入国家祭祀序列的诸神灵，运漕群体的祭祀活动，既可以按例完成官方厘定的祭祀仪式，又可借祭祀活动的短暂停歇，坐收货物买卖之例。最重要的是，此群体成为水神信仰的参与者与传播者。如江苏省高邮的露筋祠（第249页），作者在梳理露筋娘娘角色嬗变的同时阐明了其与运道畅通之间的联系，其中有漕军、旗丁间的信仰传承，也有漕臣、河官的推崇，使其逐渐蜕变成漕运和运河的保护神。

此外，在论述水神信仰传播过程中，作者亦关注各省商帮的活动，并以妈祖等为个案（见第三章），探讨商人、商帮在民间信仰中的推动作用。细观运河沿线城镇，各省会馆林立，商业繁荣的同时各庙宇亦香火繁盛。作者在此并未太多着墨，似在行文中埋下一条暗线，以引起关注者思考与反思，这种吊足胃口的叙事方式，不仅抛出诸如民间信仰中是否暗含经济因素等值得追思的问题，为进一步研究预留空间，又使我们重新思考商人捐修庙庵的直接动机，只不过，这种动机在带有仪式性祭拜活动的掩盖下，并未凸显罢了。

三　皇权与教化：国家与区域社会里的水神信仰

民间信仰涉及国家祭祀活动，亦关乎政府统治秩序。明清两朝皇帝在重构国家祭祀体系的同时都不遗余力规范民间信仰。相应，水神信仰遍布运河沿线，相系于漕运的安全与运漕群体的稳定。如何在保证漕粮顺利抵通的情形下，延续民间信仰传统之余，逐步吸纳其进入国家祭祀系统中，成为皇帝与地方官每年运漕之时的案头事。

胡梦飞《水神信仰研究》一书，在章节比例上虽偏重水神地域性与信仰建构过程，但却始终抓住谁握有信仰"领导权"的主线，换言之，作者一直关注水神信仰在明清国家祭祀制度与政府权力运作中的地位和作用，并以此展开讨论，清晰勾勒出国家视野下水神信仰运作与官方意志介入的过程（见第八章）。

为此，作者借助皇权政治、漕河官员与水神信仰的内在联结，以及国家政策转变、运漕、河道修治等对水神信仰影响等维度，进一步明晰官方与水神信仰的互动过程。并以此为基础，采取个案研究方式，分别论述了清代临清漳神庙修建所带来的漕运与信仰的变迁，以及清代高邮地区运道修治与水神信仰的互动关系。前者很大程度上回应了清代统治者欲重塑京杭运河沿线民间信仰体系保证漕运秩序的论调，后者则进一步深化了地方神上升为国家神等内容的研究。

某些情形下，国家主宰了水神信仰形成与祭祀过程，然植根于地方社会中的民间信仰，无法脱离孕育其的母体。换句话说，民间信仰在发展中蕴含官方意志之余，仍是乡土之神。《水神信仰研究》一书在文末诠释了这一点（见第九章）。作者从社会风俗、社会生活与社会治理三个方面论述水神信仰无论作为文化力量，还是社会力量，都可"定义"为联结中央与地方的纽带，这种纽带为皇权的延伸提供了空间，也是中央权力从信仰领域触及地方的体现，很大程度上起到社会教化的作用。

值得一提的是，《水神信仰研究》一书内容并未拘泥于史学研究，作者亦涉猎部分社会学、民俗学等理论与研究方法，而访谈、田野调查等形式亦不乏人类学相关知识。作为带有学科交叉性质，首部全面、系统研究明清时期京杭运河区域水神信仰的学术著作，该书在很大程度上丰富和拓展了运河文化史的研究内容，对探讨明清京杭运河区域社会变迁亦有重要意义。

四 反思与期许：关于水神信仰研究的几点思考

如前文，胡梦飞《水神信仰研究》一书，既有社会史的整体特征，又具政治史的研究面相，或诠释了水神信仰的运作过程，或深入信仰群体内部，触摸岁月钩沉。无论哪种形式，都加深了我们对京杭运河沿线民间信仰的认识。然在体悟中，有三点思考，不仅是作者在书写中观照的地方，也是比较精彩之处，亦能引起学界共鸣。

其一，民间信仰背后的商业或经济因素。本书虽关注运河沿线的水神信仰，但却隐含着一个较大情结，即民间信仰形成或发展是否有经济因素的介入。诸如商人或商帮捐修庙庵不仅仅是提供同帮或同省之人的祭祀场所（嘉庆《永宁会馆碑记》，第210页），似蕴含着强烈的商业动机：提供交易场所。作者在"商人商帮与信仰传播"（第207页）一节，论述商帮与水神联结等内容时，亦不乏此意。

其二，地方神进入运河区域的传播路径。本书以晏公神信仰为例（第116页），系统论述了晏公从江西地方神到运河神的发展过程。作者翔实统计了明清运河流经区域晏公庙宇分布情况，并指出传播线路呈现出沿运河由南到北的趋势，一定程度上指明了具体传播路径。当然，作者指出漕运因素在晏公神信仰进入运河区域的关键性地位，换言之，漕运不仅是地方神进入京杭运河的直接因素，也是地方神上升为国家神的主要推力。

其三，明清民间信仰中神灵的等级问题。本书关注复杂多变的水神信仰问题，其中，有地方之神，有国家之神，亦有兼具国家与地方性质之神，这些神灵一方面构成本书内容的一部分，另一方面也使得作者采取层层剥离的方法，找出其共性与个性，甚至在对比中明晰神灵等级问题。除国家正祀中的水神（第214页）外，其他水神等级观念也似充斥在信仰群体之中，或许庙庵前香火繁盛现象更能说明这一点。

总言之，囿于资料与时间跨度，学界对民间信仰的研究多采取地域性或个案的方式，虽助于我们把握信仰细节性等内容，然京杭运河纵跨南北，沿线民俗、信仰不一，这些民间信仰如何被历代王朝构建，其与区域环境、漕运群体，以及其他信仰的内在联系是什么，有无官民信仰上冲突等，这一系列问题都值得发掘与研究，也是民俗学、漕运史、运河学等领域相关研究无法回避的问题。值得庆贺的是，胡梦飞博士《明清时期京杭运河区域水神信仰研究》一书着眼于14—19世纪京杭运河沿线水神信仰问题，系统而翔实地回应了上述问题，并注重信仰、国家、地方三者的内在联结，清晰呈现出京杭运河水神社会的运作图景。作为近年来运河学、民俗学等相关领域的研究佳作，无论是在民间文献等资料采撷与使用，还是研究方法、范式的创新方面，本书都值得期许与研读。

（作者单位：中山大学历史学系）

附　录

《明史研究论丛》稿约

本刊由中国社会科学院古代史研究所明史研究室主办，是中国大陆最早创办的明史研究学术专刊，刊登以明史为主题的研究论文、综述、评论等，每年一期，公开发行。欢迎海内外同好惠赐佳作。

一 文稿要求

1. 须为原创和首发的作品。内容不得违反国家法令法规。

2. 请严格遵守学术规范，勿侵害他人权益，勿一稿两投。

3. 篇幅：论文三万字以内，其他文章一万字以内，书讯一千字以内。

4. 格式：本刊为简体字文本，采用页下注。具体请参考本刊《文本格式》。

二 审稿与编辑

1. 本刊实行匿名审查人制度。来稿确定采用后，即通知作者。

2. 本刊享有对来稿的文字处理权。如作者不同意对来稿进行删改，请于寄稿时注明。

3. 来稿如需延期刊登，本刊即与作者协商。

三 版权及稿酬

1. 本刊文章作者享有著作权，本刊享有版权即著作财产权。出版后，除作者本人将其著作结集出版外，其他以任何方式翻印、转载等，均须事先征得本刊同意。

2. 本刊除纸本印刷外，会配合学术期刊网，将电子档上传至该网站。若作者不接受此种处理方式，请于来稿时说明，本刊予以尊重。

3. 来稿一经刊登，即奉呈作者样刊两本，并致薄酬。

四 寄稿

1. 来稿请标明作者姓名，服务单位名称，联系方式。

2. 请提供纸质档或电子档，纸质档务请同时提供电子档。

3. 电邮：mingshiluncong@ gmai. com

邮寄：北京市朝阳区国家体育西北路 1 号院 1 号楼，中国社会科学院古代史研究所明史研究室，邮编：100101

电话：85195830

《明史研究论丛》文本格式

为方便作者投稿，规范本刊文本格式，根据国家相关规定，并参照国内期刊的通行做法，以简洁、明确、实用为原则，拟定本格式，供处理文本时参考。

一　标题

1. 文章标题：宋体，三号字，加粗。

2. 副标题：前加破折号，仿体，四号字，居中排列。

3. 文内大标题（一级）：黑体，四号字。前空二格排列。标题如有序号，序号与题目间空一格，如："一　学术回顾"。

4. 文内小标题（二级、三级）：黑体或魏碑体，五号字。题前空二格排列，序号加圆括号（　），与题目间不用标点。二级标题，上下各空一行。

5. 一级标题，用中文"一"、"二"标注。二级标题序号，可用"（一）、（二）"，亦可用阿拉伯数字"1、2"。

二　作者

1. 标题下作者名字，用仿宋，四号字，居中排列，上下各空一行。

2. 作者的供职单位置于篇末，楷体，五号字，加圆括号，上空一行。

3. 外籍作者，名字前标注其国籍，用方括号。如：［美］，［日］等。

三　正文

1. 简体中文，宋体，五号字。（海外中文来稿不限繁简字体，由编辑按规范处理。）

2. 标点，采用国内标准用法。

3. 正文行间距1.0倍。段落间不空行。

4. 文中的独立引文，用楷体，五号字。首行前空四格，其余各行前空二格。段前、段后各空一行。

5. 文中古代年号纪年后所标公元纪年，省略"年"字，如：洪武元年（1368）。

6. 引文注释的序号用①、②……，标于引文结束句的标点之后。

7. 大型表格，建议文字用宋体小五号，以节省版面。

四　注释

1. 采用页下注，每页重新编号。注释序号前空二格，字体用宋体，小五号。

2. 基本格式：作者，书名，卷数（章节），篇名，出版社名称，出版年，页码。

3. 作者名字后用冒号，书名与卷数（章节）、篇名间不加逗号，其余各项目间加逗号。如：张廷玉：《明史》卷二〇《神宗本纪》一，中华书局 1974 年版，第一册，第 261 页。

4. 古籍：（1）作者名字前不标注朝代，名字后用冒号，如：丘濬：《大学衍义补》。（2）卷数不用阿拉伯数字，以中文数字标注。如："卷十"标作"卷一〇"，"卷一百零九"标作"卷一〇九"。（3）古代年号纪年中的"十"字，不作"一〇"。如：洪武二十年，不作"洪武二〇年"。（4）方志前的年号不加圆括号，如：正德《姑苏志》。（5）《明实录》后的卷数与日期之间，加逗号，日期不加双引号，日期后不加"条"字。如：《太祖实录》卷一〇，洪武九年三月己丑。

5. 期刊：（1）名称后加逗号，年份与期数间不加逗号。如：《文史哲》，2010 年第 3 期。（2）刊物后的辑数，与刊物名称间不加逗号，辑数用中文数字标写，不加括号。如：《明史研究论丛》第十一辑，故宫出版社 2013 年版。

6. 引书（引文）在大型丛书或多卷本著作内，其所在册数标注于页码之前，册数用阿拉伯数字标写。如：《四库全书存目丛书》，齐鲁书社 1995 年版，史部第 39 册，第 180 页。

7. 有多位作者的引书（引文），各作者名字间加顿号。

五　其他

1. 文前不要"内容提要"和"关键词"。

2. 文后原则上不列"参考文献"。